中山大學
粵港澳研究叢書

特別行政區
對外交往的
國際法透視

External Relations of Special Administrative Regions:
An International Law Analysis

伍俐斌 著

目錄

前 言

　　香港、澳門是國際化程度很高的地區，回歸前就與世界許多國家或地區建立了廣泛的聯繫。特別是香港在回歸前就已成為全球重要的國際金融中心、國際貿易中心和國際航運中心，並參加了關貿總協定、亞洲開發銀行、亞太經合組織等國際多邊合作機制。中國政府根據"一國兩制"方針，以和平方式解決了歷史遺留的香港問題和澳門問題，實現了香港、澳門的順利回歸。為保持香港、澳門的長期繁榮穩定，出於對歷史和現實情況的尊重，《香港基本法》《澳門基本法》分別設有"對外關係"專章，授予兩個特別行政區廣泛的對外交往權，以鞏固提升香港、澳門在國際經濟領域的重要地位。

　　"一國兩制"方針本身具有豐富的國際法意涵，它堅持和體現了國家主權與領土完整原則，是適用和平解決國際爭端原則的典範，拓展了和平共處五項原則的適用範圍。香港特別行政區、澳門特別行政區是中國的地方行政區域，但被授予廣泛的對外交往權限，例如參與國家外交活動、締結國際協議、參與國際組織等，突破了國際法關於"國家和政府間國際組織是國際法的主要參與者"的一般常識，是中國對國際法的發展和創新。因此，從國際法視角研究和闡釋特別行政區的對外交往問題具有重要意義。當然，在研究過程中，無法做到面面俱到，只能論及若干重大問題。

　　首先，論證香港特別行政區、澳門特別行政區的國際法地位。香港、澳門在回歸前不是殖民地，在回歸後被授予廣泛的對外交往權，取得了一定的對外交往能力。但港澳特別行政區的對外交往權不是其固有的、原始的權力，也不是一種完全的權力，而是來自於中央的授權，且限於基本法明確規定的範圍。因此，港澳特別行政區不是國際法主體，但可以認為是具有有限行為能力的國際人格者。

其次，明確港澳特別行政區對外交往權的法律依據和權限範圍等基本問題。理解特別行政區對外交往權應在基本法框架內來理解。基本法是一部授權法，是特別行政區根據"一國兩制"方針所具有的權力的法律依據。因此，特別行政區對外交往權的法律依據、權限範圍等也應以基本法的規定為準。至於《中英聯合聲明》《中葡聯合聲明》，香港、澳門不是聲明的主體，根本不能直接承受聲明的權利義務，其對外交往權自然也就不能以聯合聲明作為法律依據。

再次，探討國家締結的雙邊條約對特別行政區的適用問題。特別行政區被授予一定的對外締結國際協議的權限，實際上在中國形成了"國家條約體系"和"特別行政區條約體系"兩套條約體系。對於兩套條約體系的銜接問題，基本法作了原則規定。對於國家締結的多邊條約，國家在批准條約時常會就該條約是否適用於特別行政區作出聲明，比較妥善地處理了多邊條約對特別行政區的適用問題，較無爭議。但對於國家締結的雙邊條約，幾乎沒有就有關條約是否適用於特別行政區作出規定。對此，政府部門（外交部和特區政府律政司）和內地學者以"一國兩制"方針和基本法為依據，認為國家締結的雙邊條約原則上不適用於特別行政區。但在謝業深案、世能公司案等國際案例中，最終裁決結果都認定中國國家締結的雙邊條約適用於特別行政區。

對於國家締結的雙邊條約對特別行政區的適用問題，如果重新審視基本法有關條文和依據國際法基本原理來闡釋，可以發現確實無法得出"國家締結的雙邊條約原則上不適用於特別行政區"這一論斷。為避免在國際實踐中再起分歧，國家可以適時啟動對雙邊條約是否適用於特別行政區的清理工作。

第四，依法防範和遏制外部勢力干預特別行政區事務。廣泛的對外聯繫是特別行政區繁榮發展的重要保障，但也為外部勢力干預特別行政區事務打開了"窗口"，特別是香港特別行政區國家安全立法的長期闕如，更是助長了外部勢力與香港反對派相互勾連的囂張氣焰。外國干預特別行政區事務嚴重違反國家主權平等原則、不干涉內政原則等國際法基本原則。因此，必須進一步完善特別行政區維護國家安全的法律制度和執行機制，備足用好反對外國干涉特別行政區事務的"法律工具箱"。

最後，澄清《中英聯合聲明》的法律效力。《中英聯合聲明》是中英兩國和平解決香港問題的雙邊條約，但近年來發生了聲明是否有效的爭議。從談判過程和聲明用語，可以發現《中英聯合聲明》是一個特殊的雙邊條約，其第三條及附件一是中國的單方面聲明，其權利義務關係亦具有特殊性，不是一種完全對應、對等的關係，它在整體上沒有賦予英國對第三條及附件一任何明示和默示的權利，這一點不因《中英聯合聲明》是否繼續有效而改變。另一方面，《中英聯合聲明》各個條文的時效性不盡相同，其中與英國權利義務有關的條文已過終止時間且履行完畢，但與中國權利義務有關的部分條文如第三條及附件一尚未達到終止時間和履行完畢。根據條約的整體性原則，不能因為部分條文已過終止時間或履行完畢而簡單宣佈整個《中英聯合聲明》已經終止。換言之，倘若以其部分條文不再有效為由，否認整個《中英聯合聲明》的繼續有效性，籠統地稱之為歷史文件，缺乏充分依據。但在聲明中與英國權利義務有關的條文已經事實上終止的情況下，中國主張該部分條文的效力已經終止並不違反《維也納條約法公約》的規定。

以上將是本書重點探討和研究的主要問題，但僅反映作者個人見解，書中謬誤由本人承擔一切責任，與任何單位無關。

第一章

───

特別行政區在國際法上的地位

"一國兩制"方針是以和平方式解決歷史遺留的領土問題,具有深刻的國際法意義。港澳回歸以後,《香港基本法》《澳門基本法》分別授予香港特區、澳門特區廣泛的對外事務權。作為地方行政區域,港澳特區在國際法上具有怎樣的地位是一個必須首先弄清楚的問題。

一、"一國兩制"的國際法意義

"一國兩制"方針在香港、澳門的實踐蘊含着國際國內兩重內涵:在國際層面,"一國兩制"方針是以和平方式解決歷史遺留的領土問題,實現國家統一,維護國家主權與領土完整;[1] 在國內層面,通過建立特別行政區,對回歸後的領土實行不同於國家主體部分的管治模式,實現港澳平穩回歸和保持長期繁榮穩定。因此,"一國兩制"方針具有豐富的國際法意涵,它堅持和體現了國家主權與領土完整原則,是和平解決國際爭端的典範,也拓展了和平共處五項原則的適用範圍。

(一)"一國兩制"堅持和體現了國家主權與領土完整原則

從十七世紀起,隨着資本主義的初步發展,為了爭奪世界市場,英國開始向海外擴張。到十九世紀初,英國成為世界頭號殖民帝國。在殖民擴張的過程中,英國很早就圖謀佔據中國沿海一些島嶼,將其作為對華擴張的基地。十九世紀最初二十年,英國每年平均向中國輸入鴉片四千餘箱,以後迅速增加,到鴉片戰爭前夕,已達每年三萬五千五百餘箱。鴉片在英國對華出口貿易中所佔比例在 1829 年達到 50% 以上,造成中國白銀大量外流,社會經濟和國家財政遭受重大破壞和損失。[2]1839年林則徐到廣東開始禁煙。1840 年英國對中國發起第一次鴉片戰爭,標誌着中國近代史開啟,也是中國最為動盪、飽經磨難時期的開始。

1　參見《中英聯合聲明》第一段、《中葡聯合聲明》第一段、《香港基本法》序言和《澳門基本法》序言。

2　參見劉蜀永主編:《簡明香港史》,廣東人民出版社 2019 年版,第 18-19 頁。

香港問題是英國強迫清政府簽訂的三個不平等條約造成的。這三個不平等條約分別是 1842 年《南京條約》、1860 年《北京條約》和 1898 年《展拓香港界址專條》。

《南京條約》第 3 條規定："因大英商船遠路涉洋，往往有損壞須修補者，自應給予沿海一處，以便修船及存守所用物料。今大皇帝准將香港一島給予大英國君主暨嗣後世襲主位者常遠據守主掌，任便立法治理。"[3]

《北京條約》第 6 款規定："前據本年二月二十八日大清兩廣總督勞崇光，將粵東九龍司地方一區，交與大英駐紮粵省暫充英法總局正使功賜三等寶星巴夏禮代國立批永租在案，茲大清大皇帝定即將該地界付與大英大君主並歷後嗣，並歸英屬香港界內，以期該港埠面管轄所及庶保無事。其批作為廢紙外，其有該地華民自稱業戶，應由彼此兩國各派委員會勘查明，果為該戶本業，嗣後倘遇勢必令遷別地，大英國無不公當賠補。"[4]

《展拓香港界址專條》規定："溯查多年以來，素悉香港一處非展拓界址不足以資保衛，今中、英兩國政府議定大略，按照粘附地圖，展擴英界，作為新租之地。其所定詳細界綫，應俟兩國派員勘明後，再行劃定。以九十九年為限期。"[5]

根據這三個不平等條約，香港島和九龍是清政府割讓給英國，現在的"新界"是租借給英國，租期九十九年，到 1997 年 6 月 30 日期限屆滿。

葡萄牙人自 1553 年開始在澳門居住。從 1849 年開始，葡萄牙澳門總督亞馬留拒絕向中國政府繼續繳納商稅和地租，並驅逐中國駐澳門的官兵。1887 年 12 月 1 日，清朝政府與葡萄牙簽署《中葡和好通商條

---

3 王鐵崖編：《中外舊約章彙編》，第一卷，上海財經大學出版社 2019 年版，第 28 頁。

3 王鐵崖編：《中外舊約章彙編》，第一卷，上海財經大學出版社 2019 年版，第 28 頁。
4 王鐵崖編：《中外舊約章彙編》，第一卷，上海財經大學出版社 2019 年版，第 133 頁。
5 王鐵崖編：《中外舊約章彙編》，第一卷，上海財經大學出版社 2019 年版，第 715 頁。

約》。此一不平等條約規定：

> 第二款：前在大西洋國京都理斯波阿所訂預立節略內，大西洋
> 國永居、管理澳門之第二款，大清國仍允無異。惟現經商定，俟兩
> 國派員妥為會訂界址，再行特立專約。其未經定界以前，一切事宜
> 俱照依現時情形勿動，彼此均不得有增減、改變之事。

> 第三款：前在大西洋國京都理斯波阿所訂預立節略內，大西洋
> 國允准，未經大清國首肯，則大西洋國永不得將澳門讓與他國之第
> 三款，大西洋國仍允無異。[6]

國家主權與領土完整原則是國際法的一條基本原則。[7]《聯合國憲章》
第 2 條第 4 款規定了禁止使用武力原則，該原則保護的對象便是國家的
領土完整和政治獨立。《國際法原則宣言》《關於和平解決國際爭端的馬
尼拉宣言》等重申了領土完整不受侵犯的原則。領土完整是一國對其本
國領土所具有的主權的完整性和排他性。任何外國未經一國的同意不得
侵入佔取該國的領土，也不得在該國的領土內行使任何管轄權。一國侵
入他國是對他國的領土完整的破壞。一國未經同意在他國領土上駐紮軍
隊以及在他國領土開設郵局、經營無綫電台等都是對他國的領土完整的
破壞。[8]

英國、葡萄牙逼迫清政府簽訂不平等條約，強行佔領香港、澳門，
是對中國主權和領土完整的破壞。根據 "一國兩制" 方針解決歷史遺留
的香港問題和澳門問題，堅持了國家主權與領土完整原則。"一國兩制"
首先是 "一國"。"主權問題不是一個可以討論的問題"。[9] "一國" 在國

6　王鐵崖編：《中外舊約章彙編》，第一卷，上海財經大學出版社 2019 年版，第 486 頁。
7　北京大學法學百科全書編委會編：《北京大學法學百科全書·國際公法學 國際私法學》，北京大學出版社 2016 年版，第 406 頁。
8　王鐵崖主編：《中華法學大辭典·國際法學卷》，中國檢察出版社 1996 年版，第 400 頁。
9　《鄧小平文選》，第三卷，人民出版社 1993 年版，第 12 頁。

際法上是指收復被英國、葡萄牙強行佔領的香港、澳門，維護中國主權和領土完整。因此，"一國兩制" 方針首先就是堅持和體現了國家主權與領土完整原則。

（二）"一國兩制" 是和平解決國際爭端的典範

1.中國以非和平方式收回香港、澳門具有充分的法理依據

國家間爭端的解決無外乎和平方式和非和平方式兩種途徑。在人類社會的較長歷史時期，國家主要以非和平方式解決國際爭端。20 世紀以前，戰爭被認為是國家推行對外政策和解決國際爭端的合法工具，國家有任意發動戰爭的權利即訴諸戰爭權，征服他國、侵佔領土等是合法的。19 世紀末 20 世紀初，鑒於戰爭對人類社會帶來的重大危害性，國際社會開始對戰爭進行一些限制，先後於 1899 年和 1907 年在海牙召開和平會議並通過了一系列限制戰爭手段和方法的公約，但沒有限制或禁止國家的戰爭權。1919 年的《國際聯盟盟約》對國家的戰爭權作出了限制，規定當事國必須首先使用和平方法解決爭端，在未用盡盟約規定的方法和程序之前，不得使用武力。1928 年《巴黎非戰公約》明文規定禁止將戰爭作為推行國家政策的工具。

但由於國際聯盟的制度設計缺陷和國際社會缺乏共識，國際社會雖然在限制或禁止國家戰爭權方面做出了努力，但仍未能阻止第二次世界大戰的爆發。第二次世界大戰給人類社會造成了深重災難，使國際社會認識到必須一般地禁止國家的戰爭權。於是，1945 年《聯合國憲章》不僅一般地禁止在國際關係中訴諸戰爭，而且禁止一切旨在侵犯他國領土完整和政治獨立的武力行動或武力威脅行為。《聯合國憲章》第 2 條第 4 款規定："各會員國在其國際關係上不得使用威脅或武力，或以與聯合國宗旨不符之任何其他方法，侵害任何會員國或國家之領土完整或政治獨立。" 依據前項規定，禁止使用武力原則包含三個方面的內容：（1）該原則保護的對象是國家的領土完整和政治獨立。該原則禁止各會

員國採用與聯合國宗旨不符的任何其他方法侵害國家的領土完整或政治獨立。（2）該原則禁止的對象是使用武力或武力威脅和與聯合國宗旨不符的任何其他方法侵害他國的行為。該原則不僅禁止武力的使用，而且也禁止武力威脅，這比《國際聯盟盟約》和《巴黎非戰公約》更進一步。（3）該原則的適用範圍僅限於"國際關係"。這與《聯合國憲章》規定的不干涉內政原則相適應。

1970 年《國際法原則宣言》重申了這一原則，規定："每一國皆有義務在其國際關係上避免為侵害任何國家領土完整或或政治獨立之目的，或以與聯合國宗旨不符之任何其他方式使用威脅或武力。此種使用威脅或武力構成違反國際法及聯合國憲章之行為，永遠不應用為解決國際爭端之方法。"該宣言進一步列舉了禁止使用武力或武力威脅原則的具體內容，主要有：（1）侵略戰爭構成危害和平之罪行，在國際法上須負責任；（2）各國皆有義務避免從事侵略戰爭之宣傳；（3）每一國皆有義務避免使用威脅或武力以侵犯他國現有之國際疆界，或以此作為方法，解決國際爭端，包括領土爭端及國際疆界問題在內；（4）每一國亦有義務避免使用威脅或武力以侵犯國際界綫；（5）各國皆有義務避免涉及使用武力之報復行為；（6）每一國皆有義務避免對闡釋各民族享有平等權利與自決權原則時所指之民族採取剝奪其自決、自由及獨立權利之任何強制行動；（7）每一國皆有義務避免組織或鼓勵組織非正規軍或武裝團隊，包括僱傭兵在內，侵入他國領土；（8）每一國皆有義務避免在他國發動、煽動、協助或參加內爭或恐怖活動，或默許在其本國境內從事以犯此等行為目的之有組織活動；（9）國家領土不得作為違背憲章規定使用武力所造成之軍事佔領之對象。

1987 年，聯合國大會又專門通過了一項題為《加強在國際關係上不使用武力或進行武力威脅原則的效力宣言》，[10] 再次重申《聯合國憲章》

10　參見聯合國大會決議：A/RES/12/22。

和《國際法原則宣言》關於禁止使用武力或武力威脅的原則。

但禁止使用武力或武力威脅原則並不絕對的。依《聯合國憲章》有關規定採取的集體強制措施即經安理會授權的強制執行行動、單獨或集體自衛及反抗殖民統治和外國佔領的武裝鬥爭，就不受這一原則的限制。

反抗殖民統治和外國佔領的鬥爭又稱為民族解放運動。20 世紀 70 年代聯合國大會多次通過決議重申以包括武裝鬥爭在內的一切可利用的手段反抗殖民統治的合法性。[11] 二戰以後非殖民化運動的國家實踐已經承認民族解放運動可以使用武力反對殖民統治。[12] 在納米比亞反抗南非的殖民統治過程中，聯合國大會於 1973 年 12 月通過決議，承認 "西南非洲人民組織" 為納米比亞人民真正的代表，重申納米比亞人民使用一切方法進行反抗南非非法佔領其領土的鬥爭是合法的；[13]1974 年聯合國大會重申，南非被壓迫人民為了完全根除種族隔離用一切可能的辦法進行鬥爭是合法的，應該得到國際社會的支援；[14]1976 年 12 月聯合國大會通過決議，支持納米比亞人民在西南非洲人民組織領導下，為在統一的納米比亞達成自決、自由和國家獨立而進行的武裝鬥爭。[15] 聯合國大會後續通過的系列決議確認了這一點。例如，1981 年《不容干涉和干預別國內政宣言》第 3 條（b）款規定："各國有權利和義務充分支持處於殖民統治、外國佔領或種族主義政權下的人民的自決、自由和獨立權利，並支持這些人民為此目的而依照《憲章》宗旨和原則進行的政治鬥爭和武裝鬥爭的權利"；1987 年《加強在國際關係上不使用武力或進行武力威脅原則的效力宣言》第三部分第 3 條強調："本《宣言》的任何

11　這些聯合國大會決議包括：A/RES/3070(XXVIII)、A/RES/3103(XXVIII)、A/RES/3246(XXIX)、A/RES/3328(XXIX)、A/RES/3481(XXX)、A/RES/31/91、A/RES/31/92、A/RES/32/42、A/RES/32/154 等。

12　黃瑤：《論禁止使用武力原則》，北京大學出版社 2003 年版，第 216 頁。

13　參見聯合國大會決議：A/RES/3111(XXVIII)。

14　參見聯合國大會決議：A/RES/3324(XXIX)。

15　參見聯合國大會決議：A/31/146。

內容絕不得妨礙被強行剝奪自決、自由和獨立權利的人民，特別是在殖民和種族主義政權或其他形式外國統治下的人民行使這一權利」；1990 年聯合國大會第 45/130 號決議通過的《普遍實現民族自決權利和迅速給予殖民地國家和人民獨立對於切實保障和尊重人權的重要性》第 2 條規定：「重申各國人民為求獨立、領土完整、民族統一以及從殖民統治、種族隔離和外國佔領下獲得解放，以包括武裝鬥爭在內的一切可利用的手段進行鬥爭，都是合法的。」

在法理上，原領土所屬國收回被別國侵佔的領土而恢復其對該領土的歷史性權利的領土變更方式包括用武力的和非武力的兩種。習慣上將非武力方法收復稱為恢復歷史性權利（restitutionin the right），指通過國際公約、國際組織決議、當事國談判等方法讓非法佔有國歸還侵佔的領土。以武力方法恢復稱為收復失地（regain of lost territory），指通過武力手段將被外國非法佔去的領土主權收回。

在某些情況下，國家的領土可能發生各種形式的變化。傳統國際法將國家領土的變更分為「原始取得」和「轉承取得」兩類。「原始取得」包括先佔和添附；「轉承取得」包括時效、割讓和征服等。現代國際法則增加了民族自決、公民投票和收復失地等內容。「收復失地」是一個國家為恢復其歷史性權利而收復先前被別國佔領的領土。收復失地一般採用兩種方式：一是和平方式，即通過談判簽訂條約；另一種是武裝鬥爭方式，即通過戰爭收復失地。[16]

1947 年印度獨立後，法國和葡萄牙沒有隨英國撤出南亞次大陸，而是繼續維持其對印度部分領土的殖民統治：法國對印度五個沿海城市繼續維持殖民統治；葡萄牙則繼續保留對果阿等地的殖民統治。通過外交談判，印度於 1954 年 10 月收回被法國殖民統治的被佔領土。但面對葡萄牙的強硬立場，印度試圖用外交方式收回被佔領土的計劃失敗。

16　參見「領土」，載《中國大百科全書》網絡版，https://www.zgbk.com/ecph/words?SiteID=1&ID=15 8233&Type=bkzyb，2022 年 9 月 28 日訪問。

1961 年 12 月，印度軍隊發起收復果阿的軍事行動，終結了葡萄牙在南亞次大陸長達四百多年的殖民統治。

香港、澳門是被英國、葡萄牙通過武力和不平等條約強行佔領的中國領土，長期處於英國、葡萄牙的殖民統治之下。中國政府使用武力驅逐殖民統治、收復失地不違反禁止使用武力原則，具有充分的國際法依據。

2. "一國兩制" 是和平解決國際爭端原則的典型範例

儘管中國政府有充分的法理依據可以採用非和平方式收回香港、澳門，但中國政府還是選擇了以和平方式即通過外交談判實現香港、澳門的回歸。

1899 年第一次海牙和平會議簽署並於 1907 年第二次海牙和平會議修訂的《和平解決國際爭端公約》最早提出了和平解決國際爭端的原則。1919 年的《國際聯盟盟約》規定各會員國應首先採用和平方法解決爭端。1945 年《聯合國憲章》第 2 條第 3 款正式確立了和平解決國際爭端原則，規定 "各國應以和平方法解決其國際爭端，避免危及國際和平、安全及正義"。憲章第六章專門規定了和平解決國際爭端的方法、程序和機制。根據憲章第 33 條第 1 款，和平解決國際爭端的方法主要有談判、調查、調停、和解、公斷、司法解決、區域機關或區域辦法之利用等。在學理上，和平解決國際爭端的方法可以分為政治方法和法律方法兩種。政治方法，有時也被稱為外交方法，一般包括談判、協商、調查、斡旋、調停和和解等，它可以適用於各種不同類型的國際爭端。法律方法是指用仲裁或者司法裁決來解決國際爭端，目前國際社會已經有了若干比較完善的組織機構和程序機制，如國際法院、國際海洋法庭、國際刑事法院、世界貿易組織爭端解決機構等。1970 年《國際法原則宣言》則進一步細化了和平解決國際爭端原則。宣言強調，爭端各當事方若未能以談判、調查、調停、和解、公斷、司法解決、區域機關或辦法之利用或其所選擇之其他和平方法之任一和平方法達成解決爭端的情形時，有義務繼續以其所商定之他種和平方法尋求爭端之解決；國際爭端各當事國及其他國家應避免從事足使情勢惡化致危及國際和平與安全之維持之任何行動，並應依照聯合國之宗旨與原則而行動。1982年聯合國大會通過了《關於和平解決國際爭端的馬尼拉宣言》，[17] 宣言重申了《聯合國憲章》《國際法原則宣言》確立的和平解決國際爭端原則。從以上各國際文件關於和平解決國際爭端原則的闡述來看，"談判" 是和平解決國際爭端的主要方法之一。

為和平解決香港回歸祖國問題，從 1982 年 10 月至 1984 年 9 月中國政府與英國政府舉行了二十二輪談判，於 1984 年 12 月 19 日簽署了《中華人民共和國政府和大不列顛及北愛爾蘭聯合王國政府關於香港問題的聯合聲明》（簡稱《中英聯合聲明》）。在談判過程中，雖然由於英方的反覆和無理要求，使談判過程並不順利，但中國政府始終堅持和平解決爭端的原則，據理力爭，使英方重新回到談判桌，最終促成了香港問題的和平解決。

為和平解決澳門回歸祖國問題，從 1986 年 6 月至 1987 年 3 月中國政府與葡萄牙政府進行了四輪談判，並於 1987 年 4 月 13 日正式簽署了《中華人民共和國政府和葡萄牙共和國政府關於澳門問題的聯合聲明》（簡稱《中葡聯合聲明》），以和平方式解決了中葡兩國間的歷史遺留問題。

總之，"一國兩制" 方針避免了國家間訴諸戰爭或武力手段解決歷史遺留的領土問題，成為國際法上和平解決國際爭端的成功典範，贏得國際社會讚譽。

（三）"一國兩制" 拓展了和平共處五項原則的適用範圍

1953 年 12 月 31 日，周恩來總理在接見印度政府代表團在談到中

17　參見聯合國大會決議：A/RES/37/10。

印兩國在中國西藏地方的關係時首次提出了互相尊重主權和領土完整、互不侵犯、互不干涉內政、平等互惠、和平共處的五項原則。這五項原則後來正式寫入 1954 年 4 月 29 日簽訂的《關於中國西藏地方和印度之間的通商和交通協定》中。1954 年 6 月 28 日，在日內瓦會議期間中印兩國總理發表聯合聲明重申和平共處五項原則（只是將平等互惠改為平等互利），並認為這些原則不僅適用於各國之間，而且適用於一般國際關係之中。同年 6 月 29 日，在中國與緬甸總理的聯合聲明中指出和平共處五項原則也適用於中國和緬甸之間的關係。

1955 年在印度尼西亞萬隆召開的亞非會議通過了《關於促進世界和平和合作的宣言》，引申和發展了和平共處五項原則。[18]1955 年 4 月 18 日至 24 日，29 個亞非國家在印度尼西亞的萬隆舉行了第一次亞非會議（簡稱萬隆會議），這是歷史上首次由亞非國家自發舉行的國際會議。萬隆會議被普遍認為是國際關係中的一個分水嶺，正如亞非法律協商組織（AALCO）秘書長 Mohamad 教授所指出的，會議"闡述了獨立、和平、正義和公平共享繁榮的世界新秩序的設想。……其目標是逐步修正不公正不公平的舊國際秩序。"[19]

出席萬隆會議的各國代表一致通過了會議成果文件——《亞非會議最後公報》。《最後公報》共包括經濟合作、文化合作、人權和自決、附屬地人民問題、其他問題、促進世界和平和合作、關於促進世界和平和合作的宣言等七個部分。載於《最後公報》第七部分的《關於促進世界和平和合作的宣言》提出了十項原則，它們是：（1）尊重基本人權，尊重《聯合國憲章》的宗旨和原則；（2）尊重一切國家的主權和領土完整；（3）承認一切種族的平等，承認一切大小國家的平等；（4）不干預或不干涉他國內政；（5）尊重每一國家按照《聯合國憲章》單獨地或集

18　《中華人民共和國對外關係文件集》，第 3 集，第 269 頁。

19　Public Lecture on "Reflecting Asian-African Solidarity in the Progressive Development of International Law" by the Secretary-General of the Asian-African Legal Consultative Organization, Prof. Dr. Rahmat Mohamad at the University of Bandung, 14th October, 2010, p. 4.

體地進行自衛的權利；（6）不使用集體防禦的安排來為任何一個大國的特殊利益服務；任何國家不對其他國家施加壓力；（7）不以侵略行為或侵略威脅或使用武力來侵犯任何國家的領土完整或政治獨立；（8）按照《聯合國憲章》，通過談判、調停、仲裁或司法解決等和平方法，以及有關方面自己選擇的任何其他和平方法來解決一切國際爭端；（9）促進相互的利益和合作；（10）尊重正義和國際義務。這就是著名的萬隆會議十項原則（或稱萬隆原則）。萬隆原則有的與和平共處五項原則的內容完全相同，有的是對和平共處五項原則的具體化表述。因此，萬隆原則是對和平共處五項原則的引申和發展。

萬隆原則得到了很高評價。中國外交部發言人指出："萬隆會議所確立的處理國際關係的十項原則，為建立公正合理的國際政治經濟新秩序奠定了重要基礎。"[20] 印尼外交官亞揚‧GH. 穆利亞納（Yayan GH Mulyana）評價說，"萬隆原則是萬隆會議最重要的成果之一，因為這些原則指導亞非大陸各國和其他大陸國家度過了冷戰時期的動盪。"[21]

和平共處五項原則在國際交往實踐中得到了廣泛接受。和平共處五項原則不僅體現在中國與周邊國家簽署的外交文件中，而且在中國與蘇聯、德意志民主共和國簽署的外交文件中也得到確認。這說明和平共處五項原則既適用於處理不同社會制度的國家間關係，還適用於相同社會制度國家之間的關係。[22]20 世紀 60 年代，隨着殖民體系的瓦解，中國與非洲、拉丁美洲的一大批新獨立國家簽訂了載有和平共處五項原則的外交文件。20 世紀 70 年代，中國在與意大利、比利時、美國、日本、澳

20　外交部：《希望萬隆會議 60 週年紀念活動成功舉行》，新華網：http://news.xinhuanet.com/world/2015-03/12/c_1114621690.htm，最後訪問時間：2022 年 5 月 8 日。

21　Yayan GH Mulyana, "The 1955 Bandung Conference and its present significance", http://www.thejakartapost.com/news/2011/04/29/the-1955-bandung-conference-and-its-present-significance.html, 最後訪問時間：2022 年 5 月 8 日。

22　和平共處是列寧的思想，但列寧的和共處只限於處理不同社會制度的國家間關係。但從斯大林開始的蘇聯領導人逐漸歪曲了列寧的和平共處思想，他們的和平共處政策不是為了維護和發展國際和平和合作關係，而是為了擴張蘇聯的勢力範圍，維護蘇聯霸權。參見張培德：《當代國際關係基本準則論述》，《社會縱橫》1991 年第 2 期，第 33-34 頁。

大利亞等西方國家簽訂的建交公報或雙邊協定中均明確規定將和平共處五項原則作為指導雙邊關係的基本準則。因此，和平共處五項原則得到了世界各國的普遍接受和贊同，成為國際法基本原則的重要組成部分，是當代國際關係的基本準則。

和平共處五項原則原本是適用於國際關係的國際法基本原則，但"一國兩制"方針創造性地將該原則適用於一個國家內部社會主義制度與資本主義制度的和平共處，無疑是一大創舉。正如鄧小平指出，"和平共處的原則用之於解決一個國家內部的問題，恐怕也是一個好辦法。根據中國自己的實踐，我們提出'一個國家，兩種制度'的辦法來解決中國的統一問題，這也是一種和平共處。"[23]

二、回歸前的香港、澳門不是殖民地

英國認為香港屬其殖民地，但中國政府不承認回歸前的香港是英國的殖民地，也不承認回歸前的澳門是葡萄牙的殖民地。在根本上，中國不承認清政府時期與香港問題和澳門問題有關的條約的合法性。這些條約是英國殖民主義者和葡萄牙殖民主義者使用武力或武力威脅強迫清政府簽訂的，嚴重損害中國主權和領土完整，是不平等條約，不具有合法性。

不平等條約是締約一方利用自身的優勢地位違反國際法，強迫處於弱勢的締約方締結的侵害後者權利的國際協議。[24] 中國國際法學者周蘇生認為，不平等條約是帝國主義、殖民主義國家強加於別國的，是掠奪性的、強制性的、根本不合法的，沒有繼續存在的任何道義的或法律的根據，因而受害的締約一方完全有權主張廢除或逕行取消。[25] 1969 年《維也納條約法公約》第 52 條明確規定："條約係違反聯合國憲章所含國際

23　《鄧小平文選》，第三卷，人民出版社 1993 年版，第 96-97 頁。
24　北京大學法學百科全書編委會編：《北京大學法學百科全書·國際公法學 國際私法學》，北京大學出版社 2016 年版，第 406 頁。
25　周蘇生：《國際法》，武漢大學出版社 2009 年版，第 577 頁。

法原則以威脅或使用武力而獲締結者無效。"

　　1842 年以後中國締結的不平等條約形成在中國的不平等條約制度的基礎。中國傳統世界秩序受西方國家優越武力攻擊時開始瓦解。它並未被以主權國家體系為基礎的近代國際秩序所代替，而代替的是新的一種不平等條約的秩序。中國對外關係所適用的，不是國際法原則規則，而是不平等條約。不平等條約制度的主要特色是武力和不平等。條約是武力所迫訂的或是在武力威脅下所訂立的，目的在於為外國人及其國家勒索權利和特權，公然侵犯中國的主權和獨立，而完全否定了平等概念。[26]

　　中國在 20 世紀 20 年代明確提出廢除不平等條約。1923 年孫中山發表《中國國民黨宣言》，明確提出了"不平等條約"的概念："……前清專制，持其'寧贈朋友，不與家奴'之政策，屢犧牲我民族之權利，與各國立不平等之條約。至今清廷雖覆，而我竟陷於為列強殖民地之地位矣。故吾黨所持之民族主義，消極的為除去民族間之不平等，積極的為團結國內各民族，完成一大中華民族。歐戰以還，民族自決之義，日愈昌明，吾人當仍本此精神，內以促全國民族之進化，外以謀世界民族之平等。其大要如左：甲、勵行教育普及，增進全國民族之文化。乙、力圖改正條約，恢復我國國際上自由平等之地位。……"[27]1924 年 1 月，中國國民黨第一次全國代表大會制定的政綱，提出"廢除不平等條約"的政策。1924 年 8 月，中國共產黨發表《第四次對於時局的主張》，提出了"廢除一切不平等條約"的主張。中華人民共和國成立前夕，1949 年 9 月 29 日通過的《中國人民政治協商會議共同綱領》第 55 條規定："對於國民黨政府與外國政府所訂立的各項條約和協議，中華人民共和國中央人民政府應加以審查，按其內容，分別予以承認，或廢除，或修改，或重訂。"

26　鄧正來編：《王鐵崖文選》，中國政法大學出版社 1993 年版，第 316 頁。

27　《孫中山全集》，第七卷，中華書局 2011 年版，第 1 4 頁。

因此，由於形成香港問題和澳門問題的條約屬不平等條約，不具有合法性，不被中國政府承認，那麼英國割佔香港島和九龍、租借 "新界" 和葡萄牙強佔澳門就是非法的。那麼，在國際法上，中國從未喪失對香港、澳門的主權，香港、澳門自始至終處於中國主權之下，香港、澳門從未成為英國、葡萄牙的殖民地。

第二次世界大戰結束以後，殖民地、半殖民地的獨立運動逐漸興起。1960 年聯合國通過了第 1514（XV）號決議，即著名的《給予殖民地國家和人民獨立宣言》，其第 2 條規定："所有的人民都有自決權；依據這個權利，他們自由地決定他們的政治地位，自由地發展他們的經濟、社會和文化。" 第 4 條規定："必須制止各種對付附屬國人民的一切武裝行動和鎮壓措施，以使他們能和平地、自由地行使他們實現完全獨立的權利；尊重他們國家領土的完整。" 這兩個條款可以看出，《給予殖民地國家和人民獨立宣言》承認殖民地有獲得獨立的自決權。1961 年，聯合國成立 "非殖民地化特別委員會"，並公佈了殖民地名單，香港和澳門均在列。這意味着香港、澳門未來有可能以行使自決權的方式獲得獨立。

針對這種情況，在中華人民共和國恢復聯合國合法席位以後，中國常駐聯合國代表黃華於 1972 年 3 月 8 日致函聯合國 "非殖民地化特別委員會" 主席，表示："眾所周知，香港、澳門是屬歷史上遺留下來的帝國主義強加於中國的一系列不平等條約的結果。香港繼而澳門是被英國和葡萄牙當局佔領的中國領土的一部分，解決香港、澳門問題完全是屬中國主權範圍內的問題，根本不屬通常的所謂殖民地範疇。因此不應列入反殖宣言中適用的殖民地地區的名單之內。對香港和澳門問題，中國政府一貫主張在條件成熟的時候，用適當方式加以解決。聯合國無權討論這一問題。根據上述理由，中國代表團反對把香港、澳門列入反殖宣言中適用的殖民地地區的名單中，並要求立即從反殖特委會的文件以及聯合國其他一切文件中取消關於香港、澳門是屬所謂殖民地範疇的這一錯誤提法。"[28] 同年 6 月 15 日，聯合國 "非殖民化特別委員會" 在向聯合國大會提交《1972 年度工作報告》中建議從殖民地名單中刪去香港和澳門。[29]11 月 8 日，聯合國大會以 99 票贊成、5 票反對通過了第 2908（XXVII）號決議，認可了 "非殖民地化委員會" 提交的工作報告，同意將香港、澳門從殖民地名單上刪除。[30] 這說明，一方面中國政府在港澳問題上的立場在國際上得到廣泛支持，另一方面在法律性質上，香港、澳門不屬殖民地，這一點已為聯合國所確認。因此，即使英國、葡萄牙在其國內法上將香港、澳門視為其殖民地，但在國際法上香港、澳門不在聯合國的殖民地名單上。英國、葡萄牙的這種國內法上的安排並不具有國際法上的約束力，香港、澳門回歸中國不會產生國際法上的國家繼承關係。

三、特別行政區是中華人民共和國的地方行政區域

《香港基本法》第 12 條規定，香港特別行政區是中華人民共和國的一個享有高度自治權的地方行政區域，直轄於中央人民政府。《澳門基本法》第 12 條亦有相同規定。因此，特別行政區仍然是中國的一個地方行政區域，與中央人民政府的關係是地方與中央的關係。同時，根據《香港基本法》和《澳門基本法》第 13 條第 3 款，中央人民政府分別授權香港特別行政區、澳門特別行政區依照本法自行處理有關的對外事務。即，兩個特別行政區均獲得了一定的對外交往的權力和權限。這顯然不同於中國的地方行政區域，也不同於世界絕大多數國家的地方行政區域或組成單位。

於是，部分學者對中國特別行政區的法律地位產生了不同看法。羅德·穆什卡（Roda Mushkat）認為某些領土實體如根據條約確立的 "自

---

28 黃華：《回憶與見聞——黃華回憶錄》，世界知識出版社 2008 年版，第 193 頁。

29 *See Yearbook of the United Nations 1972*, pp.543, 625.

30 參見聯合國大會決議：《給予殖民地國家和人民獨立宣言的執行》，第 2908（XXVII）號決議，第 3 段。

治實體（autonomous entities）"或所謂"國際化領土（internationalized territories）"雖不符合國家的構成標準，但根據國際法仍可獲得獨立的法律人格，一個典型例子是根據《但澤自由條約》，但澤在 1920—1939 年期間被視為由國際法原則和規則調整的具有法律人格的自由市（free cities）。[31] 有鑒於此，羅德·穆什卡（Roda Mushkat）認為香港是根據《中英聯合聲明》而不是國內法確立的、其權利和義務由國際法調整的、具有客觀法律人格的國際實體。[32] 埃里克·約翰遜（Eric Johnson）認為香港是《中英聯合聲明》創設的類似於中世紀時期的"自由市（free cities）"。[33] 根據埃里克·約翰遜的定義，"自由市"通常由條約而非國內法常設，具有參與國際關係的能力，它不屬某個國家的組成部分，也不屬某個國家的自治領土。[34] 布萊恩·Z. 塔瑪納哈（Brian Z. Tamanaha）也認為香港是一個受國際法調整的自治實體。[35] 概言之，這些學者不認為香港特別行政區是中國的地方行政區域，而是一個由《中英聯合聲明》確立、其權利義務受國際法調整、具有客觀法律人格的非國家政治實體。這種觀點對不對呢？

（一）香港特別行政區的法律地位是由《中英聯合聲明》確立的嗎？

顯然不是。

如前文所述，造成香港問題的三個條約是不平等條約，不具有合法性，意即英國從未獲得香港島、九龍的主權。那麼，香港的法律地位一

---

31 Roda Mushkat, "Hong Kong as an International Legal Person", *Emory International Law Review*, 1992, vol.6, pp.109-110.

32 Roda Mushkat, "Hong Kong as an International Legal Person", *Emory International Law Review*, 1992, vol.6, p.110.

33 Eric Johnson, "Hong Kong after 1997: A Free City?", *German Yearbook of International Law*, 1997, vol. 40, pp.402-404.

34 Eric Johnson, "Hong Kong after 1997: A Free City?", *German Yearbook of International Law*, 1997, vol. 40, p.396.

35 Brian Z. Tamanaha, "Post-1997 Hong Kong: A Comparative Study of the Meaning of 'High Degree of Autonomy' with a Specific Look at the Commonwealth of the Northern Mariana Islands", *China Law Reporter*, 1989, vol.5, p.168.

直是確定的，即處於中國主權之下，是中國領土。香港的這一法律地位並不需要什麼國際協議來確立。這一問題可以從中英關於香港問題的談判過程得到印證。

最初在談到香港問題時，使用的是"收回香港主權""主權的回歸""主權的移交"等提法，後來在外交部條法司任職的邵天任從法律角度用"恢復行使主權"取代"收回主權"等提法，[36] 此後在談到香港回歸時一律採用"恢復行使主權"的表述。因此，"收回香港主權""主權的回歸""主權的移交"等提法指英國將其對香港的主權交還給中國，相當於承認了英國在佔領香港期間擁有對香港的主權，相當於承認了三個不平等條約的合法性。而"恢復行使主權"的表述精準地符合中國政府對香港問題和三個不平等條約的一貫立場，避免了法律上的歧義。"恢復行使主權"一方面指香港一直處在中國的主權之下，另一方面指英國趁清政府羸弱強行佔領香港並在事實上管治香港使得中國政府沒有對香港實際進行管治，那麼香港回歸後中國政府將正式開始管治香港，此即"恢復行使主權"。

關於香港問題主要有三個問題：一個是主權問題，一個是 1997 年後中國採取什麼方式管理香港的問題，再一個是香港回歸前的過渡期問題。對於主權問題，中國政府認為這不是一個可以討論的問題。換言之，關於香港處在中國主權之下、屬中國領土這一主權問題，是中英談判不可以討論的問題，因為這個問題是確定的、沒有迴旋餘地的。[37] 至於香港在回歸以後可以進行廣泛的對外交往，體現在《中英聯合聲明》第三條及附件一，這是 1997 年後中國政府如何管治香港的問題，是中國的單方面承諾，是一個內政問題，不是中英兩國共同決定的問題，不產生國際法上的權利義務關係。

對於《中英聯合聲明》這個協議的名稱，也是慎重斟酌的結果。

36　參見宗道一等編著：《周南口述──遙想當年羽扇綸巾》，齊魯書社 2007 年版，第 262 頁。
37　《鄧小平文選》，第三卷，人民出版社 1993 年版，第 12 頁。

中英兩國在開始談判的時候，都說到要達成關於香港問題的"協議"。在談判過程中，英國提出要達成一個"條約"，中國不同意，堅持採用聯合公報的形式。[38] 這是因為中國不承認關於香港問題的三個不平等條約，中國政府對香港恢復行使主權，不需要英國政府同意。[39] 協議名稱不使用"條約"，是中國為了避免變相承認英國擁有對香港的合法權利。[40] 如果使用"條約"這一名稱，就可能被解讀為這是中英之間關於香港的第四個條約，暗含着香港問題的某種歷史延續性，相當於中國實際上承認了關於香港的三個不平等條約的合法性，無異於承認英國在1997 年前擁有控制香港的合法權利。[41]

因此，香港的法律地位不是由《中英聯合聲明》確立，而是由中國國內法——《憲法》和《香港基本法》確立。

（二）香港特別行政區的權利義務受國際法調整嗎？

對於這個問題，首先可以從特別行政區高度自治權的權利來源來回答。《香港基本法》第 2 條規定："全國人民代表大會授權香港特別行政區依照本法的規定實行高度自治，享有行政管理權、立法權、獨立的司法權和終審權。"該條中"授權"一詞明確地、清晰地表明香港特別行政區的高度自治權的權利來源是中央授權，以《憲法》和《香港基本法》為法律依據。香港特別行政區的高度自治權不是固有的，其唯一來源是中央授權。高度自治權的限度在於中央授予多少權力，香港特別行政區就享有多少權力，不存在"剩餘權力"。[42] 這證明，香港特別行政區所享有的權利、承擔的義務由中國國內法調整，即由《憲法》和《香港基本

38　周南、宗道一：《中英香港問題談判親歷記（二）》，《百年潮》2006 年第 5 期，第 27-28 頁。

39　陳敦德：《廢約：中英香港問題談判始末》，中國青年出版社 2013 年版，第 316 頁。

40　Susan L. Karamanian, "Legal Aspects of the Sino-British Draft Agreement on the Future of Hong Kong", *Texas International Law Journal*, vol.20, no.1, Winter 1985, p.183.

41　Susan L. Karamanian, "Legal Aspects of the Sino-British Draft Agreement on the Future of Hong Kong", *Texas International Law Journal*, vol.20, no.1, Winter 1985, p.182.

42　參見《"一國兩制"在香港特別行政區的實踐》白皮書。

法》調整，而不是由國際法調整。

其次可以從適用於特別行政區的條約履行機制來回答。在特別行政區內部，特別行政區按照其關於適用條約的本地法律機制來落實條約的實施，這是一個內部法的問題。儘管《維也納條約法公約》第 26 條規定了善意履行條約原則，但該公約並不過問一條約在一國或一地區內部是如何實施的，因為這是一個國內法或內部法的問題，國際法只關注"結果"，即條約得到了執行或落實。目前，香港特區適用國際條約主要有三種方式：一是通過香港本地立法適用條約，這在國際法稱作"轉化"或間接適用，這是香港特區適用國際條約的主要方式。二是通過適用全國性法律的形式使有關國際條約在香港具有法律效力，如列入基本法附件三的《中華人民共和國外交特權與豁免條例》是為實施《維也納外交關係公約》制定的國內法，該條例經列入附件三在香港特區實施，可以被認為是一個通過適用全國性法律來適用有關國際條約的例子。不過採用這種方式的情況比較少見。三是無須另行立法如以在香港特區政府憲報上刊登的方式來實施有關國際條約，主要涉及特區政府自行對外締結的雙邊協定。[43]

在外部，對於適用於特區的條約的履約監督機制，則需要由中央政府代特區來處置。國際公約往往要求締約方必須是主權國家，特區政府無權直接與其他締約方和條約的保存機關聯繫。有鑒於此，對於有執行機制的國際公約，如果中央政府已經參加，應由中央政府向公約的保存機關提交履約報告，但在提交報告之前，中央政府主管部門將事先與特區政府協調，由特區政府根據執行公約的情況自行起草報告，並作為中國政府履約報告的一部分由中央政府一併向公約保存機關提交；對於中央政府尚未參加的國際公約，則由特區政府自行撰寫執行公約的報告，但鑒於特區不是有關公約的當事方，其所撰寫的報告只能由中央政府代

43　參見饒戈平、李贊：《國際條約在香港的適用問題研究》，中國民主法制出版社 2010 年版，第127-128 頁。

為提交。香港回歸後，中央政府先後代特區政府提交了中央政府尚未參加的《經濟、社會與文化權利國際公約》《公民權利和政治權利國際公約》等公約的履約報告。[44]

再次可以從承擔國際責任的能力來回答。香港回歸前夕，中國政府根據條約的具體情況分別向有關公約的保存機關遞交照會，辦理使公約在香港特區適用的法律手續。對中國已參加的 127 項條約，聲明中國已參加的公約自 1997 年 7 月 1 日起適用於香港特區，有關國際權利和義務由中國政府承擔，並說明需要作出的保留或聲明；對回歸前已適用於香港但中國尚未參加的 87 項公約，聲明自 1997 年 7 月 1 日起這些條約繼續適用於香港特區，就公約適用於香港特區而言，公約當事方的國際權利和義務由中國政府承擔，並說明需要作出的保留或聲明，還要求公約保存機關將照會內容記錄在案並轉告有關公約的其他當事方。[45]

香港特別行政區只能在非常有限的範圍內具有國際責任能力。對於香港單獨簽訂或經中央授權訂立的雙邊協定，香港原則上能夠承擔在本地和國際層面履行條約的責任；但如果條約責任超出協定規定的範圍，理論上應由中央政府出面解決或授權特別行政區政府解決。對於中央政府締結並適用於香港的條約，則中央政府在國際法上承擔履行條約的責任，香港只是在本地區內負有實施中央政府承擔的國際義務的責任。這就是說，香港特別行政區因適用多邊條約所產生的國際責任，概由擔負條約國際權利和義務的中國中央政府承擔，香港不具有一般的國際責任能力。[46]

因此，從特別行政區高度自治權的權利來源、條約的履約機制和責任能力等方面來看，香港特區的權利義務由國內法——《憲法》和《香

44　參見饒戈平、李贊：《國際條約在香港的適用問題研究》，中國民主法制出版社 2010 年版，第 135-136 頁。

45　馬新民：《香港特區適用、締結和履行國際條約的法律和實踐：延續、發展與創新》，載饒戈平主編：《燕園論道看港澳》，北京大學出版社 2014 年版，第 62 頁。

46　饒戈平：《香港特區對外事務權的法律性質和地位》，載饒戈平主編：《燕園論道看港澳》，北京大學出版社 2014 年版，第 22 頁。

港基本法》調整，而不是由國際法調整。

（三）香港特別行政區具有客觀法律人格嗎？

在任何現代法律制度中，法律往往規定個人、公司或者其他實體具備享有和行使權利、履行義務的能力，這些主體就是法律制度下的"法律人格者"。法律人格的概念還包含其他因素，諸如地位、權能、資格以及特定權利和義務的性質和範圍。法律人格的概念在國際法中同樣存在。沒有法律人格，也就談不上權利的行使、義務的履行和法律所追求的效果。[47]

國際法上的人格需要考慮在國際體系中承擔的權利和義務之間的相互關係以及實施訴求的能力。國際人格是一個相對的現象，視具體情況的不同而異。當代國際法有廣泛的參與者如國家、國際組織、非政府組織、公司和個人，但他們並非都將構成法律人格者。國際人格者不僅是參與還需要以某種形式被社會接受。[48]

國際人格存在兩個基本類型，即客觀的和有限的人格。客觀國際人格者要服從廣泛的國際權利與義務，並且有權被與其進行交往的任何其他國際人格者承認為一個國際人格者。換言之，它將對一切（erga omnes）有效。國家是原始的主要的國際法主體，其客觀國際人格來自其本質和國際體系的結構。客觀國際人格者的創造必定是比較困難的，需要基本上整個國際社會的行動或這種行動的實質要素。[49]例如，聯合國被認為是一個客觀國際人格者，但它是整個國際社會行動的結果。國際法院在"賠償案"中指出："作為國際社會多數成員的五十個國家有

47　賈兵兵：《國際公法：和平時期的解釋與適用》，清華大學出版社 2015 年版，第 96 頁。
48　〔英〕馬爾科姆・N. 肖：《國際法》（第六版・上），白桂梅等譯，北京大學出版社 2011 年版，第 158 頁。
49　〔英〕馬爾科姆・N. 肖：《國際法》（第六版・上），白桂梅等譯，北京大學出版社 2011 年版，第 208 頁。

權根據國際法創造一個具有客觀國際人格的實體。"[50] 另一方面,取得僅對同意的主體具有拘束力的有限人格可能比較容易,任何法律人格者均可承認其他實體在與其關係上具有人格。[51] 有限人格者具有一定限度的權利和義務,這些權利和義務對於接受其人格的那些實體是有效的。[52]《香港基本法》在對外事務的授權使得香港特區在特定法律領域中獲得了一定程度的國際人格。[53] 但很顯然,香港特區的這種國際人格不是整個國際社會行動的結果,它是中國政府行動的結果,是《憲法》和《香港基本法》授權的結果,因此香港特區不具有客觀國際人格,僅具有有限的國際人格,其限度限於《憲法》和《香港基本法》的授權,限於其他國際人格者接受的範圍之內。

特別行政區不是國際法主體。"國際法主體"和"國際人格者"這兩個詞在學術上以及實踐中是可以互換的。國際法主體或者說國際人格者是指能夠享有國際法上的權利,承擔國際法下的義務,而且能通過國際求償程序來維護自身權利的實體。[54] 國際人格者或者國際法主體的標準有以下四條:能夠在國際層面上締結有效的條約和協議;能夠承擔、履行國際義務;在因其他主體未履行國際義務而受到損失時,有能力進行求償、索賠;能夠享有主權者之間對等的豁免和特權。在實踐中,擁有國際法意義上的人格並不要求某一實體同時滿足以上四個標準。某個實體可能具備人格所要求的行為能力,但這種能力是有限的,不是完全意義上的行為能力,也就是說,現實中可能存在具備有限行為能力的國際人格者。[55] 香港特區對外事務權是有條件、有限制的權力,僅限於《香

50　Reparation for injuries suffered in the service of the United Nations, *Advisory Opinion, I.C.J. reports*, 1949, p.185.

51　〔英〕馬爾科姆·N. 肖:《國際法》(第六版·上),白桂梅等譯,北京大學出版社 2011 年版,第 208 頁。

52　〔英〕馬爾科姆·N. 肖:《國際法》(第六版·上),白桂梅等譯,北京大學出版社 2011 年版,第 210 頁。

53　賈兵兵:《國際公法:和平時期的解釋與適用》,清華大學出版社 2015 年版,第 100 頁。

54　賈兵兵:《國際公法:和平時期的解釋與適用》,清華大學出版社 2015 年版,第 96 頁。

55　賈兵兵:《國際公法:和平時期的解釋與適用》,清華大學出版社 2015 年版,第 96-97 頁。

港基本法》規定的範圍,它能夠締結的協議範圍受限、承擔責任的能力有限,也不能夠享受主權者之間對等的豁免和特權,因此,香港特區不是國際法主體或國際人格者,或者僅能認為它是一個只具備有限行為能力的國際人格者。

四、不贊成 "次主權" "次外交" 等提法

2010 年 "菲律賓人質事件" 發生後,香港學者沈旭輝提出了 "次主權" "次外交" 等觀點,隨之引發了一場關於 "次主權" "次外交" 的爭論。沈旭輝認為:

現實主義學者將 1648 至 1991 年演繹為威斯特里法主權體系,但主權國家從不是唯一單位:主權國家之上有歐盟等 "超主權"(supra-sovereignty);主權國家之下有 "次主權"(sub-sovereignty),即國家賦予其領土在個別範疇有主權能量;主權國家競爭者為 "片面主權"(unilateral sovereignty),多是單方面立國的分離主義運動;主權之旁有 "類主權"(quasi-sovereignty),像當年東印度公司,或今天部分取代國家的跨國企業。冷戰結束後,主權概念進一步模糊化,"主權成分" 興起。香港擁有的就是次主權。根據《基本法》,北京處理國防外交,但香港擁有高度自治涉外關係(external relations)權,包括涉外經濟、治安、文化、體育等,作為 "一國兩制" 的最後憑藉。何解非得把營救人質鎖定在國防外交,而非涉外關係? [56]

沈旭輝的觀點一經提出,便受到批評。張楠迪揚認為:"主權是排他性的,且不可分割、不可轉讓。'次主權' 是偽概念。一個主體要麼享有主權,要麼不享有主權,只能是二者之一,沒有中間狀態。"[57] 劉兆佳認為 "次主權" 的提法是危險的,"提出香港擁有所謂次主權的論

---

56 沈旭輝:《解構香港次主權——從曾蔭權致電菲律賓總統談起》,香港《明報》2010 年 8 月 27 日。
57 張楠迪揚:《"次主權" 是偽概念——就特首致電菲國總統響應 "次主權" 概念》,香港《明報》2010 年 9 月 2 日。

點，會令一些人覺得有人意圖削弱中國政府的對港主權、有人有意將香港搞成為獨立政治實體、有人希望香港可以取得部分外交權力、有人藉機逼使特區政府做一些超越其在基本法下獲授權力的事及在特區政府做不到時予以抨擊、有人試圖鼓勵外國介入中國內政等等"。[58]

　　學界確實存在關於"次主權"的探討，也有學者提出了"次國家政府""平行外交"[59]的概念。但國際法不存在對一個國家的主權及其外交權加以分割或劃分位階的先例，也從未普遍認同過所謂"次主權""次外交"之說。現行國際法文件中從未見過正式使用此類似是而非、引發爭議的概念。那些把香港從基本法中所獲得的對外事務授權隨意誇大或曲解、硬把它說成是所謂"次主權""次外交"的種種提法，實際上是在生造或混淆法律概念，不論從法律上還是法理上都難以找到支持的根據。[60]

　　"次主權""次外交"的"危險"在於它的模糊性：如何把控這個"次"的度？它與"主權""外交"的邊界在哪裏？演繹到最後極可能就是與"主權""外交"無異的概念。沈旭輝提出"次主權""次外交"的直接目的無非是想證明特首有權與菲律賓總統通電話，直接交涉人質問題。因為特首能不能與外國領導人直接聯繫在《香港基本法》中沒有規定，缺乏基本法的明確授權。《香港基本法》關於對外事務的第七章沒有關於行政長官的規定，關於行政長官職權的第 48 條規定，行政長官"代表香港特別行政區政府處理中央授權的對外事務和其他事務"。因此，從《香港基本法》的條文來看，若沒有中央授權，行政長官與菲律賓總統直接聯繫就沒有法律依據，行政長官不能這麼做。那麼，為了論證行政長官有權與菲律賓總統通電話，就只能從基本法之外尋找依據

58　劉兆佳：《"授權"還是"次主權"：一國兩制下的香港政治地位》，香港《信報》2010 年 9 月 8 日。

59　參見陳志敏：《次國家政府與對外事務》，長征出版社 2001 年版；朱銳：《平行外交視域下的拉美城市外交——以墨西哥和智利為例》，《拉丁美洲研究》2019 年第 3 期。

60　饒戈平：《香港特區對外事務權的法律性質和地位》，載饒戈平主編：《燕園論道看港澳》，北京大學出版社 2014 年版，第 16-17 頁。

了。這便是沈旭輝提出"次主權""次外交"的原因。

之所以會提出"次主權""次外交"的概念，關鍵在於對香港特區對外事務權的法律性質、香港特區在國際法上的地位等問題的理解偏差。香港特區對外事務權的權利來源是基於中央授權，基於《香港基本法》的明文規定不存在無限解釋和無限擴大的問題。香港特區只具有有限的國際人格，其限度僅限於基本法授權的範圍，也限於其他國際人格者承認的範圍。換言之，即使行政長官根據基本法或者中央授權有權與菲律賓總統打電話，如果對方不承認行政長官有這種能力，對方當然可以拒絕行政長官的直接聯繫。

五、香港的單獨關稅區地位

《香港基本法》第 116 條規定香港特別行政區為單獨關稅區。美國1992 年《香港政策法》規定，美國在香港回歸後繼續承認香港的單獨關稅區地位，繼續與香港直接發展經貿關係。但該法第 202 條又規定如果總統認為香港不能保持充分的自治，總統可以頒佈行政命令暫時取消對香港的特殊待遇。這一特殊待遇包括香港的單獨關稅區地位。2020年 7 月 4 日，特朗普簽署第 13936 號行政命令，暫停香港的特殊待遇。

那麼，美國暫停香港的特殊待遇是否就意味着香港失去了單獨關稅區地位呢？單獨關稅區（Separate Customs Territory）最早出現於 1947年《關稅與貿易總協定》（GATT），1995 年《建立世界貿易組織協定》（WTO 協定）沿襲並發展了這一概念。依 WTO 協定第 12 條第 1 款的規定，單獨關稅區指在處理其對外貿易關係及 WTO 協定和多邊貿易協定規定的其他事務方面擁有完全自主權的一國部分領土。"WTO 協定和多邊貿易協定規定的其他事務"包括貨物貿易、服務貿易和知識產權方面的事務以及其他方面的事務。無論 GATT 還是 WTO，都僅要求單獨關稅區在規定的經貿領域享有充分的自治權，在政治方面則沒有此項要求。

香港在回歸前就是國際公認的自由港和單獨關稅區。1984 年《中英聯合聲明》規定，香港將保持單獨關稅區地位。1986 年 4 月 23 日，英國政府發表了《關於香港成為關貿總協定締約方的聲明》，並通知關貿總協定（GATT）總幹事，證實香港符合單獨關稅區的要求，並有加入關貿總協定的意願，可根據關貿總協定第 26 條第 5 款第 3 項規定被視為一個締約方。同日中國政府發表了《關於香港成為關貿總協定締約方的聲明》，保證在 1997 年香港回歸後可繼續保持其在世界貿易組織中的成員方地位。這樣香港在 1986 年 4 月 23 日正式成為關貿總協定第九十一個締約方。不僅如此，香港還以單獨關稅區名義與世界其他國家或地區簽訂了多項經貿協議。

　　因此，香港特別行政區的單獨關稅區地位首先取決於中國國內法──《香港基本法》的授權。若沒有國內法的授權，香港特區作為一個地方行政區域，無論如何也不可能取得單獨關稅區地位。其次，香港特區的單獨關稅區地位取決於國際社會的認可。若僅有國內法的授權，而得不到其他國家或地區的認可，香港特區也無法以單獨關稅區名義參與國際經濟活動。美國暫停香港特殊待遇僅具有美國國內法的效力，香港特區的單獨關稅區地位並不因美國的這一決定而喪失。

第二章

——————

港澳特別行政區對外交往的
法理基礎與權限

從國際法上講，無論是單一制國家還是聯邦制國家，外交權完全屬中央政府或聯邦政府，地方政府或聯邦成員單位不得分享，這是關係到國家統一的主權問題，世界各國毫無例外；[1] 同時，一國地方政府或聯邦成員單位又往往被依法授權享有與其他國家或地區在經濟、科技、文化、貿易等方面進行交流與合作的有限權力——對外事務權（外事權）。[2] 香港、澳門作為特別行政區、作為中國的地方行政區域，根據基本法被賦予廣泛的對外事務權，取得了重大成就。港澳廣泛的對外聯繫也將對國家發展大局產生積極效應。

一、港澳特區被授予廣泛的對外事務權的原因

（一）港澳特區被授予廣泛的對外事務權具有深刻的歷史和現實原因

香港特區被授予廣泛的對外事務權，是出於對香港歷史和現實情況的尊重，是出於實施"一國兩制"方針的要求。[3] 廣泛的對外聯繫是香港繁榮穩定的必要條件。香港地域狹小、資源貧乏，高度依賴外向型經濟。回歸前，隨着香港國際經濟地位的不斷提高，英國逐步在事實上承認和允許香港享有對外經濟貿易方面的自主權。[4] 香港在回歸前已經是全球重要的國際金融中心、國際貿易中心和國際航運中心，同世界許多國家或地區建立了官方、半官方關係，在經濟、貿易等領域與其他國家或

1　王遠美：《"一國兩制"對我國家結構形式的影響》，《北京教育學院學報》1997 年第 1 期，第 35 頁。

2　廣義的對外事務概念是指包括但不限於外交事務的所有對外事項，狹義的對外事務概念僅指外交事務之外的其他對外事項；有學者將對外事務權與外事權相區分，以將特別行政區享有的對外事務權與內地地方政府享有的外事權相區分，但另有學者認為這種區分並無必要，因為二者在權力性質、來源等方面完全相同，對特別行政區和內地地方政府而言，唯一不同的是權力範圍不同。參見饒戈平：《香港特區對外事務權的法律性質和地位》，載饒戈平主編：《燕園論道看港澳》，北京大學出版社 2014 年版，第 4 頁；姚魏：《從菲律賓人質事件看香港對外事務權》，《政治與法律》2010 年第 12 期，第 93 頁；周露露：《國家外交權與香港對外事務權關係淺析》，載饒戈平主編：《燕園論道看港澳》，北京大學出版社 2014 年版，第 24 頁。

3　饒戈平：《香港特區對外事務權的法律性質和地位》，載饒戈平主編：《燕園論道看港澳》，北京大學出版社 2014 年版，第 8 頁。

4　參見蕭蔚雲主編：《一國兩制與香港基本法律制度》，北京大學出版社 1990 年版，第 395-398 頁。

地區簽訂了多項協議，以單獨關稅區名義參加了關貿總協定（GATT，世界貿易組織前身），以地區經濟體名義參加了亞洲開發銀行、亞太經合組織（APEC）等。正是由於香港同許多國家或地區有着密切的經濟聯繫和貿易交往，那麼賦予回歸後的香港更廣泛的對外事務權則更有利於這種交流與合作關係的保持和發展。[5] 總之，香港特區被授予廣泛的對外事務權，是香港本身經濟社會發展的需要，同時也是國際社會許多成員維護和發展自身利益的需要，更是中國確保香港回歸後繁榮穩定的需要。[6]

對澳門特區而言，在澳葡管治後期，澳門獲得了比較有限的對外事務權。澳門比香港地域更小，資源高度貧乏。在中國政府恢復對澳門行使主權時，保持和加強澳門的對外交往能力是必要的，這有利於澳門的發展和繁榮。[7]

（二）港澳特區被授予廣泛的對外事務權是由其在中國國內法中的地位決定的

港澳特區享有高度自治權，在世界各國的中央與地方政府關係中是最大的，甚至超過了聯邦制國家一個州的權力。正是由於港澳特區在如此廣泛的領域中擁有自行管理和立法的權利，且港澳的社會制度與內地不同，為確保港澳特區能夠繼續保持與世界各國、各地區以及有關國際組織的交往，因此有必要賦予其相應的對外事務權，包括締結協定的權力。[8]

---

5 參見《國務委員兼外交部長吳學謙就提請審議中英關於香港問題協議文件向全國人大常委會的報告》，《中華人民共和國國務院公報》1984 年 28 期，第 956 頁。

6 參見饒戈平、李贊：《國際條約在香港的適用問題研究》，中國民主法制出版社 2010 年版，第 15 頁。

7 饒戈平：《國際條約在澳門的適用問題研究》，澳門理工學院—國兩制研究中心 2011 年版，第 12 頁。

8 參見鄧中華：《香港特別行政區的對外締約權及有關問題》，《法學評論》1993 年第 2 期，第 58 頁。

二、港澳特區對外事務權的法律依據

在香港、澳門回歸以後如何妥善處理香港、澳門的國際聯繫和對外事務是"一國兩制"方針的重要內容。中國政府在《中英聯合聲明》《中葡聯合聲明》的相關條文集中闡明了在香港、澳門對外事務問題上的方針政策。

中國政府在《中英聯合聲明》第三條就根據"一國兩制"方針在香港特區執行的十二條基本政策作了聲明，其中該條第二、六、七、九、十項涉及中國政府關於香港特區對外事務的基本政策。《中英聯合聲明》附件一的相關內容對中國政府關於香港特區對外事務的基本政策作了進一步的具體說明。

中國政府在《中葡聯合聲明》第二條就根據"一國兩制"方針在澳門特區執行的十二條基本政策作了聲明，其中該條第二、六、七、八項涉及中國政府關於澳門特區對外事務的基本政策。《中葡聯合聲明》附件一的相關內容對中國政府關於澳門特區對外事務的基本政策作了進一步的具體說明。概而言之，《中葡聯合聲明》及其附件一對中央人民政府和澳門特區在澳門特區對外事務的管理權限作了劃分。其中，與澳門特區有關的外交事務涉及國家主權，由中央人民政府管理，以彰顯"一國"；屬澳門特區自治範圍內的對外事務，由中央人民政府協助或授權澳門特區行使對外事務權，以體現"兩制"。[9]

回歸後，《香港基本法》第 13 條規定："中央人民政府負責管理與香港特別行政區有關的外交事務。中華人民共和國外交部在香港設立機構處理外交事務。中央人民政府授權香港特別行政區依照本法自行處理有關的對外事務。"《澳門基本法》第 13 條有相同規定。

在此，便產生了一個問題：港澳特區對外事務權是以聯合聲明為依

9　楊允中、駱偉建、趙國強、冷鐵勳等：《"一國兩制"成功實踐的啟示——對澳門回歸十五年巨變必然性的基本認知》，澳門學者同盟 2014 年版，第 100 頁。

據，還是以基本法為依據？接下來從香港特區對外事務權的法律依據予以分析。

綜合而言，關於香港特區對外事務權的法律依據，主要有三種學術觀點：

第一種觀點認為，《憲法》《香港基本法》和《中英聯合聲明》共同構成香港特區對外事務權的法律依據。這種觀點似乎是多數學者的觀點。雖然這部分學者主要從香港特區所享有的對外締約權來論述有關的法律依據問題，但締約權是最重要的對外事務權力之一，據此可推斷香港特區締約權以外的其他對外事務權的法律依據也將是《憲法》《香港基本法》和《中英聯合聲明》。[10]

第二種觀點認為《中英聯合聲明》是香港特區對外事務權的法律依據。這種觀點主要是一些西方學者的觀點。依照前述羅德·穆什卡（Roda Mushkat）、羅德·穆什卡（Roda Mushkat）、布萊恩·Z. 塔瑪納哈（Brian Z. Tamanaha）等西方學者的觀點，香港的法律地位由《中英聯合聲明》所確立，它所擁有的自治權也來自於《中英聯合聲明》，那麼香港所擁有對外事務權也應以《中英聯合聲明》作為法律依據。

第三種觀點認為只有《憲法》和《香港基本法》才是香港特區對外事務權的法律依據。這種觀點認為香港特區不是獨立的國際法主體，不當然擁有國際法上的締約權，其締約權是中央政府通過基本法授予的。[11]"一個地方實體能否成為國際條約締結主體，或者說是否有對外締約權，從根本上應該看國內法是否給予其必要的授權，因為條約的締結適用國際法，但締約機關的資格則決定於有關的國家的國內法"。[12] 饒戈

10　參見袁古潔、丘志喬：《香港、澳門回歸後的部分締約權及條約適用》，《華南師範大學學報（社會科學版）》2001 年第 2 期，第 18 頁；葛勇平：《香港國際法主體地位及其締約權限的理論與實踐》，《比較法研究》2007 年第 5 期，第 54 頁；曾華群：《港外經濟協定的實踐及其法律依據》，《廈門大學學報（哲學社會科學版）》2009 年第 2 期，第 71-72 頁；張磊：《論香港特別行政區與澳門特別行政區締結國際條約的法律權力》，《政治與法律》2014 年第 9 期，第 25-26 頁。

11　參見吳慧：《香港的締約權以及條約在香港的法律地位》，《政治與法律》2007 年第 6 期，第 2-3 頁。

12　鄧中華：《香港特別行政區的對外締約權及有關問題》，《法學評論》1993 年第 2 期，第 57-58 頁。

平教授認為“憲法和基本法構成香港特區對外事務權的法律依據。……關於香港問題的《中英聯合聲明》是中英之間談判締結的一項國際協定，在這裏構成條約主體並承受國際法上權利義務的是中國和英國，而不是任何第三者。香港不具備該協定談判和締結的主體資格，不直接享有以聯合聲明為據主張自己權力的法律地位。換言之，聯合聲明不構成香港所獲高度自治權力的法律根據和來源，香港在行使自己的對外事務權時，它所依據的法律只能是基本法而不是中英聯合聲明”。[13]

對比這三種不同的觀點，可以發現爭議的焦點是《中英聯合聲明》可否作為香港對外事務權的法律依據。

首先，不妨從締約權與締約能力的關係角度來探討這一問題。顧名思義，締約權是指締結國際條約的權力。但這一定義並沒有回答締約權是產生於國際法還是產生於國內法這個問題。多數學者經常將締約權（treaty-making power）與締約能力（treaty-making capacity）混合使用。[14] 但如果仔細推敲，二者是有明顯區別的。締約能力被認為是國際人格的最重要的表現，也是國家主權的一個屬性，[15] 直接源自於國家主權。[16] 而且一個國家的締約能力，不以它已被其他國家承認為條件。[17] 雖然《維也納條約法公約》第 6 條規定：“每一個國家都有締結條約的能力”，但國家的締約能力並不產生於該條的規定，締約能力是任何國際法主體

13　饒戈平：《香港特區對外事務權的法律性質和地位》，載饒戈平主編：《燕園論道看港澳》，北京大學出版社 2014 年版，第 11、15 頁。

14　參見袁古潔、丘志喬：《香港、澳門回歸後的部分締約權及條約適用》，《華南師範大學學報（社會科學版）》2001 年第 2 期，第 17 頁；王慶海、周振坤、孟憲鐸：《從國際法看香港特別行政區的締約權及條約適用權》，《社會科學戰線》1998 年第 3 期，第 224 頁。

15　李浩培：《條約法概論》，法律出版社 2003 年版，第 1 頁。另可參見 Anne Peters, "Treaty Making Power", in *Max Planck Encyclopedia of Public International Law*, Oxford Public International Law: http://opil.ouplaw.com，最後訪問時間：2022 年 8 月 3 日。

16　Olivier Corten, Pierre Klein, *The Vienna Conventions on the Law of Treaties: A Commentary*, Oxford University Press, 2011, p.107.

17　李浩培：《條約法概論》，法律出版社 2003 年版，第 1 頁。

固有的、內在的能力或權力，[18]《維也納條約法公約》第 6 條只不過是對國家的締約能力的確認。締約權是締約能力的表現形式和實現方式，是國家內部某一機關所具有的對外締結條約的權限。而這種國家內部締約權限的分配由該國國內法進行安排。安妮·皮特斯（Anne Peters）雖然也將締約權與締約能力混合使用，但她認為締約權可以分為兩個層次：國家的締約權和國內某個單位或實體的締約權，前者由國際法調整，後者由該國國內法調整。[19] 安妮·皮特斯所稱國家的締約權實際上等同於國家的締約能力。概而言之，締約能力與締約權是有區別的：前者由國際法調整，是固有的、內在的能力或權力，後者由國內法調整，是一國內部不同機關的締約權限。就中國而言，締約能力（或者如安妮·皮特斯所稱國家的締約權）是中國國家主權的體現，是固有的、內在的能力或權力；同時根據《締結條約程序法》等國內法律，具體的締約權由不同機關行使。例如，根據《締結條約程序法》第 4-6 條等的規定，國務院、外交部和中華人民共和國政府部門分別行使不同的締約權限。因此，從締約權與締約能力的區別可以看出：一方面，香港特區不具有國際法上的締約能力，它的締約權不由國際法調整，也不由《中英聯合聲明》進行調整；另一方面，香港特區的締約權來源於中央的授權，並非其固有的、內在的權力。具體而言，香港特區的這種締約權由《香港基本法》規定和調整，是一種國內法上的權力。簡言之，香港特區不具有國際法上的締約能力，而只擁有國內法上的締約權。

其次，從《中英聯合聲明》的權利義務關係來看，聲明不能成為香港對外事務權的法律依據。《中英聯合聲明》在法律性質上屬國際法上的雙邊條約。在國際法上，只有條約的締約主體（或稱為當事方）才能

---

18 See Hersch Lauterpacht, "Report on the Law of Treaties", in *Yearbook of International Law Commission*, 1953, vol.II, p.100; Antonio Cassese, *International Law*, second edition, Oxford University Press, 2005, p.138.

19 Anne Peters, "Treaty Making Power", in *Max Planck Encyclopedia of Public International Law*, Oxford Public International Law: http://opil.ouplaw.com，最後訪問時間：2022 年 8 月 3 日。

享有條約下的權利，承擔條約下的義務。《中英聯合聲明》的締約主體分別是中國和英國，只有中國和英國才能享有該聲明所產生的權利，承擔該聲明所產生的義務。對於《中英聯合聲明》，香港不是締約主體，不能直接承受《中英聯合聲明》所產生的權利和義務。確切地說，香港是《中英聯合聲明》的客體或者對象。這一點也可以從《中英聯合聲明》的全稱得到證實。《中英聯合聲明》的全稱是《中華人民共和國政府和大不列顛及北愛爾蘭聯合王國政府關於香港問題的聯合聲明》，可知《中英聯合聲明》處理的是香港回歸問題，即香港是《中英聯合聲明》的客體或者對象。作為客體或者對象，它不能承受《中英聯合聲明》下的權利和義務。《中英聯合聲明》為解決香港問題而產生的權利和義務，應由聲明的締約主體——中國和英國承受。《中英聯合聲明》第三條及附件一規定香港可以擁有一定的對外事務權，但這不是直接賦予香港某項條約權利。《中英聯合聲明》第三條及附件一是中國的單方面聲明，是中國政府作出的承諾，也可以認為是中國政府承擔的一項國際義務。概言之，香港作為《中英聯合聲明》的客體或者對象，不能直接享有聲明下的權利。即使《中英聯合聲明》第三條及附件一規定香港可以擁有一定的對外事務權，它並不能因此就可以直接獲得聲明下的某些權利；而是需要在中國政府履行國際義務、在國內法上作出適當安排之後，才能享有對外事務權。

再次，也可以從條約的國際效力和國內效力的層面來回答這個問題。條約的效力可以分為國際效力和國內效力。條約的國際效力是指條約對當事國的約束力，指一個國家參加條約後，要遵守條約的規定，履行條約的義務；條約的國內效力是指條約在當事國國內的效力，是指條約如何在當事國國內得到落實的問題，是當事國國內機關適用或實施條約的問題。[20] 換言之，對當事國產生國際法的效力與在當事國國內獲得

20　李鳴：《應從立法上考慮條約在我國的效力問題》，《中外法學》2006 年第 3 期，第 351-352 頁。

國內法的效力是兩個不同的概念，對當事國產生法律效力並不等於在當事國國內獲得了法律效力，不應認為條約一旦對一個國家開始生效它就在該國生效，它就成為該國國內法的一部分，[21] 而是當事國必須按照其國內法規定的程序將條約規則轉變為國內法規則，從而使條約在國內得到履行。而怎樣給予條約以國內法上的效力取決於每個國家的憲法。[22]

據此，對中國而言，《中英聯合聲明》的國際效力是指中國要遵守聲明的規定，履行聲明的義務；《中英聯合聲明》國內效力是指中國要按照國內法規定的程序將有關的條約規則轉變為國內法規則，從而使條約規則在國內得到落實。香港回歸以後，成為特別行政區是根據中國《憲法》的規定，關於特別行政區的具體制度也由《憲法》授權全國人民代表大會制定法律予以規定。[23] 根據《憲法》的規定，全國人大制定了《香港基本法》，基本法對香港特區的對外事務權作了具體規定。換言之，中國是以制定《香港基本法》的方式具體落實《中英聯合聲明》，將聲明中有關香港對外事務權的承諾（國際義務）轉化為國內法規則。對外而言，這是中國政府遵守《中英聯合聲明》的規定，履行了有關的國際義務；對內而言，這是中國政府以國內法方式授權香港特區行使一定的對外事務權。

綜上所述，從締約權的內涵特別是與締約能力的區別、《中英聯合聲明》的權利義務關係和條約的國際效力與國內效力等因素來看，香港特區不享有國際法上的締約能力，只擁有國內法上的締約權；香港不是《中英聯合聲明》的締約主體，而是《中英聯合聲明》的客體或者對象，不能直接承受聲明下的權利義務；《香港基本法》是根據《憲法》制定、落實《中英聯合聲明》的國內法，聲明中有關香港對外事務權的規定也

---

21 〔英〕安托尼・奧斯特著：《現代條約法與實踐》，江國青譯，中國人民大學出版社 2005 年版，第 156 頁。

22 〔英〕安托尼・奧斯特著：《現代條約法與實踐》，江國青譯，中國人民大學出版社 2005 年版，第 158 頁。

23 中國《憲法》第 31 條規定："國家在必要時得設立特別行政區。在特別行政區內實行的制度按照具體情況由全國人民代表大會以法律規定。"

是通過《香港基本法》落實。簡言之,《中英聯合聲明》不是香港特區對外事務權的法律依據或權力來源,只有《憲法》和《香港基本法》才是香港特區對外事務權的法律依據或權力來源。

照此類推,《中葡聯合聲明》也不是澳門特區對外事務權的法律依據或權力來源,只有《憲法》和《澳門基本法》才是澳門特區對外事務權的法律依據或權力來源。

三、港澳特區對外事務權的性質與特點

港澳特區對外事務權以《憲法》和基本法為法律依據,不同於國家外交權,也不同於內地各地方行政區域的外事權,呈現出鮮明的特徵。

(一)港澳特區對外事務權來自於中央授權,是國家主權的派生性權力

港澳特區雖然享有廣泛的對外事務權,但這種權力不是港澳特區本身固有的,不是國際法賦予的,而是中國國內法——《憲法》《香港基本法》《澳門基本法》所授予的,本質上是來源於國家的授權,派生於中國國家主權。[24]

(二)港澳特區對外事務權是一種有條件、有限度的權力

香港、澳門不是國際法主體,不能也不被允許擁有外交權。只有主權國家才擁有外交權,代表港澳特區或涉及港澳特區的外交權排他性地由中國中央政府行使。港澳特區被授予的對外事務權不屬外交權,而是屬一個國家內的地方行政區域的職能性權力和權利,屬國內法意義上的自治權範疇。港澳特區承受國際法上權利和義務的能力、範圍和程度是有限度的,港澳特區對外事務權受制於國家、受限於國家,只能在《香港基本法》《澳門基本法》所規定的範圍內,在非政治、非軍事領域,

---

24　參見饒戈平:《國際條約在澳門的適用問題研究》,澳門理工學院一國兩制研究中心 2011 年版,第 11 頁。

在專屬港澳特區本地的經濟、社會事務上行使。[25]

（三）港澳特區對外事務權與一般的高度自治權有所不同

港澳特區對外事務權在法律性質上屬港澳特區高度自治權的組成部分，但它與港澳特區一般的高度自治權有着一定的區別。

1. 港澳特區對外事務權受到的限制多於港澳特區在行政、立法、司法方面享有的高度自治權。港澳特區行使對外事務權應符合國家整體的外交政策，同中央政府的外交立場保持一致。港澳特區對外事務權雖屬地方性事務，但牽涉到國家主權和外交，與國家外交事務有密切關聯，受到國內法和國際法的雙重限制。港澳特區既無權處理屬中央管理的外交事務，也不能脫離國家意志和國家外交孤立地處理本地對外事務。

2. 港澳特區對外事務權的行使過程有時需要中央政府的協助與支持。港澳特區作為地方行政區域，對外交往能力相對有限，特定領域國際協議的簽訂和履行、突發事件的處置等可能較難單靠港澳特區自身能力獨立完成，需要中央政府的專門協助和支持。[26]

（四）港澳特區對外事務權得到了國際社會的認可

一個國家賦予本國特定地區以有限的對外事務權是國內法行為，不必然產生國際法上的效力，其國際效力必須得到國際社會的認可。港澳在回歸前獲得一定的對外交往的權力，並逐步得到國際社會的認可。中國在國內法層面通過《香港基本法》《澳門基本法》授予港澳特區廣泛的對外事務權，又經由外交途徑向有關國家和國際組織表明了相應立場。國際社會以不同方式接受了港澳對外交往能力的延續，認可了港澳

25　參見饒戈平：《國際條約在澳門的適用問題研究》，澳門理工學院一國兩制研究中心 2011 年版，第 11 頁。

26　參見饒戈平主編：《燕園論道看港澳》，北京大學出版社 2014 年版，第 17-18 頁。

特區所享有的對外事務權。[27]

四、港澳特區對外交往的權限範圍

港澳在回歸前僅有極為有限的對外事務權。在港英殖民統治的較長時期，與香港有關的對外事務被英國直接控制。隨着香港國際經濟地位的不斷提高，英國政府在牢牢掌控涉及主權性質的外交大權的同時，逐漸地承認和允許香港在對外經濟貿易方面擁有某種自主權：同意香港進行對外貿易雙邊談判和簽訂協議；允許香港以英國代表團成員身份出席非政治性國際會議，擁有獨立的發言立場；可以附屬於英國的地位參加國際協定，有權自行選擇參加這些協定主辦的各單項貿易協議；以官方、半官方或民間身份參加專業性國際組織；在海外設置代表機構，等等。[28]概言之，回歸前，鑒於香港的國際經濟地位，香港從英國獲得了一定的對外交往的權力。

澳門在葡萄牙統治的相當長時期一直與葡萄牙的其他海外殖民地一起被稱為葡萄牙的"海外省"，由葡萄牙委任總督，通過《葡萄牙海外組織法》和《澳門省政治行政章程》進行管理。在 20 世紀 70 年代中期以前，澳門沒有任何自主權，無論是內部管理還是對外事務，完全聽命於葡萄牙中央政府的管治。[29]1974 年葡萄牙"四·二五"革命成功後，葡萄牙新政府實行非殖民化政策，不再將澳門視為"海外省"，而是稱之為葡萄牙行政管理下的地區。1976 年葡萄牙新憲法第 292 條第 1 款規定："澳門地區仍受葡萄牙行政管理時，由適合其特殊情況之通則拘束。"葡萄牙新憲法可被視為其以國內法形式正式表明不對澳門享有主權，同時根據上述條款，在葡萄牙管治下，澳門可以實施適合其特殊情

27　參見饒戈平：《國際條約在澳門的適用問題研究》，澳門理工學院一國兩制研究中心 2011 年版，第 11-12 頁。

28　參見蕭蔚雲主編：《一國兩制與香港基本法律制度》，北京大學出版社 1990 年版，第 395-398 頁。

29　饒戈平：《國際條約在澳門的適用問題研究》，澳門理工學院一國兩制研究中心 2011 年版，第 4 頁。

況的制度和政策，實際上是被授權實行某種自治。由此開始，澳門被允許享有一定程度的自治權。[30]1976 年 2 月 10 日，葡萄牙議會頒佈了在澳門具有憲制性法律地位的《澳門組織章程》，澳門被明確授予一定程度的自治權，包括在對外事務方面的有限權力。《澳門組織章程》第 3 條第 2 款規定："與外國發生關係及締結國際協定或國際公約時，代表澳門之權限屬共和國總統，而涉及專屬本地區利益的事宜，共和國總統得將代表澳門之權限授予總督。" 該條第 3 款規定："未授予上款所指之權而締結的國際協定或國際公約在當地施行時，應先聽取當地本身管理機關的意見。" 上述條款也構成了在回歸前澳門對外事務權的法律依據。[31]

《澳門組織章程》開啟了澳門對外交往的大門，具有開創性意義，但其重視和明確程度遠遠不夠，它只就澳門的對外事務作了一些原則性規定，且僅限於與條約相關的事務，既未能具體規定該種權力的範圍、幅度和種類，也未規定實施和可操作性方面的相應機制，不足以從國內法層面為澳門的對外交往提供一種機制化的支撐。[32]

港澳回歸以後，《香港基本法》《澳門基本法》授予港澳特區比以往更廣泛的對外事務權。《香港基本法》《澳門基本法》將對外事務作為"一國兩制"方針在港澳特區實施的一個重要方面，並予以全面、明確、具體的規定，保留且擴大了港澳在對外事務方面的權限。《香港基本法》《澳門基本法》第七章專門規定了港澳特區在對外事務方面的權限，第五章、第六章的有關條款也授予了港澳特區在對外經濟事務、對外社會文化事務等方面的自主權，主要包括：

30　饒戈平：《國際條約在澳門的適用問題研究》，澳門理工學院一國兩制研究中心 2011 年版，第 4-5 頁。

31　饒戈平：《國際條約在澳門的適用問題研究》，澳門理工學院一國兩制研究中心 2011 年版，第 5 頁。

32　饒戈平：《國際條約在澳門的適用問題研究》，澳門理工學院一國兩制研究中心 2011 年版，第 9 頁。

（一）參與國家外交活動

國家外交權屬於中央政府的權限範圍，地方政府一般不參與國家的外交活動。但《香港基本法》第 150 條（《澳門基本法》第 135 條）規定，香港（澳門）特別行政區政府的代表可作為中國政府代表團的成員，參加由中央人民政府進行的同香港（澳門）特別行政區直接有關的外交談判；《香港基本法》第 152 條（《澳門基本法》第 137 條）還規定，香港（澳門）特別行政區政府可派遣代表以中國政府代表團成員身份或以中央人民政府和有關國際組織或國際會議允許的身份參加以國家為單位參加的、同香港（澳門）有關的、適當領域的國際組織和國際會議。這是兩部基本法對港澳參與國家外交活動的專門規定，體現了中央政府對港澳對外事務的高度重視，為港澳特區擴大對外交往創造最大限度的發展空間。

（二）自主參加國際組織或國際會議

絕大多數國際組織的章程均規定只有國家才能取得該組織的會籍，例如聯合國和聯合國專門機構中除世界氣象組織外均規定只有國家才能成為該組織的會員。不過，國際組織數量眾多，不同國際組織對會員的主體資格要求有所不同，並非絕對地要求只有國家才能成為會員，一些國際組織接納非國家行為體成為該組織的會員。類似地，一些國際會議也允許非國家行為體參會。有鑒於此，《香港基本法》第 152 條（《澳門基本法》第 137 條）特別規定，香港（澳門）特區可以 "中國香港（中國澳門）" 名義參加不以國家為單位參加的有關國際組織和國際會議。總體上，港澳特區參加不以國家為單位的國際組織主要有兩種形式：一是作為正式會員加入該國際組織，單獨地以 "中國香港（中國澳門）" 名義享受國際組織權利和承擔義務；二是以準會員方式加入國際組織，以 "中國香港（中國澳門）" 名義根據該國際組織章程承受準會員的權利和義務。

（三）締結國際協議

締結國際協議是對外交往的重要內容，也是港澳特區對外事務權的重要組成部分。在法理上，《香港基本法》《澳門基本法》對港澳特區締結國際協議的授權方式可以分為一次性授權、具體授權和另行授權三種類型。

首先，《香港基本法》第 151 條一次性授權香港特別行政區可以 "中國香港" 名義在經濟、貿易、金融、航運、通信、旅遊、文化、體育等領域，單獨地同世界各國、各地區及有關國際組織簽訂有關協議。《澳門基本法》第 136 條一次性授權澳門特別行政區可以 "中國澳門" 名義在經濟、貿易、金融、航運、通信、旅遊、文化、科技、體育等領域，單獨地同世界各國、各地區及有關國際組織簽訂有關協議。[33] 另外，《香港基本法》第 116 條和《澳門基本法》第 112 條分別關於香港、澳門可以 "中國香港"、"中國澳門" 名義參加 "《關稅和貿易總協定》、關於國際紡織品貿易安排等有關國際組織和國際貿易協定，包括優惠貿易安排" 的規定也被認為屬一次性授權。[34] 在一次性授權領域，香港、澳門特別行政區對外締結協定時無須再獲得中央政府的授權。

其次，在涉及國家主權的特定領域，基本法採取具體授權的方式允許特別行政區對外締結有關協議。在具體授權領域，中央政府主要採取事先逐案授權特別行政區締約的方式。《香港基本法》第 96 條規定經中央政府協助或授權，香港特別行政區可與外國簽訂司法互助協議；

33　在一次性授權領域，《澳門基本法》第 136 條比《香港基本法》第 151 條多了 "科技" 一項。

34　參見馬新民：《香港特區適用、締結和履行國際條約的法律和實踐：延續、發展和創新》，載饒戈平主編：《燕園論道看港澳》，北京大學出版社 2014 年版，第 78 頁。馬新民參贊在該文同時指出，根據《香港基本法》第 151 條，原則上香港特別行政區可以自行對外締結避免雙重徵稅協定。但 2003 年香港特別行政區與外國避免雙重徵稅協定範本新增了資料交換條款，規定當事方 "可在公開法庭程序或法庭判決中透露有關資料"，考慮到此項規定涉及司法協助事宜，屬基本法規定的須經中央政府具體授權的事項。因此，香港特別行政區在享有締結避免雙重徵稅協定的一次性授權的同時，對於上述稅收資料交換條款，應獲得中央政府的具體授權。

第 133 條規定經中央政府具體授權，香港特別行政區可與外國簽訂、續簽或修改民航協議；第 134 條規定經中央政府授權，香港特別行政區可與外國簽訂執行第 133 條所指民航協議的各項安排；第 155 條規定中央政府協助或授權香港特別行政區對外締結互免簽證協議。簡言之，在司法互助、民航、互免簽證等領域，《香港基本法》採取具體授權的方式，授權香港特別行政區對外簽訂有關協議。《澳門基本法》第 94 條規定經中央政府協助或授權，澳門特別行政區可與外國簽訂司法互助協議；第 140 條規定中央政府協助或授權澳門特別行政區對外締結互免簽證協議。可見，在具體授權方面，澳門特別行政區限於司法互助和互免簽證領域，《澳門基本法》沒有關於澳門特別行政區可以在民航領域對外締結協議的規定，這一點與《香港基本法》有所不同。也就是說，澳門特別行政區如果要對外簽訂民用航空運輸協定需獲得中央政府 "另行授權"。

司法協助或司法互助是指不同國家之間根據締結或參加的國際公約或按照對等互惠原則，經相互請求，代為進行有關司法行為的協助。與外國的司法協助涉及國家關係，在法理上應由中央政府直接安排。考慮到香港特區的特殊情況，香港特區在中央政府協助或授權下可與外國就司法互助關係進行磋商，這是既保障香港特區高度自治權，又維護國家統一和主權在國際司法互助關係的體現。[35]

1997 年 7 月 7 日，外交部駐香港特派員公署特派員馬毓真向香港特區行政長官董建華轉交國務院副總理兼外長錢其琛的一封授權函，中央政府授權香港特區在航班過境、促進和保護投資、移交逃犯、移交被判刑人和刑事司法協助五個領域與有關國家談判雙邊協定。[36]

中英談判期間，英國要求中國政府將民航當成一般對外經濟事務，向香港的民航當局作出 "長期的授權"。但民用航空權益涉及國家主

35　宋小莊：《論 "一國兩制" 下中央和香港特區的關係》，中國人民大學出版社 2003 年版，第 196 頁。
36　宋小莊：《論 "一國兩制" 下中央和香港特區的關係》，中國人民大學出版社 2003 年版，第 197 頁。

權。1944 年《芝加哥國際民用航空公約》第 1 條規定："每一國家對其領土上空具有完全的和排他的主權。" 因此，《中英聯合聲明》附件一第九條明確：經中央人民政府具體授權，香港特區政府可以續簽或修改原有的民用航空運輸協定或協議，或談判簽訂新的民用航空運輸協定。《香港基本法》第 133 條規定，香港特區政府經中央人民政府具體授權，可以續簽或修改原有的民用航空運輸協定或協議，或談判簽訂新的民用航空運輸協定。因此，《香港基本法》和《中英聯合聲明》的規定是完全一致的。[37]

再次，對於《香港基本法》和《澳門基本法》沒有規定香港特別行政區、澳門特別行政區可以締約的領域，中央政府可根據需要，依據《香港基本法》和《澳門基本法》的第 20 條 "另行授權" 特別行政區可以對外締結有關協議。在另行授權領域，中央政府也是採取事先逐案授權的方式。

（四）設立常駐對外交往機構

《香港基本法》第 156 條（《澳門基本法》第 141 條）規定，香港（澳門）特區可根據需要在外國設立官方或半官方的經濟和貿易機構，報中央人民政府備案；《香港基本法》第 157 條（《澳門基本法》第 142 條）條規定，經中央人民政府批准，外國可在香港（澳門）特區設立領事機構或其他官方、半官方機構。《香港基本法》《澳門基本法》授權港澳特區設立駐外的官方或半官方經貿機構，有利於港澳特區與其他國家或地區、有關國際組織建立和發展經貿合作關係，在一定程度上擴大了港澳特區在國際交往中的發展空間。

37　宋小莊：《論 "一國兩制" 下中央和香港特區的關係》，中國人民大學出版社 2003 年版，第 198 頁。

（五）建立和發展對外民間文化交流

對外民間文化交流是官方對外交往活動的重要補充，是深化不同國家或地區之間相互理解與互信的潤滑劑，對推動雙方友好合作關係起着重要作用。《香港基本法》第 149 條（《澳門基本法》第 134 條）規定，港澳特區的民間團體和宗教組織可以"中國香港（中國澳門）"名義同世界各國、各地區及國際的有關團體和組織保持和發展關係。這為港澳特區發揮多元文化優勢、促進中西文化交流提供了法律依據。

通過《香港基本法》《澳門基本法》的上述規定，港澳特區作為一個地區性的非主權實體從國家獲得了廣泛的對外事務交往的授權，其自主的範圍、幅度和種類不但遠遠超過其自身在回歸前的權限，還遠遠超過中國內地的其他省市自治區，超過一般單一制國家的地方行政區域，甚至也超過聯邦制國家的成員邦或州，為港澳在回歸以後的發展創設了最大限度的國際活動空間。[38]

五、港澳特區對外交往的主要成就

港澳回歸以後獲得了比過去更廣泛的對外事務權，在中央支持下港澳積極拓展對外聯繫，取得了巨大成就。以下分別介紹澳門特區和香港特區對外交往取得的成就。

（一）澳門特區對外交往的主要成就

澳門回歸 20 年以來，在中央政府的支持和授權下，澳門特區的對外交往能力得到了極大增強，積累了豐富的對外交往實踐經驗，取得了豐碩的對外交往成就。

38　參見饒戈平：《國際條約在澳門的適用問題研究》，澳門理工學院一國兩制研究中心 2011 年版，第 9 頁。

1. 設立對外事務機構

（1）特區政府設立專門的對外事務機構

在澳葡政府時期，澳門對外交往權有限，長期缺乏專責處理對外事務的機構，限制了澳門對外交往的發展。2012 年 8 月澳門特區公報刊登了第 233/2012 號行政長官批示，自 2012 年 9 月 1 日起成立澳門禮賓公關外事辦公室，直屬行政長官並在其指導下運作。澳門禮賓公關外事辦公室的成立提升了澳門特區政府外事工作的專業性，有助於加強澳門的對外交往能力。[39] 除澳門禮賓公關外事辦公室外，特區政府的其他部門也有若干涉及處理對外事務的機構，如行政法務司法務局轄下的國際及區際法律事務廳、經濟財政司轄下的貿易投資促進局和中國與葡語國家經貿合作論壇常設秘書處輔助辦公室、社會文化司轄下的澳門駐葡萄牙旅遊推廣中心等。

2020 年 12 月，第 44/2020 號行政法規廢止第 233/2012 號行政長官批示，將禮賓公關外事辦公室的職責併入新設立的政府總部事務局。在政府總部事務局設禮賓公關廳，下設禮賓事務處和領事事務處，進一步優化了對外事務機構。

（2）駐外經濟和貿易機構

澳門特區根據澳門基本法第 141 條的授權，設立了若干駐外經濟和貿易機構，包括：澳門駐里斯本經濟貿易辦事處、澳門駐布魯塞爾歐盟經濟貿易辦事處、澳門駐世界貿易組織經濟貿易辦事處。其中，澳門駐里斯本經濟貿易辦事處的職責是 "加強澳門特別行政區與葡萄牙之間的現有聯繫，維護澳門在葡萄牙的利益，協助發展兩地的旅遊和文化交流等"；[40] 澳門駐布魯塞爾歐盟經濟貿易辦事處的主要職責是致力於推動澳門特別行政區與歐盟更緊密的經貿關係；[41] 澳門駐世界貿易組織經濟貿

39　參見徐勁飛：《次國家政府對外事務新發展──對澳門禮賓公關外事辦公室成立的解讀》，《廣西社會科學》2013 年第 1 期，第 124 頁。

40　澳門特別行政區第 37/2000 號行政法規，第 3 條。

41　澳門特別行政區第 9/2007 號行政法規，第 2 條。

易辦事處負責促進及處理澳門特別行政區與世界貿易組織成員間的經濟貿易關係及合作方面的工作。[42]

2. 外國在澳門設立官方、半官方機構

截至 2022 年，領區包括澳門或可在澳門執行領事事務的共有六十二個總領事館及二十九個名譽領事館，另外尚有三個官方認可代表機構。[43]其中，葡萄牙、安哥拉、莫桑比克、菲律賓四國在澳門設立了總領事館。[44]

3. 國際條約的締結與適用

（1）澳門對外締結國際協定

在一次性授權領域，澳門特區在貿易、科技等領域單獨地與有關國家或國際組織締結了 13 個雙邊協定。[45]澳門回歸後，中央人民政府一次性將談判互免簽證協定的權利授予澳門。截至 2021 年 3 月，給予澳門特區護照免簽證或落地簽證待遇的國家和地區共一百四十四個，澳門也對八十一個國家或地區的國民給予免簽證待遇。[46]除此之外，根據《澳門基本法》相關條款的規定，在中央人民政府協助和授權下，澳門可單獨與有關國家或地區談判和簽訂民航、司法協助、投資保護和互免簽證等雙邊協定以及含司法協助條款的稅收類雙邊協定。截至 2018 年底，澳門特區在這四個領域的簽訂協定取得了重大成就：

①民航協定。經中央人民政府授權，澳門特區與巴基斯坦、日本等十九個國家和地區簽署了航班協定或修訂航班協定的補充協議。

---

42 澳門特別行政區第 23/2003 號行政法規，第 2 條。

43 澳門特區政府總部事務局：《領事事務》，https://www.dsasg.gov.mo/pages/conAffairs.xhtml，最後訪問時間：2022 年 7 月 13 日。

44 澳門特區政府總部事務局：《澳門特別行政區領事團及官方認可代表機構名單》，https://www.dsasg.gov.mo/files/consulares/consular-20220629183154.pdf?20220630110831，最後訪問時間：2022 年 7 月 13 日。

45 澳門在回歸前僅簽訂了一項該類協議，即《歐洲經濟共同體與澳門之間貿易及合作協議》（1992 年 6 月 15 日簽訂），參見澳門特別行政區印務局：《雙邊協議》，https://www.io.gov.mo/cn/legis/int/list/bilat/trade，最後訪問時間：2022 年 7 月 13 日。

46 澳門特別行政區政府新聞局：《2021 澳門年鑑》，第 141 頁，https://yearbook.gcs.gov.mo/uploads/yearbook_pdf/2021/myb2021cPA01CH11.pdf，最後訪問時間：2022 年 7 月 13 日。

②司法協助協定。經中央人民政府授權，澳門特區與葡萄牙、東帝汶、佛得角等三個國家簽署了司法協助協定，與蒙古、尼日利亞兩國簽訂了移交被判刑人協定，與蒙古簽訂了打擊販賣人口協定。

③投資保護協定。經中央人民政府授權，澳門特區與葡萄牙、荷蘭兩個國家簽署了投資保護協定。

④稅收協定。經中央人民政府授權，澳門特區與丹麥、澳大利亞等20個國家簽署了二十二項稅收信息交換或避免雙重徵稅協定。[47]

（2）國際公約在澳門的適用

澳門回歸前，中葡雙方曾在中葡聯合聯絡小組就有關國際公約在回歸後適用於澳門特別行政區問題進行了磋商，並在 1999 年 11 月達成了協議，雙方還在國際層面採取了有關行動。中方在 1999 年 12 月 13 日、16 日就 1999 年 12 月 20 日後國際公約適用於澳門特別行政區事宜兩次照會聯合國秘書長，列出自 1999 年 12 月 20 日起在澳門繼續適用的國際公約共計一百五十六項。澳門回歸後，關於國家締結的非外交國防類條約，中央人民政府依照澳門基本法第 138 條的規定，根據情況和澳門特區的需要，先通過外交部駐澳門特派員公署就有關公約是否適用於澳門徵詢特區政府意見，以此決定是否適用於澳門，特區政府也曾主動提出適用若干國際公約的請求。截至 2020 年底，適用於澳門的多邊國際公約達七百一十一項。[48]

中央人民政府還根據有關適用於澳門的國際公約的規定，協助澳門提交了《消除一切形式種族歧視國際公約》《禁止酷刑和其他殘忍、不人道或有辱人格的待遇或處罰公約》《兒童權利公約》《關於買賣兒童、兒童賣淫和兒童色情製品問題的任擇議定書》《消除對婦女一切形式歧

---

47 中華人民共和國外交部駐澳門特別行政區特派員公署：《澳門特區經中央人民政府授權對外簽訂的雙邊協定一覽表》，http://mo.ocmfa.gov.cn/chn/satfygjzz/tyyflsw/amtq/200603/P020210830728435228687.doc，最後訪問時間：2022 年 7 月 13 日。

48 澳門特別行政區政府新聞局：《2021 澳門年鑒》，第 151 頁，https://yearbook.gcs.gov.mo/uploads/yearbook_pdf/2021/myb2021cPA01CH11.pdf，最後訪問時間：2022 年 7 月 13 日。

視公約》《經濟、社會與文化權利國際公約》《殘疾人權利公約》《公民權利和政治權利國際公約》等國際公約執行情況的報告。[49]

4. 參與國際組織或國際會議

根據澳門基本法第 137 條的規定，澳門特區可派代表作為中國代表團成員或以適當身份參加以國家為單位參加的國際組織和國際會議，或以"中國澳門"名義參加不以國家為單位參加的國際組織和國際會議。在中央政府的支持和協助下，澳門積極參與國際組織和國際會議活動。回歸後，澳門參加國際組織的數量已由回歸前的五十一個增加到一百一十一個。其中，以適當身份參與的以國家為單位的政府間國際組織十八個，以"中國澳門"名義單獨參加的不以國家為單位的政府間組織二十三個，澳門特區政府部門參與的非政府間國際組織七十個。[50]2007 年 2 月，聯合國及世界氣象組織颱風委員會秘書處落戶澳門，這是在澳門設立的首個政府間國際組織。澳門婦聯總會、亞太家庭組織等非政府組織獲得聯合國經社理事會諮商地位。[51]

中央政府高度重視發揮澳門作為中國與葡語國家經貿合作服務平台的作用，特別安排"中國—葡語國家經貿合作論壇（澳門）部長級會議"在澳門舉行，並在澳門設立論壇的常設秘書處。自 2003 年起，論壇已在澳門舉行多屆部長級會議。

澳門還舉辦了大量區域性、專業性國際組織會議和活動，如世界旅遊組織部長級圓桌會議、第八屆 APEC 旅遊部長會議、中國—葡語國家經貿合作論壇會議、第四屆東亞運動會等。這些會議的舉辦對加

---

49 澳門特別行政區法務局：《人權報告書》，https://www.dsaj.gov.mo/dept/dadidir_tc.aspx，最後訪問時間：2022 年 7 月 13 日。

50 中華人民共和國外交部駐澳門特別行政區特派員公署：《澳門特區參加國際組織清單》，http://mo.ocmfa.gov.cn/chn/satfygjzz/gjzzygjhy/201403/P020210830728423170134.pdf，最後訪問時間：2022 年 7 月 13 日。

51 中華人民共和國外交部駐澳門特別行政區特派員公署：《澳門特區參與國際組織和國際會議活動簡況》，http://mo.ocmfa.gov.cn/chn/satfygjzz/gjzzygjhy/201403/t20140321_7893427.htm，最後訪問時間：2022 年 7 月 13 日。

強澳門產業結構多元化和城市形象國際化起到積極助推作用。[52]2019年5月國際會議協會（ICCA）發佈了《2018年國際協會會議市場年度報告》。根據報告，2018年共有39項在澳門舉行的國際會議活動獲ICCA認可，澳門在全球城市排名中居第七十一位、亞太區域城市排名中居第十七位，反映出澳門在國際會議市場保持較大競爭力。[53]

5. 對外經貿合作

據澳門統計暨普查局數據，2020年澳門全年貨物貿易總額為1033.7億澳門元，較2019年增長0.4%。其中，出口108.13億澳門元（其中本地產品出口15.63億澳門元，再出口92.50億澳門元），較2019年下降15.5%，進口925.59億澳門元，較2019年增長2.7%。2020年全年出口至香港的貨值為74.6億澳門元，較2019年下降8.6%，出口至內地16.2億澳門元，較2019年增長2.5%，出口至美國5.5億澳門元，較2019年增長88.4%。2020年從歐盟和日本的進口貨值分別為285.4億澳門元和95.9億澳門元，較2019年分別增長14.5%和55.2%，自內地進口276.1億澳門元，較2019年下降9.9%。

澳門擁有外來直接投資的企業共3613家，其中來自內地1282家、香港1721家和英屬維京群島366家，來自美國46家、葡萄牙45家。

（二）香港回歸二十五年來對外交往的主要成就

回歸二十五年以來，在中央支持下，香港特區對外交流合作取得巨大成就，是"一國兩制"成功實踐的重要體現。

1. 對外締結雙邊協定取得豐碩成果

為保障香港順利回歸和繁榮穩定，中國政府同意英國政府授權香港

52　中華人民共和國外交部駐澳門特別行政區特派員公署：《澳門特區參與國際組織和國際會議活動簡況》，http://mo.ocmfa.gov.cn/chn/satfygjzz/gjzzygjhy/201403/t20140321_7893427.htm，最後訪問時間：2022年7月13日。

53　澳門特別行政區貿易投資促進局：《2018年ICCA報告：本澳於國際會議市場維持一定的競爭力》，https://www.gov.mo/zh-hans/news/255590/，最後訪問時間：2022年7月13日。

與澳大利亞等國簽訂的四十六項雙邊協定在回歸後繼續適用。這四十六項雙邊協定包括十六項航空運輸協定、三項避免雙重課稅協定、六項移交被判刑人協定、四項移交逃犯協定、九項刑事司法協助協定和八項促進和保護投資協定。此外,香港還與其他國家和地區簽訂了近百個互免簽證協定。[54] 香港回歸以後,根據《香港基本法》獲得了比以往任何時候都要多的締約權,簽訂了更多的雙邊協定。

首先,在一次性授權領域,香港特區與五十個國家或地區簽訂了避免雙重徵稅協定,其中僅與美國的協定簽訂於回歸前,但美國於 2020 年 8 月單方面終止了該協定;[55] 與東盟、澳大利亞、新西蘭、歐洲自由貿易聯盟、智利及格魯吉亞等六個經濟體簽訂了自由貿易協定,且全部在回歸後簽訂;[56] 與新西蘭簽訂了環保合作協定;[57] 與冰島、挪威、瑞士等三國分別簽訂了農業協定;[58] 與智利、歐洲自由貿易聯盟、新西蘭等簽訂了勞務合作協定;[59] 與歐洲共同體簽訂了海關合作及相互行政協助協定;[60] 與以色列簽訂了信息科技及通訊合作事宜協定。[61]

其次,在具體授權領域,香港特區與六十七個國家簽訂了民用航空

54　參見饒戈平、李贊:《國際條約在香港的適用問題研究》,北京:中國民主法制 2010 年版,第 87 頁。王西安:《國際條約在中國特別行政區的適用》,廣州:廣東人民出版社 2006 年版,第 119 頁。

55　香港特區律政司:《避免雙重課稅協定列表(截至二〇二一年七月一日)》,https://www.doj.gov. hk/tc/external/table6ti.html,最後訪問時間:2022 年 6 月 30 日。

56　香港特區律政司:《自由貿易協議(截至二〇二一年一月十一日)》,https://www.doj.gov.hk/tc/ external/table11ti.html,歐洲自由貿易聯盟(European Free Trade Association)現有四個成員國: 冰島、挪威、瑞士和列支敦士登。最後訪問時間:2022 年 6 月 30 日。

57　香港特區律政司:《環保合作協議(截至二〇一一年六月十三日)》,https://www.doj.gov.hk/tc/ external/table9ti.html,最後訪問時間:2022 年 6 月 30 日。

58　香港特區律政司:《農業協定(截至二〇一七年十二月二十七日)》,https://www.doj.gov.hk/tc/ external/table13ti.html,最後訪問時間:2022 年 6 月 30 日。

59　香港特區律政司:《勞務合作安排(截至二〇一五年七月三十日)》,https://www.doj.gov.hk/tc/ external/table10ti.html,最後訪問時間:2022 年 6 月 30 日。

60　香港特區律政司:《中國香港和歐洲共同體關於海關合作及相互行政協助的協定》(1999 年 5 月 13 日簽訂),https://www.doj.gov.hk/tc/external/pdf/HKC_EC_CCA_chi.pdf,最後訪問時間:2022 年 6 月 30 日。

61　香港特區律政司:《中華人民共和國香港特別行政區政府與以色列國政府就資訊科技及通訊合作事宜簽訂的協議》(2000 年 3 月 7 日簽訂),https://www.doj.gov.hk/tc/external/pdf/israel_agreement_ Ch.pdf,最後訪問時間:2022 年 6 月 30 日。

運輸協定或民用航空運輸過境協定，其中與四十七個國家的前述協定是在回歸以後簽訂；[62] 與三十一個國家簽訂了刑事司法協助協定，全部在回歸後簽訂，但與美國、英國、澳大利亞等十國的協定已經被對方單方面中止；[63] 與十九個國家簽訂了移交逃犯協定，其中與十七國的協定簽訂於回歸後，但與美國、英國、澳大利亞等九國的協定已經被對方單方面中止；[64] 與十五個國家簽訂了移交被判刑人協定，全部在回歸後簽訂，但美國在 2020 年 8 月單方面終止了該協定；[65] 與七個國家或地區簽訂稅務交換資料協定，全部在回歸後簽訂；[66] 回歸後新增互免簽證協定十項。[67]

再次，在另行授權領域，香港特區與東盟、英國、法國等簽訂了二十二項促進和保護投資協定，其中十五項協定在回歸後簽訂。[68]

2. 廣泛參與國際多邊活動

國際組織和國際會議是重要的多邊國際舞台。《香港基本法》授權香港特區以適當身份參與國際組織和國際會議，在中央支持下香港在回歸後廣泛參與國際多邊活動，取得了積極效果。

首先，參加國際組織。據香港特區政制及內地事務局數據，香港特區以中國政府代表團成員或其他適當身份參與以國家為單位參加的政府間國際組織共三十七個，包括國際貨幣基金組織、世界銀行、國際民用

62　香港特區律政司：《民用航空運輸協議及國際民航過境協議列表（截至二〇一八年九月九日）》，https://www.doj.gov.hk/tc/external/table1ti.html，最後訪問時間：2022 年 6 月 30 日。

63　香港特區律政司：《刑事司法協助的協定列表（截至二〇二一年九月二十四日）》，https://www.doj.gov.hk/tc/external/table3ti.html，最後訪問時間：2022 年 6 月 30 日。

64　香港特區律政司：《移交逃犯的協定列表（截至二〇二〇年十一月九日）》，https://www.doj.gov.hk/tc/external/table4ti.html，最後訪問時間：2022 年 6 月 30 日。

65　香港特區律政司：《移交被判刑人的協定列表（截至二〇二二年四月十一日）》，https://www.doj.gov.hk/tc/external/table5ti.html，最後訪問時間：2022 年 6 月 30 日。

66　香港特區律政司：《稅務數據交換協定（截至二〇一七年三月七日）》，https://www.doj.gov.hk/tc/external/table12ti.html，最後訪問時間：2022 年 6 月 30 日。

67　香港特區律政司：《其他協定》，https://www.doj.gov.hk/tc/external/international_agreements.html，最後訪問時間：2022 年 6 月 30 日。

68　香港特區律政司：《促進和保護投資協議／投資協議列表（截至二〇二一年六月十六日）》，https://www.doj.gov.hk/tc/external/table2ti.html，最後訪問時間：2022 年 6 月 30 日。

航空組織等；[69] 香港特區以 "中國香港" 名義參加的不限主權國家參加的政府間國際組織六十個，包括世界貿易組織、亞太經濟合作組織、亞洲基礎設施投資銀行等。[70]

其次，國際組織在港設立機構。經中央政府與有關國際組織達成協議，歐盟、國際清算銀行、國際貨幣基金組織、國際復興開發銀行、國際金融公司、海牙國際私法會議和常設仲裁法院等國際組織在香港設立了辦事處。[71]

再次，香港同胞到國際組織任職。在中央的支持和協助下，2006年香港特區衛生署原署長陳馮富珍當選世界衛生組織總幹事，為首位在聯合國專門機構中擔任最高職位的中國人，並於 2012 年連任，在任長達十年。2019 年國家推送首批五名香港青年人才赴聯合國任職，[72]2021年再度推動五名香港青年分赴不同國際組織任職。[73]

3. 與其他國家或地區互設機構

《香港基本法》授權香港特區可以對外設立經濟、貿易機構。據香港商務及經濟發展局數據，香港特區在日內瓦、布魯塞爾、倫敦、柏林、曼谷、迪拜、雅加達、新加坡、悉尼、東京、多倫多、華盛頓、紐約和舊金山等世界主要城市設立了十四個經濟貿易辦事處。[74]

據香港特區禮賓處數據，經中央政府與有關外國達成協議，當前外

69　香港特區政制及內地事務局：《以國家為單位參加的政府間國際組織》，https://www.cmab.gov.hk/gb/issues/external1.htm，最後訪問時間：2022 年 6 月 19 日。

70　香港特區政制及內地事務局：《不以國家為單位參加的國際組織》，https://www.cmab.gov.hk/gb/issues/external2.htm，最後訪問時間：2022 年 6 月 19 日。

71　香港特區律政司：《國際機構在香港設立辦事處或運作的協定和安排（截至二〇二一年十一月十日）》https://www.doj.gov.hk/sc/external/table7ti.html，最後訪問時間：2022 年 6 月 19 日。

72　外交部駐香港特區特派員公署：《國家推送香港青年赴聯合國任職實現零的突破》，http://hk.ocmfa.gov.cn/chn/zydt/201912/t20191223_6089236.htm，最後訪問時間：2022 年 6 月 19 日。

73　外交部駐香港特區特派員公署：《外交部駐港公署舉辦 "香港特區青年人才赴國際法律組織任職發佈儀式"》，http://hk.ocmfa.gov.cn/chn/zydt/202109/t20210910_9522555.htm，最後訪問時間：2022 年 6 月 19 日。

74　香港特區商務及經濟發展局：https://www.cedb.gov.hk/sc/trade-and-investment/economic-and-trade-offices.html，最後訪問時間：2022 年 6 月 19 日。

國在香港設立的總領事館達六十四個、名譽領事館五十六個。[75]

4. 發放護照及出入境管理

《香港基本法》授權香港特區簽發護照和旅行證件，並享有出入境管理權。經中央政府授權和協助，香港可與其他國家或地區簽訂互免簽證協定。據香港入境事務處數據，當前已有一百六十八個國家和地區給予香港特別行政區護照持有人免簽證或落地簽證安排。[76]

香港吸引了世界各地的人在此居住和生活。據香港特區政府統計處 2021 年人口普查數據，在香港的外國人約六十萬，佔香港總人口的 8%。[77]

5. 對外經貿合作

回歸後香港對外經濟聯繫深入發展，國際經濟地位顯著提升。據聯合國貿易和發展會議《2021 年世界投資報告》，香港在 2020 年吸引外來直接投資約 1192 億美元，居全球排第三位，僅次於美國和中國內地；截至 2020 年末，香港吸收外來直接投資存量 18849 億美元，居全球第四位，僅次於美國、英國和中國內地。2021 年 9 月特區政府發佈回歸後的首份《香港營商環境報告》，顯示 2020 年香港升至全球第六大貨物貿易經濟體，全年貨物貿易總額約 82000 億港元。

據《香港營商環境報告》，2020 年香港境外母公司設立的駐港公司數目達 9025 家，包括 1504 家地區總部、2479 家地區辦事處和 5042 家當地辦事處。其中內地 1986 家、歐盟 1560 家、日本 1398 家、美國 1283 家、英國 665 家、新加坡 453 家。

75　香港特區政府總部禮賓處：https://www.protocol.gov.hk/sc/posts_bodies.html#General_area，最後訪問時間：2022 年 6 月 19 日。

76　香港特區入境事務處：https://www.immd.gov.hk/hks/service/travel_document/visa_free_access.html，最後訪問時間：2022 年 6 月 20 日。

77　香港特區政府統計處：https://www.censtatd.gov.hk/sc/press_release_detail.html?id=5156，最後訪問時間：2022 年 6 月 20 日。

六、港澳特區對外締結協定的監督問題

《香港基本法》《澳門基本法》作為香港、澳門特別行政區締約權的法律依據，對其締約權限等實體問題也作出了規定，但對於締約程序問題則沒有相應的規定。關於程序問題，學者們討論的焦點問題是香港、澳門對外締結的條約是否要經過國家的備案、批准等程序。

目前，《中華人民共和國締結條約程序法》既沒有專門對特別行政區的締約權作出安排，[78] 也不在特別行政區實施。特別行政區採取不同於內地的締約程序。也就是說，在國家內部同時存在兩套締約程序。以香港為例，在特別行政區的現行締約過程中，談判工作在由政務司的領導下展開，並由律政司提供協助，[79] 特區政府自行審批有關條約的締結和生效，並自行對外辦理相應程序，條約通常在簽署後即按條約規定生效，不需要特區立法機關批准。[80]

通常，特別行政區締結的條約文本需交全國人大常委會備案。[81] 備案不是批准，不影響條約的法律效力。但是如何保障特別行政區締結的條約不與國家統一行使的權力相衝突？於是學者們對於特別行政區締結的條約是否應交國家批准發生了爭議。一種觀點認為，特別行政區締結的條約，批准權應當保留在中央政府手裏。中央政府對條約的批准權來源於《憲法》，其效力位階高於《基本法》。因此，對於特別行政區締結的條約應按照《締結條約程序法》報全國人大常委會批准，或者國務

78　1990 年時任外交部長的錢其琛在向第七屆全國人大常委會第十五次會議上所作的《關於〈中華人民共和國締結條約程序法（草案）〉的說明》中指出："根據中英和中葡聯合聲明，未來的香港和澳門特別行政區，經中央人民政府（即國務院）授權，可在一定領域內直接同外國締結約性文件，這一點已在香港基本法中作出了規定，在將要制定的澳門基本法中也將作出規定。這是根據'一國兩制'情況形成的特殊例外，《締結條約程序法（草案）》未涉及。"參見《全國人大常委會公報》1990 年第 6 期。

79　參見葛勇平：《香港國際法主體地位及其締約權限的理論與實踐》，《比較法研究》2007 年第 5 期，第 55-57 頁。該文作者通過訪談外交部駐香港特派員公署、香港特區律政司等方式，介紹了香港特區政府締結條約的執行機關和程序等。

80　馬新民：《香港特區適用、締結和履行國際條約的法律和實踐：延續、發展和創新》，載饒戈平主編：《燕園論道看港澳》，北京大學出版社 2014 年版，第 87 頁。

81　葛勇平：《香港國際法主體地位及其締約權限的理論與實踐》，《比較法研究》2007 年第 5 期，第 56 頁。

院核准，或者國務院備案。[82] 另一種觀點則持相反立場。這派學者認為特別行政區經授權締結的條約無須經全國人大常委會的批准，否則將有損特別行政區的自治權。[83] 另有學者認為，應以修改《締結條約程序法》為契機，在該法中明確港澳地區行使締約權的具體規定。[84]

那麼，特別行政區締結的條約究竟是否有交全國人大常委會批准的必要？對此，不妨先探討目前中央政府是否可以監督特別行政區締結的條約。在締約階段，根據基本法，中央政府授權特別行政區締結條約的方式有一次性授權、具體授權和另行授權。[85] 對於一次性授權的領域，特別行政區可以自行對外締結條約，無須中央政府再事先授權。對於具體授權和另行授權的領域，"特區政府在對草簽的條約文本進行正式簽署之前，需要尋求中央政府的授權。中央政府此時將審查草簽文本的實質內容，如無異議，則向特區政府發出簽署條約的授權書。這一由國務院對特區政府的締約談判和簽署分別授權的程序在實質上起到了保障特區政府正確行使締約權的作用"。[86] 由此可見，在締約階段中央政府只能在具體授權和另行授權領域對特區政府締結條約的文本進行監督，對在

---

82 參見張磊：《論香港特別行政區和澳門特別行政區締結國際條約的法律權力——以修訂我國〈締結條約程序法〉為視角》，《政治與法律》2014 年第 9 期，第 32-33 頁；鄧中華：《香港特別行政區的對外締約權及有關問題》，《法學評論》1993 年第 2 期，第 62 頁。

83 參見戴瑞君：《香港特別行政區締結和適用國際條約的若干問題》，載饒戈平主編：《燕園論道看港澳》，北京大學出版社 2014 年版，第 102-103 頁；袁古潔、丘志喬：《香港、澳門回歸後的部分締約權及條約適用》，《華南師範大學學報（社會科學版）》2001 年第 2 期，第 19 頁；王慶海、周振坤、孟憲鐸：《從國際法看香港特別行政區的締約權及條約適用權》，《社會科學戰線》1998 年第 3 期，第 225 頁。

84 參見黃德明、左文君：《國際法治視野下的締約權——兼論我國〈締結條約程序法〉的修改》，《公民與法》2011 年第 1 期，第 6 頁；張磊：《論香港特別行政區和澳門特別行政區締結國際條約的法律權力——以修訂我國〈締結條約程序法〉為視角》，《政治與法律》2014 年第 9 期，第 26-27 頁。

85 "一次性授權"領域包括經濟、貿易、金融、航運、通訊、旅遊、文化、體育等領域（《香港基本法》第 151 條，《澳門基本法》136 條）；"具體授權"指基本法規定中央政府可逐case "協助或授權"締結的領域，如司法協助、外國人入出境和居留、民航等領域；"另行授權"指基本法沒有明文賦予特區政府締約權的領域。

86 戴瑞君：《香港特別行政區締結和適用國際條約的若干問題》，載饒戈平主編：《燕園論道看港澳》，北京大學出版社 2014 年版，第 103 頁。

一次性授權領域締結的條約文本則無從監督。[87]

在履約階段，兩部《基本法》均未對條約在特別行政區的適用方式作出規定。從香港適用國際條約的實踐來看，條約不能直接適用於香港，它必須轉化為香港本地法律，才能在香港適用。至於轉化的方式，根據條約的性質，具體包括在憲報上刊載、由行政長官會同行政會議發出命令，或者由香港本地立法。通常，前兩種轉化方式適用於雙邊條約，後一種方式適用於多邊條約。如民用航空運輸協定、促進和保護投資協定、移交被判刑人的協定、緊密經貿合作協定、環保合作協定和勞務合作諒解備忘錄等無須立法實施，慣常做法是在雙方政府確認協定生效後，在憲報刊登；刑事司法協助協定、移交逃犯協定、避免雙重課稅協定和稅務資料交換協定等必須根據有關條例，以附表形式載於由行政長官會同行政會議發出的命令。[88]

在條約的適用問題上，澳門在回歸前遵循葡萄牙直接適用條約的方式，無須轉化為澳門本地法律。回歸後，澳門適用條約的方式發生了一定的變化，採用了直接適用與轉化適用相結合的方式。根據澳門第3/1999號法律《法規的公佈與格式》，澳門公佈法規的正式刊物為《澳門特別行政區公報》。該法第3條規定，以"中國澳門"名義簽訂的國際協議須公佈於《公報》第一組，否則不產生法律效力。以"中國澳門"名義簽訂的國際協議主要是指澳門特區政府根據《澳門基本法》第136條、不需經中央政府逐項授權簽訂的雙邊協議。這類條協議如果未在《公報》上公佈，將不能在澳門適用。這實質是要求這類條約必須經過轉化，才能在澳門予以適用。[89]該法第5條規定，適用於澳門的國際協議和在中央政府協助或授權下與其他國家或地區簽訂的司法互助協議

---

87 不過中央授權特別行政區參加國際組織和對外簽訂協議的授權書特別是授權條件絕少對外公佈，由此導致中央對特別行政區自主處理對外事務的監督制度缺乏透明度。參見許昌：《澳門基本法對外事務規範及其實施研究》，載《中國國際法年刊（2014）》，法律出版社2015年版，第321頁。

88 參見香港特別行政區律政司網站：http://www.doj.gov.hk/sc/public/external.html，最後訪問時間：2022年8月6日。

89 袁古潔：《條約在中國內地與港澳台適用之比較》，《法學評論》2002年第5期，第134頁。

及互免簽證協議，應公佈於《公報》第二組。但該條未將"公佈"列為這幾類條約在澳門適用的必要條件，因此這幾類條約在澳門可以直接適用。

因此，從香港、澳門適用國際條約的方式來看，中央政府較難監督特別行政區履行條約的過程。《香港基本法》第 17 條規定："全國人大常委會在徵詢其所屬的香港特別行政區基本法委員會後，如認為香港特別行政區立法機關制定的任何法律不符合本法關於中央管理的事務及中央和香港特別行政區的關係的條款，可將有關法律發回，但不作修改。經全國人大常委會發回的法律立即失效。該法律的失效，除香港特別行政區的法律另有規定外，無溯及力。"於是，全國人大常委會可根據第 17 條的規定對香港立法機關制定的適用多邊條約的本地立法進行監督。但除此之外，對於刊登於憲報或以命令適用條約等方式則沒有適當的監督辦法。而且，如果香港本地立法被發回，香港可能需要承擔不履行條約的責任，而中央政府則要承擔最終的履約責任。《澳門基本法》第 17 條雖與《香港基本法》第 17 條有類似的規定，但如前文所述，澳門適用條約時並不採用本地立法的方式，故全國人大常委會不能採用審查澳門本地立法的方式監督其履行條約。

綜上所述，在目前階段，無論在締約階段還是在履約階段，中央政府的確較難監督特別行政區締結的條約。前文在討論特別行政區締約權的法律依據及其與中央政府締約權的關係時，指出在單一制國家中締約權是屬中央政府統一行使的權力，地方政府沒有對外締結條約的權力，這是單一制國家的典型特徵，是維護中央政府權威的重要因素。雖然經過基本法授權，特區政府的締約權是特別行政區自治權的一部分，但締約權顯然不同於特別行政區在經濟、文化等領域的自治權。在聯邦制國家，也不是所有的聯邦制國家均允許聯邦組成單位享有締約權，如加拿大和澳大利亞就不允許其組成單位享有締約權。即使允許聯邦組成單位享有締約權的國家如德國、瑞士也要求聯邦組成單位在其權限範圍內締結的條約必須事先得到聯邦政府的同意或者聯邦議會的批准。[90] 因此，為避免特別行政區締結的條約與國家統一行使的權力發生衝突，對特別行政區的締約權規定一定的監督機制是有必要的。這種監督機制可以在修改《締結條約程序法》[91] 或基本法時予以創設。

90　參見〔英〕安托尼‧奧斯特：《現代條約法與實踐》，江國青譯，中國人民大學出版社 2005 年版，第 53 頁。

91　如果在《締結條約程序法》中納入對特別行政區締約權的監督機制，還需要經過必要的程序，將《締結條約程序法》列為適用於特別行政區的全國性法律。

第三章

國家締結的條約對特別
行政區的適用問題

根據《香港基本法》《澳門基本法》，中國香港特別行政區、澳門特別行政區享有一定範圍的締約權，並按照自己的方式適用條約。同時兩部基本法對國家締結的條約在特別行政區的適用問題作了原則性規定。在實踐中，中國政府通過《1997 年向聯合國秘書長就國際條約適用於香港特別行政區事宜發出的照會》和《1999 年向聯合國秘書長就國際條約適用於澳門特別行政區事宜發出的照會》，以及在批准國際公約時就公約是否適用於港澳特區所作的聲明等方式，對國家締結的多邊條約對港澳特區的適用問題作了比較妥善的安排。相對而言，國家締結的雙邊條約對港澳特區的適用問題就比較複雜。在香港、澳門回歸前的過渡期，中英、中葡並未就雙邊條約對港澳的適用問題予以安排。在香港、澳門回歸以後，中國政府也並未與雙邊條約另一當事國就條約是否適用於港澳特區進行專門安排，在新締結的雙邊條約中也基本未就條約是否適用於港澳特區作出專門規定。[1] 雖然國內多數學者認為根據 “一國兩制” 和基本法，國家締結的條約無論多邊條約還是雙邊條約，除外交、國防性質的以外，原則上不能自動適用於港澳特區；[2] 不過，在國際實踐中，2006 年發生的香港居民謝業深（Tza Yap Shum）訴秘魯政府投資仲裁案和 2012 年發生的澳門世能公司訴老撾政府投資仲裁案均裁

1　據筆者所查，僅有中國與俄羅斯在 2010 年締結的《關於促進和相互保護投資協定》的議定書明確排除了對港澳特別行政區的適用，該議定書規定：“除非締約雙方另行商定，本協定適用於中華人民共和國香港特別行政區和中華人民共和國澳門特別行政區。”在其他雙邊條約中則未發現有此規定。

2　參見香港特別行政區律政司網站：http://www.doj.gov.hk/sc/public/external.html，最後訪問時間：2022 年 8 月 6 日；蕭蔚雲、王叔文：《香港特別行政區基本法導論》，中共中央黨校出版社 1990 年版，第 340 頁；宋小莊：《論 “一國兩制” 下中央和香港特區的關係》，中國人民大學出版社 2003 年版，第 161 頁；王海浪：《謝業深訴秘魯政府案管轄權決定書兼評簡評 —— 香港居民直接援用〈中國—秘魯 BIT〉的法律依據》，《國際經濟法學刊》2010 年第 17 卷第 1 期，第 58 頁；高成棟：《中外 BITs 對香港特區的適用爭議及其解決 —— 以謝業深訴秘魯政府案為例》，《國際經濟法學刊》2010 年第 17 卷第 1 期，第 63 頁。但有外國學者認為香港、澳門包括台灣是中國領土的一部分，如果條約沒有明確排除，中國政府締結的國際條約當然適用於港澳台地區。參見 Nils Eliasson, "Investor-State Arbitration and Chinese Investors: Recent Developments in Light of the Decision on Jurisdiction in the Case Mr. Tza Yap Shum v. the Repubic of Peru", (2009) 2 *Contemporary Asia Arbitration Journal*, pp.368-370; Stephan Wilske, "Protection of Taiwanese Investors Under Third Party Bilateral Investment Treaties?-Ways, Means and Limits of Treaty Shopping", (2011) 4 *Contemporary Asia Arbitration Journal*, pp.159-161.

決國家締結的雙邊投資協定適用於港澳特區。由此可見，對於國家締結的雙邊條約是否自動適用於港澳特區這個問題，[3] 在國內主流理論與國際實踐之間發生了衝突與矛盾。

雖然國內多數學者對前述兩項案例的裁決結果予以了批判，但仍應值得反思："一國兩制" 和基本法難道明確地排除了國家締結的條約對港澳特區的自動適用了嗎？特別是當前國家正大力推進 "一帶一路" 倡議的實施，香港和澳門也發揮各自優勢，越來越多的港澳居民和企業積極參與到 "一帶一路" 的實施過程中，港澳居民和企業的法律權益需要配套的國際法律機制予以保護，類似的案例也極有可能繼續發生。根據 "一國兩制" 方針和基本法，中國對外條約體系實際上包括國家締結的條約體系和港澳特區締結的條約體系兩套體系。那麼，這兩套條約體系應如何確定各自的適用範圍和對象，特別是港澳居民和企業可否選擇國家締結的條約來保護其權益？鑒於國家締結的多邊條約（國際公約）對港澳特區的適用已經作出了適當安排，且極少有爭議，因此本章將主要探討國家締結的雙邊條約對港澳特區的適用問題。

一、三個典型案例

國際條約對香港、澳門的適用是國際條約對中國適用的重要組成部分。[4]《香港基本法》和《澳門基本法》分別授予香港、澳門一定的對外交往權特別是在一定領域的締結條約的權力（即締約權），並對國際條約在香港、澳門的適用問題作了特殊安排。在香港、澳門回歸前的過渡期，中國政府分別與英國、葡萄牙就國際條約在香港、澳門的適用做了安排，但主要涉及多邊條約和部分雙邊條約。對於多邊條約，中國政府

3　所謂 "是否自動適用於港澳特區" 是指在條約本身沒有作出明確規定，中央政府也未明確作出安排的情況下，是不是應推定國家締結的條約適用於港澳特區。

4　參見饒戈平、李贊：《國際條約在香港的適用問題研究》，中國民主法制出版社 2010 年版，引言，第 2 頁；王西安：《國際條約在中國特別行政區的適用》，廣東人民出版社 2006 年版，前言，第 1 頁。

分別於 1997 年和 1999 年在港澳回歸之際向聯合國秘書長發出照會，以列舉方式對中國中央政府締結的多邊條約對港澳的適用進行了說明，並獲得了國際認可。對於雙邊條約，在回歸前作了適當安排的主要是：英國與外國簽訂的或代表香港或授權香港簽訂的延伸適用於香港的雙邊條約；葡萄牙與外國簽訂的或在過渡期授權澳門簽訂的適用於澳門的雙邊條約。但是對於中國政府與其他國家和地區簽訂的雙邊條約是否自動適用於回歸後的香港、澳門在過渡期並未作出安排，一方面因為此類雙邊條約數量龐大，[5] 在過渡期很難解決，另一方面因為這類雙邊條約的當事國是中國與其他國家和地區，與英國、葡萄牙無關，它們無權處理。[6]

根據"一國兩制"安排，或許可以認為除外交、國防性質的雙邊條約以外，國家締結的雙邊條約並不自動適用於香港、澳門。但國際實踐並沒有遵循這一觀點，而是在這一問題上發生了激烈的爭議。截至目前，與國家締結的雙邊條約是否自動適用於香港、澳門這一問題相關的案例至少已發生三起。

案例一：香港居民謝業深訴秘魯政府案

2006 年香港居民謝業深（Tza Yap Shum）因其控股的一家秘魯魚粉生產企業與秘魯稅務當局發生納稅糾紛而依據 1995 年的中秘《關於鼓勵和相互保護投資協定》（以下簡稱《中秘雙邊投資協定》）以秘魯政府為被申請人向解決投資爭端國際中心（以下簡稱 ICSID）申請仲裁。[7] 本案的焦點問題之一是《中秘雙邊投資協定》是否適用於香港。秘魯認為謝業深作為香港居民無權援引《中秘雙邊投資協定》。2009 年，ICSID 仲裁庭作出管轄權裁決，認為謝業深屬《中秘雙邊投資協定》的

5　據統計，截至 2011 年年底，中國締結的雙邊條約約 22000 項，這個數字並以每年 700 項的速度遞增。參見馬新民：《香港特區適用、締結和履行國際條約的法律和實踐：延續、發展與創新》，載饒戈平主編：《燕園論道看港澳》，北京大學出版社 2014 年版，第 67 頁。

6　參見饒戈平、李贊：《國際條約在香港的適用問題研究》，中國民主法制出版社 2010 年版，第 86 頁。

7　See *Tza Yap Shum v. The Republic of Peru*, Award, 7 July 2011, ICSID Case No. ARB/07/06, http://www.italaw.com/sites/default/files/case-documents/ita0882.pdf (Last visited on March 22, 2021).

合格投資者，可以援引該協定。[8]這是第一個涉及中國的 ICSID 案件，也是第一個由中國公民作為申請人的 ICSID 案件，還是中外雙邊投資協定能否適用於香港的第一案。

案例二：李顯龍訴香港遠東出版公司誹謗案

2006 年 7 月香港《遠東經濟評論》第 6 期刊載了一篇採訪新加坡反對黨民主黨秘書長徐順全（Chee Soon Juan）的文章。新加坡總理李顯龍和前總理李光耀認為該文影射其家族貪腐，於當年 8 月以誹謗罪將出版商遠東出版公司和主編告上法庭。[9]本案的焦點問題之一是《中華人民共和國和新加坡共和國關於民事和商事司法協助的條約》（以下簡稱《中新民商事司法協助條約》）是否適用於香港。2007 年新加坡最高法院原訴庭裁決《中新民商事司法協助條約》不能自動適用於香港。[10]

案例三：澳門世能公司訴老撾政府案

2012 年，澳門世能投資有限公司（Sanum Investments Limited，以下簡稱世能公司）援引中國和老撾於 1993 年簽訂的《關於鼓勵和相互保護投資協定》（以下簡稱《中老雙邊投資協定》）以老撾政府為被申請人提起仲裁。[11]世能公司是 2005 年 7 月 14 日根據澳門特別行政區法律成立的公司。2007—2008 年期間，世能公司在老撾投資了多家遊戲廳和賭場，聲稱其在老撾的投資超過 8500 萬美元。它認為老撾政府吊

---

8   See *Tza Yap Shum v. The Republic of Peru*, Decision on Jurisdiction and Competence, 19 June 2009, ICSID Case No. ARB/07/06, http://www.italaw.com/sites/default/files/case-documents/ita0880.pdf (Last visited on March 22, 2021).

9   See *Review Publishing Co Ltd and Another v Lee Hsien Loong and Another Appeal*, [2009] SGCA 46, paras.4-5, http://www.singaporelaw.sg/sglaw/laws-of-singapore/case-law/free-law/court-of-appeal-judgments/13861-review-publishing-co-ltd-and-another-v-lee-hsien-loong-and-another-appeal-2009-sgca-46 (Last visited on December 26, 2021).

10 See *Lee Hsien Loong v Review Publishing Co Ltd and Another and Another Suit,* [2007] SGHC 24, paras.105-122, http://www.singaporelaw.sg/sglaw/laws-of-singapore/case-law/free-law/high-court-judgments/13132-lee-hsien-loong-v-review-publishing-co-ltd-and-another-and-another-suit-2007-2-slr-453-2007-sghc-24 (Last visited on December 26, 2021).

11 *Sanum Investments Limited v. The Government of the Lao People's Democratic Republic*, Notice of Arbitration, 14 August 2012, PCA Case No.2013-13, available at: http://www.italaw.com/sites/default/files/case-documents/italaw3234.pdf (Last visited on March 22, 2021).

銷經營許可證和徵收歧視性稅款的做法違背了《中老雙邊投資協定》的多項義務，於是提起仲裁。該案的仲裁機構是荷蘭海牙常設仲裁院（Permanent Court of Arbitration），仲裁地是新加坡。本案的焦點爭議之一是《中老雙邊投資協定》是否適用於澳門。2013 年 12 月，仲裁庭在新加坡作出管轄權裁決，認為澳門世能公司屬《中老雙邊投資協定》的合格投資者，可以援引《中老雙邊投資協定》尋求法律保護。[12] 但在 2015 年 1 月，新加坡最高法院原訴庭（以下簡稱原訴庭）進行司法覆核後決定撤銷仲裁庭的管轄權裁決，其理由是《中老雙邊投資協定》不適用於澳門。[13] 隨後，澳門世能公司就原訴庭撤銷仲裁庭管轄權裁決的判決向新加坡最高法院上訴庭（以下簡稱上訴庭）提出上訴。2016 年 9 月，上訴庭推翻原訴庭的判決，判決《中老雙邊投資協定》適用於澳門。[14]

從這三起案例可以看出，外國政府、當事人、外國法院、國際爭端解決機構等對於中國政府締結的雙邊條約是否適用於香港、澳門存在不同的理解。產生這種不同理解的重要原因是國家在香港、澳門回歸前締結的雙邊條約是否自動適用於港澳，在回歸前的過渡期未做處理，回歸以後也沒有及時處理這一問題，在香港、澳門回歸後締結的雙邊條約也較少明確是否自動適用於香港、澳門。

同時，這種不同理解也說明及時解決國家締結的雙邊條約對港澳的適用問題已經具有迫切性。港澳回歸後，國家高度重視和支持港澳特區的對外交往。港澳特區廣泛的對外聯繫在國家發展戰略中具有重要地位

12　*Sanum Investments Limited v. The Government of the Lao People's Democratic Republic*, Award on Jurisdiction, 13 December 2013, PCA Case No.2013-13, para.300, http://www.italaw.com/sites/default/files/case-documents/italaw3322.pdf (Last visited on March 22, 2021).

13　*Government of the Lao People's Democratic Republic v. Sanum Investments Ltd*, Judgment, 20 January 2015, High Court of the Republic of Singapore, [2015] SGHC 15, http://www.italaw.com/sites/default/files/case-documents/italaw4107.pdf (Last visited on March 22, 2021).

14　*Sanum Investments Ltd v. Government of the Lao People's Democratic Republic*, Judgement, 29 September 2016, Court of Appeal, [2016] SGCA 57, https://www.italaw.com/sites/default/files/case-documents/italaw7600.pdf (Last visited on October 17, 2021).

和作用，是"一帶一路"建設和粵港澳大灣區建設的重要支撐。但在對外投資領域，港澳單獨對外簽署的雙邊投資協定並不多。隨着越來越多的港澳居民和企業積極參與到"一帶一路"建設等國家發展戰略之中，類似謝業深案和世能公司案的法律爭議極可能時有發生。因此，如何在國際場合對港澳居民和企業的正當權益提供法律保障已成為一個迫切的問題。根據"一國兩制"方針和基本法，中國條約體系實際上包括國家締結的條約體系和港澳特區締結的條約體系兩套體系。對於港澳居民和企業而言，他們當然受到特區締結的條約體系的保護。但與此同時，港澳居民和企業是否也可以尋求獲得國家締結的條約體系的保護呢？特別是當港澳特區沒有與有關國家或地區締結條約之時。本章接下來擬結合相關國際案例，從國際法和基本法的雙重視角來探討國家締結的雙邊條約對港澳特區的適用問題。

二、移動條約邊界規則不適用於港澳回歸

在香港居民謝業深訴秘魯政府案和澳門世能公司訴老撾政府案兩起案件中，最為關鍵的爭議就是國家締結的雙邊投資協定即《中秘雙邊投資協定》和《中老雙邊投資協定》是否適用於香港和澳門。[15] 在世能公司訴老撾仲裁案中，綜合世能公司、老撾政府、仲裁庭、原訴庭和上訴庭各方的立場來看，主要的爭議焦點集中以下幾點：一是本案應適用1978年《關於國家在條約方面的繼承的維也納公約》（以下簡稱《條約繼承公約》）第15條的一般性規則（移動條約邊界規則）還是例外性規則？二是本案應適用1969年《維也納條約法公約》（以下簡稱《條約法公約》）第29條（關於條約領土適用範圍）的一般性規則還是例外

15　例如仲裁庭認為《中老雙邊投資協定》是否適用於澳門是管轄權問題的核心問題。如果不適用，仲裁庭就沒有管轄權。參見 *Sanum Investments Limited v. The Government of the Lao People's Democratic Republic*, Award on Jurisdiction, 13 December 2013, PCA Case No.2013-13, para.205. 不過，可能因為國際商事仲裁具有保密性特徵的原因，對於香港謝業深訴秘魯政府仲裁案中仲裁雙方各自主張的細節，筆者無法通過公開途徑獲得。故本文在論述過程中主要援引澳門世能公司訴老撾政府一案的有關材料。

性規則？三是《澳門基本法》是否可以作為《中老雙邊投資協定》不適用於澳門的理由。本部分將討論《條約繼承公約》第 15 條的適用問題，即該條所載"移動條約邊界規則"是否適用於港澳回歸的情形。

　　世能公司和老撾政府均認為《條約繼承公約》第 15 條適用於本案，仲裁庭、原訴庭和上訴庭也基於該條對本案進行的分析。世能公司認為本案應適用第 15 條的一般性規則即移動條約邊界規則，因此《中老雙邊投資協定》適用於澳門；但老撾政府認為本案應適用第 15 條的例外性規則，從而《中老雙邊投資協定》不適用於本案。在本案的最終裁決中，移動條約邊界規則適用於澳門回歸中國的情況成為了上訴庭作出判決的主要依據。在上訴庭看來，《中老雙邊投資協定》是否適用於澳門應適用與國家繼承相關的規則即移動條約邊界規則；移動條約邊界規則是習慣國際法規則，對所有的國家有拘束力；根據該項規則，當中國在 1999 年 12 月 20 日對澳門恢復行使主權時，《中老雙邊投資協定》開始自動適用於澳門。[16] 本部分將集中討論移動條約邊界規則是否適用於港澳回歸。

　　在國際法上，因國家分離、分立、合併、新國家獨立或其他與領土變更有關的各種情況，都會引起關於條約及條約以外事項的繼承的法律問題。與條約繼承相關的國際法規則主要是習慣國際法規則和條約法規則。1978 年，《條約繼承公約》獲得通過，並於 1996 年生效，但中國還不是該公約的締約國。不過，公約很大程度上是對習慣國際法規則的反映，[17] 可以用於解決條約的繼承問題。

　　《條約繼承公約》對因領土變更引起的條約繼承的各種情形均規定

16　*Sanum Investments Ltd v. Government of the Lao People's Democratic Republic*, Judgement, 29 September 2016, Court of Appeal, [2016] SGCA 57, paras.47-49.

17　參見賈兵兵著：《國際公法：和平時期的解釋與適用》，清華大學出版社 2015 年版，第 123 頁；*Yearbook of the International Law Commission*, 1974, vol.II, Part One, pp.208-209; Michael Akehurst, *A Modern Introduction to International Law*, Allen & Unwin, 1987, p.159; Malcolm N. Shaw, *International Law*, sixth edition, Cambridge University Press, 2008, p.959; Roda Mushkat, "Hong Kong and Succession of Treaties", *The International and Comparative Law Quarterly*, 1997, vol.46, p.181.

了相應的規則，與中國對港澳恢復行使主權這一情形直接相關的條款是第 15 條。第 15 條（對領土一部分的繼承）規定："一國領土的一部分，或雖非一國領土的一部分但其國際關係由該國負責的任何領土，成為另一國領土的一部分時：（1）被繼承國的條約，自國家繼承日期起，停止對國家繼承所涉領土生效；（2）繼承國的條約，自國家繼承日期起，對國家繼承所涉領土生效，但從條約可知或另經確定該條約對該領土的適用不合條約的目的和宗旨或者根本改變實施條約的條件時，不在此限。" 從第 15 條的規定來看，發生條約繼承的情形有兩種：一國領土的一部分成為另一國領土的一部分；或者，某一領土不是負責其國際關係的國家的領土的一部分，一國取代該國負責該領土的國際關係。與該條一般性規則相對應的關於條約繼承的習慣國際法規則是移動條約邊界規則（moving treaty frontiers rule），[18] 即移動條約邊界規則是條約繼承規則的重要內容之一。移動條約邊界規則是指當某一領土之上的主權發生變化而不涉及國家合併、分離等新國家成立的情況時，該領土自動脫離被繼承國的條約體系而進入繼承國的條約體系。它包括積極和消極兩方面：積極面是指繼承國的條約自繼承開始之時起自動適用於所涉領土；消極面是指被繼承國的條約自繼承開始之時起自動停止適用於所涉領土。[19] 就時間因素而言，移動條約邊界規則在繼承開始之時就開始適

---

18 *Yearbook of the International Law Commission*, 1974, vol.II, Part One, p.208. 在世能公司訴老撾政府一案中，當事雙方和上訴庭均認為《條約法公約》第 29 條和《條約繼承公約》第 15 條的一般性規則都是對移動條約邊界規則的反映。但這種觀點是存在問題的，正如仲裁庭所言，《條約繼承公約》第 15 條與領土主權的變動相關，只有它才能被描述為移動條約邊界規則；而《條約法公約》第 29 條與領土主權的變動無關，它闡述了國際法上關於條約領土適用範圍的一條基本原則。參見 *Sanum Investments Limited v. The Government of the Lao People's Democratic Republic*, Award on Jurisdiction, 13 December 2013, PCA Case No.2013-13, paras.53-54, 81, 225；*Sanum Investments Ltd v. Government of the Lao People's Democratic Republic*, Judgement, 29 September 2016, Court of Appeal, [2016] SGCA 57, para.47.

19 *Yearbook of the International Law Commission*, 1974, vol.II, Part One, p.208.

用。[20] 第 15 條被認為是對移動條約邊界規則的最權威闡述。[21] 根據這一原則性規定，當繼承開始之時，被繼承國的條約失效而繼承國的條約生效。[22]

國際實踐中不乏適用移動條約邊界規則的例子。1898 年美國吞併夏威夷後便宣佈它所締結的條約開始適用於夏威夷。[23] 阿爾薩斯—洛林原屬法國，於 1871 年因普法戰爭割讓給德國，後依據 1919 年《凡爾賽和約》，德國將它歸還給法國，之後德國締結的條約不再適用於阿爾薩斯—洛林，而法國締結的條約開始適用於這一地區。[24] 當紐芬蘭成為加拿大領土的一部分後，加拿大的條約開始適用於紐芬蘭；1952 年當厄立特里亞成為埃塞爾比亞的一部分後，埃塞爾比亞的條約開始適用於厄立特里亞；當法國和葡萄牙的佔領地歸入印度後，印度的條約開始適用於這些地方；當荷蘭向印度尼西亞移交西伊里安後，印度尼西亞的條約開始適用於這一地區。[25]

那麼，《條約繼承公約》第 15 條所反映的移動條約邊界規則是否適用於港澳回歸中國的情況呢？部分學者認為中國對香港、澳門恢復行使主權是恢復失地的表現，恢復失地是現代國際法所承認的一種領土變更方式，一國對自己失地的恢復，意味着原來佔領該地的國家對該地所負的國際關係責任將由恢復失地國取代，[26] 因此中國對港澳恢復行使主權也會引發有關條約的繼承問題，移動條約邊界規則可以適用於中國恢復對港澳行使主權的情況。單文華教授在為澳門世能公司訴老撾政府案

20　李薇薇：《〈公民權利和政治權利國際公約〉適用於香港的法理依據》，《法學雜誌》2012 年第 4 期，第 105 頁。

21　Shawn B. Jensen, "International Agreements Between the United States and Hong Kong Under the United States-Hong Kong Policy Act", *Temple International and Comparative Law Journal*, 1993,vol.7, p.181.

22　蕭鋒、王娟：《目前適用於香港的條約之繼承》，《甘肅政法學院學報》1995 年第 2 期，第 20 頁。

23　Malcolm N. Shaw, *International Law*, sixth edition, Cambridge University Press, 2008, p.974.

24　Malcolm N. Shaw, *International Law*, sixth edition, Cambridge University Press, 2008, p.974.

25　*Yearbook of the International Law Commission*, 1974, vol.II, Part One, p.209.

26　王晨：《香港回歸中國際法的運用》，《當代法學》2003 年第 7 期，第 137 頁；陳華、朱炎生：《論國家對國際條約的繼承——兼談 1997 年後我國涉及香港的國際條約繼承問題》，《南昌大學學報（社會科學版）》1995 年第 4 期，第 68 頁。

提供的專家報告中也認為應依據移動條約邊界規則來解決港澳回歸中國後條約的適用問題，也就是說中國政府締結的條約自港澳回歸以後自動適用於港澳。[27]

但是，中國政府不承認關於香港問題的三個不平等條約，歷來主張香港和澳門自古屬中國領土的一部分，港澳回歸不是收回主權，而是恢復行使主權。[28] 同時，中國也不承認香港和澳門分別屬英國和葡萄牙的殖民地，並在 1970 年代採取措施將港澳從聯合國 "非殖民地化特別委員會" 的 "殖民地名單" 中去除，即在法律性質上，香港、澳門不屬殖民地，這一點已為聯合國所確認。換言之，中國不承認香港、澳門的回歸是從英國、葡萄牙的領土變為中國的領土，不承認香港、澳門的回歸會產生國家繼承關係；而且即使香港和澳門在回歸前確實分別由英國和葡萄牙負責其國際關係，也不承認香港、澳門屬殖民地（非自治領土）。因此，港澳回歸不屬《條約繼承公約》第 15 條所指發生條約繼承的情形，移動條約邊界規則不適用於港澳回歸中國的情況。

於是，根據上述結論，就世能公司訴老撾政府一案而言，移動條約邊界規則不適用於該案。換言之，該案不能依據移動條約邊界規則來確定《中老雙邊投資協定》的適用性問題。因此，上訴庭適用關於國家繼承的國際法規則——移動條約邊界規則來裁決本案是存在問題的，它沒有考慮澳門 "不是殖民地，且為聯合國所確認" 這一事實。

總之，香港、澳門回歸中國既不是從英國、澳門的領土變為中國的領土，也不是國際法上的殖民地變成中國的領土，即香港、澳門回歸中國既不屬《條約繼承公約》第 15 條所指 "一國領土的一部分成為另一國領土的一部分" 的情況，也不屬該條所指 "雖非一國領土的一部分但其國際關係由該國負責的任何領土，成為另一國領土的一部分" 的情

---

27 See *Expert Report of Wenhua Shan*, paras.42-47, https://www.italaw.com/sites/default/files/case-documents/italaw4409.PDF(Last visited on October 17, 2021).

28 參見《中英聯合聲明》第一條和《中葡聯合聲明》第一條。

況，因此關於國家繼承的移動條約邊界規則不適用於香港、澳門回歸中國的情況，不能採用移動條約邊界規則來解決香港、澳門回歸中國後的條約適用問題。

三、《條約法公約》第 29 條的適用問題

除《條約繼承公約》第 15 條外，世能公司和老撾政府均認為《條約法公約》第 29 條適用於該案。《條約法公約》第 29 條規定："除條約表示不同意思，或另經確定外，條約對每一當事國之拘束力及於其全部領土。"第 29 條是關於條約領土適用範圍的一般規則，條約對在締約國主權之下的任何領土都有約束力，同時條約對不再屬締約國主權之下的領土則沒有約束力。[29]

《條約法公約》第 29 條也是習慣國際法規則的體現。在 1969 年的維也納締約大會上，該條是最無爭議的條款之一，九十七個國家對該條投了贊成票，沒有反對票和棄權票，也沒有任何針對該條的保留或者解釋性聲明。[30] 因此，第 29 條關於條約領土適用範圍的規則是普遍接受的規則。該條也反映出條約是否適用於當事國的全部領土是當事國可以依據意思自治原則通過協議決定的問題，但是如果當事國沒有明示或默示的不同意思，就應當認為條約適用於當事國的全部領土。[31]

雖然世能公司和老撾政府均認為《條約法公約》第 29 條適用於該案，但對於究竟是適用這兩個條文的一般性規則還是例外性規則則有截然不同的觀點。條約適用於當事國全部領土是關於條約領土適用範圍的一般性規則。按照一般性規則，香港和澳門是中國的領土，國家締約的條約自然應適用於兩地。但是第 29 條同時規定了例外性規則，即 "條

29　*Yearbook of the International Law Commission*, 1974, vol.II, Part One, p.208.

30　Olivier Corten, Pierre Klein, *The Vienna Conventions on the Law of Treaties: A Commentary*, Oxford University Press, 2011, p.732.

31　參見李浩培著：《條約法概論》，法律出版社 2003 年版，第 308 頁；*Yearbook of the International Law Commission*, 1964, vol.II, p.12.

約表示不同意思，或另經確定"。這樣的規定是必要的，因為有些國家是聯邦制國家，各邦也有締約權；有些國家即使是單一制國家，個別地區也有高度自治權。[32] 第 29 條規定的例外性規則實際有兩個：一是條約表示不同意思；二是另經確定不同意思。[33] 值得注意的是，《條約繼承公約》第 15 條也規定了移動條約邊界規則的例外情形，即 "從條約可知或另經確定該條約對該領土的適用不合條約的目的和宗旨或者根本改變實施條約的條件"。可見第 15 條規定的兩個例外——"從條約可知" 和 "另經確定" 幾乎與第 29 條相同，但通過對比兩個條文也可以發現《條約繼承公約》第 15 條對例外的限制性條件要嚴於《條約法公約》第 29 條，即第 29 條的例外情形要寬泛於第 15 條。鑒於第 29 條和第 15 條一脈相承的特性，通過考察第 29 條的例外性情形也就可以基本確定第 15 條的例外性情形。[34]

先來考察第一個例外——"條約表示不同意思"。除 "不同意思" 外，該項例外包含了兩個關鍵詞，即 "條約" 和 "表示"。首先，如何確定 "條約" 的意涵呢？第 29 條的英文表述是："Unless a different intention appears from the treaty or is otherwise established, a treaty is binding upon each party in respect of its entire territory。" "the treaty" 與 "a treaty" 顯然是指同一個 treaty，即 "條約表示不同意思" 中的 "條約" 就是指當事國之間的條約，即條約不適用於當事國的全部領土這一 "不同意思" 應當就在當事國之間的條約中予以規定。其次，應如何 "表示" 不同意思呢？國際法委員會在關於該條的評注中指出，條約是被推定適

---

32 參見李浩培著：《條約法概論》，法律出版社 2003 年版，第 308-309 頁。

33 "另經確定" 是在國際法委員會 1966 年草案中新增加的，並將之前 1964 年草案中的 "相反意思"（unless the contrary appears from the treaty）改為 "不同意思"（unless a different intention appears from the treaty）。參見 *Yearbook of the International Law Commission*, 1966, vol.II, p.213.

34 國際法委員會也認為《條約繼承公約》第 15 條與《條約法公約》第 29 條是密切聯繫的，參見 *Yearbook of the International Law Commission*, 1974, vol.II, Part One, p.208. 世能公司訴老撾政府案的仲裁庭認為第 15 條與第 29 條是一枚硬幣的兩面，第 15 條的例外性規則要嚴於第 29 條，參見 *Sanum Investments Limited v. The Government of the Lao People's Democratic Republic*, Award on Jurisdiction, 13 December 2013, PCA Case No.2013-13, paras.225-231.

用於當事國主權之下的全部領土的，如果當事國無意使條約適用於其全部領土，它就必須通過明示或者默示的方式清楚表達該項意圖。[35] 換言之，"表示"的方式包括明示和默示兩種方式。明示的方式是指直接在條約中予以規定，默示的意思表示則是從條約的標題、前後文或其他用語、條約的區域性質以及條約的準備資料等推斷而出。[36]

對於如何確定"條約表示不同意思"，已有相當多的國際實踐可供參考。例如，海峽群島（the Channel Islands）和馬恩島（the Isle of Man）在 1950 年前屬英國的本土領土，在英國的條約實踐中沒有被特別提及過；但在 1950 年後這些島嶼獲得了高度的自治權而不再被認為屬英國的本土領土，也就改變了英國的條約實踐。對於只適用於本土領土的條約，英國要麼僅以"大不列顛和北愛爾蘭"名義締結條約，要麼在條約中對領土適用範圍限定為"大不列顛和北愛爾蘭"，如果海峽群島和馬恩島希望被這些條約所包括，英國就會在條約中專門提及這些島嶼。對於一般性的條約，只有在沒有任何跡象顯示條約不適用於英國負責國際關係的所有領土時，它才以"聯合王國（United Kingdom）"的名義締結條約，如果條約不適用於海峽群島和馬恩島，這些島嶼會被專門提及且排除。[37] 對於海外領土，越來越多的實踐表明除非在條約中明確表明或者可從條約推斷出條約不適用於海外領土，否則條約都是自動適用於締約國的所有領土包括海外領土。常設國際法院在東格陵蘭島案中指出："長期以來丹麥事實上對整個格陵蘭島已經行使主權。丹麥強調經其他條約當事國同意，在丹麥締結的一系列條約中包含一個條款明確排除條約適用於格陵蘭島。這一做法從 1782 年就已開始。在這些條約中，有關的約文是相當特別的，例如 1862 年丹麥與美國之間的條約第 6 條規定本條約不適用於丹麥北部屬土，即不適用於冰島、法羅群島

35　*Yearbook of the International Law Commission*, 1964, vol.II, p.13.

36　參見李浩培著：《條約法概論》，法律出版社 2003 年版，第 309 頁。

37　*Yearbook of the International Law Commission*, 1964, vol.II, p.13.

和格陵蘭島。"[38] 隨着加拿大、澳大利亞和新西蘭的自治地位不斷提高，英國從 1880 年開始在其締結的雙邊和多邊條約中明確規定條約不適用於海外領土，如果沒有這樣的排除性規定，條約被認為是自動適應於這些海外領土的。[39] 從上述條約實踐可以看出，當事國如果有意排除條約對某一部分領土的適用，要麼是在條約中明確限定條約的領土適用範圍，要麼是直接規定條約不適用於某一領土。

那麼中外雙邊投資協定是否有其領土適用範圍僅限於內地或者不適用於港澳的規定呢？在中國與 120 多個國家已經締結的雙邊投資協定中，只有中國與俄羅斯在 2010 年締結的《關於促進和相互保護投資協定》的議定書明確排除了對港澳的適用，該議定書規定："除非締約雙方另行商定，本協定不適用於中華人民共和國香港特別行政區和中華人民共和國澳門特別行政區。" 其他雙邊投資協定均無此項規定。如，在中國和西班牙《關於促進和相互保護投資的協定》中 "'領土' 一詞係指締約一方的領土，包括領土、領海及其領空，以及締約一方根據其國內法和國際法，在其領海以外行使主權和 / 或管轄權的專屬經濟區和大陸架"。在中國和烏茲別克斯坦《關於促進和保護投資的協定》中 "'領土' 一詞：（一）在中華人民共和國方面，係指中華人民共和國領土（包括陸地、內水、領海及領空），以及根據中國法律和國際法，在領海以外中華人民共和國擁有以勘探和開發海床、底土及其上覆水域資源為目的的主權權利或管轄權的任何區域。" 香港和澳門屬中華人民共和國領土的一部分，從這些雙邊投資協定對 "領土" 的定義來看，除中俄雙邊投資協定外均未排除協定在港澳的適用。因此，除非有明確規定，中外雙邊投資協定並不包含協定不適用於港澳的 "不同意思"。

不過，在中國與老撾的雙邊投資協定中既沒有對 "領土" 專門界

38　*Legal Status of Eastern Greenland*, Series A/B44, Permanent Court of International Justice, Judgment of 5 April 1933, p.51.

39　*Yearbook of the International Law Commission*, 1964, vol.II, p.14.

定，也沒有明確排除適用於港澳。因此，《中老雙邊投資協定》本身既不能確定它適用於澳門，也不包含表示它不適用於澳門的"不同意思"。[40]

接下來考察第二個例外——"另經確定不同意思"。"另經確定"這一表述是相當模糊的，甚至使規則和規則的例外之間的區別變得難以區分，也容易引發爭議。[41]國際法委員會對"另經確定"沒有做出專門的解釋，既有的條約實踐也很少見。

根據通常的理解，"另經確定"應該通過條約本身以外的各種明示或默示方式予以表現，包括締約各方事後的聲明或者習慣做法。[42]從這一點來看，"另經確定不同意思"應當是條約各當事方共同的明示或默示做法。在中國政府締結的雙邊條約，很少發現與其他條約當事方在條約以外以明示的方式對條約是否適用於香港、澳門作出規定，但是從實踐來看，中國與有關雙邊條約當事國是通過習慣做法以默示的方式來排除條約對香港、澳門的適用。在香港、澳門回歸前，中國政府締結的條約不在香港、澳門適用，這既是中國與有關條約當事國的共識和習慣做法，也獲得了世界各國的普遍承認。依此推斷，雙邊條約當然在中國與外國締結的條約之列。於是，在香港、澳門回歸之前，中國與條約當事國的習慣做法是條約不適用於香港、澳門，即中國與條約當事國以默示方式"另經確定"了條約不適用於香港、澳門的"不同意思"。照此推理，在謝業深訴秘魯政府案和世能公司訴老撾政府案中，《中秘雙邊投

40　世能公司訴老撾政府一案的仲裁庭、原訴庭和上訴庭均持這一觀點，認為不能從《中老雙邊投資協定》本身發現不適用於澳門的第一個例外——"條約表示不同意思"。參見 Sanum Investments Limited v. *Government of the Lao People's Democratic Republic*, Award on Jurisdiction, 13 December 2013, PCA Case No.2013-13, paras.270-277; *Government of the Lao People's Democratic Republic v. Sanum Investments Ltd*, Judgment, 20 January 2015, High Court of the Republic of Singapore, [2015] SGHC 15, para.63; Sanum *Investments Ltd v. Government of the Lao People's Democratic Republic*, Judgement, 29 September 2016, Court of Appeal, [2016] SGCA 57, para.55.

41　Olivier Corten, PierreKlein, *The Vienna Conventions on the Law of Treaties: A Commentary*, Oxford University Press, 2011, p.737.

42　參見王海浪：《謝業深訴秘魯政府案管轄權決定書簡評——香港居民直接援用〈中國—秘魯 BIT〉的法律依據》，《國際經濟法學刊》2010 年第 17 卷第 1 期，第 46 頁。

資協定》和《中老雙邊投資協定》都在香港、澳門回歸前簽訂，中國政府與秘魯政府、老撾政府的習慣做法是這兩個協定不適用於香港、澳門，即以默示方式排除了它們對香港、澳門的適用。那麼，這種中國政府與雙邊條約其他當事國以習慣做法的默示方式"另經確定不同意思"的方式在香港、澳門回歸之後是否發生了改變呢？從雙邊條約的性質來看，在香港、澳門回歸之前，中國與條約當事國以默示方式"另經確定"了條約不適用於香港、澳門的"不同意思"，這表明中國與雙邊條約當事國的"原意"是條約不適用於香港、澳門。要改變雙邊條約的領土適用範圍，就要改變雙方當事國的"原意"，這是雙方當事國共同的意思表示，而不是其中一方可以單方面改變的事情。繼而言之，僅僅香港、澳門回歸中國這一單一事實不能改變中國與其他國家之間雙邊條約的"原意"，只有當中國與雙邊條約其他當事國共同同意時，才能改變條約不適用於香港、澳門的"原意"。因此，在香港、澳門回歸之後，除非有充分的相反證據，一般而言中國政府與雙邊條約其他當事國以習慣做法的默示方式排除條約對香港、澳門適用的"原意"沒有發生改變。

在謝業深訴秘魯政府案中，《中秘雙邊投資協定》簽訂於香港回歸前的 1994 年。按照前文的論述，中國和秘魯兩國的"原意"應當是這個協定不適用於香港和澳門，即中國和秘魯沿襲了兩國之間長期的條約實踐和習慣做法，以默示方式"另經確定"了兩國之間的條約不適用於香港、澳門。在香港、澳門回歸之後，沒有任何證據顯示中國和秘魯兩國改變了之前的"原意"。因此，本案應適用《維也納條約法公約》第 29 條的例外性規則，而不是一般性規則。ICSID 仲裁庭裁決《中秘雙邊投資協定》適用於香港違背了中國和秘魯兩國的"原意"，應當認為該裁決是一種適用法律錯誤的裁決。

在世能公司訴老撾政府一案中，是否有證據可以"另經確定"《中老雙邊投資協定》有"不同意思"是爭議最為激烈的地方。在仲裁階段，老撾政府認為中國政府 1999 年向聯合國秘書長就 1999 年 12 月 20

日後國際條約適用於澳門特別行政區事宜發出的照會（以下簡稱 "1999年照會"）是 "另經確定"《中老雙邊投資協定》不適用於澳門的第一個證據，[43] 但世能公司認為 "1999年照會" 處理的只是多邊條約對澳門的適用問題，而《中老雙邊投資協定》屬雙邊條約，因此 "1999年照會" 不能用來確定《中老雙邊投資協定》不適用於澳門。[44] 世能公司的立場得到了仲裁庭、原訴庭和上訴庭的認可。[45] 但是在原訴庭審查仲裁裁決階段，老撾政府向原訴庭提供了 "另經確定"《中老雙邊投資協定》不適用於澳門的第二個證據——中國駐老撾大使館出具的《中老雙邊投資協定》不適用於澳門的照會（以下簡稱 "大使館照會"），而這一證據最終成為了原訴庭撤銷仲裁庭裁決的關鍵證據。在上訴階段，老撾政府向上訴庭出具了 "另經確定"《中老雙邊投資協定》不適用於澳門的新證據（第三個證據）——中國外交部向老撾外交部發出的照會（以下簡稱 "大使館照會"）。但這一證據沒有被上訴庭採信，並進而推翻了原訴庭的判決。

首先，對於老撾提出的 "另經確定不同意思" 的第一個證據—— "1999年照會"，[46] 該照會包括正文四個條文和兩個附件，正文第一、二、三條處理的均是多邊條約對澳門的適用問題，附件一所列的是中國是當事方且自1999年12日20日起適用於澳門的多邊條約，附件二所列的是中國不是當事方但自1999年12月20日起繼續適用於澳門的多邊條約。因此，從該照會的正文第一、二、三條和附件來看，的確處理了多邊條約對澳門的適用問題，但照會正文第四條是一個兜底條款，聲

---

43 *Sanum Investments Limited v. The Government of the Lao People's Democratic Republic*, Award on Jurisdiction, 13 December 2013, PCA Case No.2013-13, paras.57-67.

44 *Sanum Investments Limited v. The Government of the Lao People's Democratic Republic*, Award on Jurisdiction, 13 December 2013, PCA Case No.2013-13, paras.95-101.

45 *Sanum Investments Limited v. The Government of the Lao People's Democratic Republic*, Award on Jurisdiction, 13 December 2013, PCA Case No.2013-13, paras.206-210; Government of the Lao People's Democratic Republic v. Sanum Investments Ltd, Judgment, 20 January 2015, High Court of the Republic of Singapore, [2015] SGHC 15, paras.94-98; Sanum Investments Ltd v. Government of the Lao People's Democratic Republic, Judgement, 29 September 2016, Court of Appeal, [2016] SGCA 57, paras.93-94.

46 See *Multilateral Treaties Deposited with the Secretary-General*, vol.1, ST/LEG/SER.E/26, pp.VIII-X.

明"未列入本照會上述附件的、中華人民共和國是當事方或將成為當事方的其他條約，如決定將適用於澳門特別行政區，中華人民共和國政府將另行辦理有關手續"。如何理解第四條中的"其他條約"，它是僅指多邊條約，還是包括了雙邊條約？如果包括雙邊條約，那麼就可以推斷出《中老雙邊投資協定》在中國政府未另行辦理有關手續前將不適用於澳門，老撾政府的立場就應獲得支持；如果僅指多邊條約，不包括雙邊條約，那麼世能公司的立場應獲得支持。其實並無必要糾結於第四條中的"其他條約"是僅指多邊條約，還是包括了雙邊條約，而是應從整體上理解"1999 年照會"。"1999 年照會"（及中國政府 1997 年向聯合國秘書長就國際條約適用於香港特別行政區事宜發出的照會，以下簡稱"1997 年照會"）體現了中國政府對於條約（無論多邊條約還是雙邊條約）適用於澳門（及香港）的基本立場：除外交、國防性質的條約以外，中國政府締結的條約並不自動適用於港澳。並且，聯合國秘書長還應中國政府要求，將"1997 年照會"和"1999 年照會"的內容通知了聯合國其他會員國和聯合國各專門機構，其他國家或國際機構對此並未表示異議；換言之，中國政府的立場得到了國際社會的認可或者默認。這種認可或者默認在國際法上是具有法律效力的，即相當於承認了對方行為的合法性。[47] 於是對於雙邊條約而言，中國政府與有關當事國的合意是該條約並不自動適用於港澳。例如，在香港回歸後曾有國家和國際組織向中國政府詢問有關雙邊條約對香港的適用事宜，中國政府作出解釋後，有關國家和國際組織並未表示質疑。[48] 港澳回歸以後中國政府締結條約的實踐也進一步印證了這一立場，如在港澳回歸後中國政府對於新加入的國際公約，通常由全國人大常委會在條約批准書中作出聲明是

47　〔英〕勞特派特：《奧本海國際法》上卷第二分冊，王鐵崖、陳體強譯，商務印書館 1989 年版，第 308 頁。

48　參見饒戈平、李贊著：《國際條約在香港的適用問題研究》，中國民主法制出版社 2010 年版，第 146 頁。

否適用於香港、澳門。[49] 這種聲明再次表明中國政府認為她所締結的條約並不自動適用於港澳。總而言之，"1997 年照會"和"1999 年照會"以及中國政府在港澳回歸後在條約領土適用範圍方面的實踐表明，除外交、國防性質的條約以外，中國政府締結的多邊和雙邊條約並不自動適用於港澳，這一立場獲得了其他國家和國際組織的認可或者默認，屬《條約法公約》第 29 條所指"另經確定"即條約不適用於當事國全部領土的不同意思。

就新加坡而言，2007 年新加坡最高法院原訴庭在李顯龍訴香港遠東出版公司誹謗案中裁決《中華人民共和國和新加坡共和國關於民事和商事司法協助的條約》（以下簡稱《中新民商事司法協助條約》）不能自動適用於香港。[50] 在裁決中原訴庭還特別提到"1997 年照會"，將其作為《中新民商事司法協助條約》不自動適用於香港的證據。[51] 並且，新加坡外交部也認為《中新民商事司法協助條約》不能自動適用於香港。[52] 因此，新加坡最高法院原訴庭和上訴庭在世能公司訴老撾政府一案中認定"1999 年照會"不涉及雙邊條約而是僅處理了多邊條約對澳門的適用問題，不僅沒有尊重中國政府一貫以來的條約實踐和國際社會共識，也違背了新加坡法院之前的判決和新加坡政府在這一問題上的立場。

其次，對於老撾政府提供的第二個證據（"大使館照會"）和第三個證據（"外交部照會"），老撾政府認為"大使館照會"構成《中老雙邊投資協定》的嗣後協定（subsequent agreement），按照《條約法公約》第 31 條第 3 款甲項，有關《中老雙邊投資協定》適用範圍的解釋

---

49 可參見 2008 年全國人大常委會關於批准《移動設備國際利益公約》和《移動設備國際利益公約關於航空器設備特定問題的議定書》的決定、2010 年全國人大常委會關於批准《制止核恐怖主義行為國際公約》的決定、2014 年全國人大常委會關於批准《上海合作組織反恐怖主義公約》的決定、2015 年全國人大常委會關於批准《多邊稅收徵管互助公約》的決定等。

50 *Lee Hsien Loong v Review Publishing Co Ltd and Another and Another Suit*, [2007] SGHC 24, paras.105-122.

51 *Lee Hsien Loong v Review Publishing Co Ltd and Another and Another Suit*, [2007] SGHC 24, paras.116-117.

52 *Lee Hsien Loong v Review Publishing Co Ltd and Another and Another Suit*, [2007] SGHC 24, para.71.

應參照這一嗣後協定。[53] 而世能公司則反對這一說法，但原訴庭最終認可了老撾政府的立場。"大使館照會" 成為了原訴庭撤銷仲裁裁決的關鍵證據。那麼，"大使館照會" 究竟寫了什麼？根據原訴庭的裁決書，"大使館照會" 的主要內容是："根據《澳門基本法》，中國中央人民政府授權澳門特區政府有權締結和適用投資協議。中央人民政府締結的雙邊投資協定原則上不適用於澳門，除非在徵詢澳門特區政府意見之後，且與另一締約國協商之後。因此，《中老雙邊投資協定》不適用於澳門，除非中國和老撾將來就此達成協議。"[54] 在原訴庭看來，中國駐老撾大使館所代表的是中國政府的立場，於是《中老雙邊投資協定》的締約國中國和老撾都不認為該協定適用於澳門，因此，《中老雙邊投資協定》不能適用於本案。[55]

在上訴庭階段，老撾政府出具了第三個證據——"外交部照會"，該照會聲明 "根據《澳門基本法》，中央政府締結的雙邊投資協定原則上不適用於澳門"。但上訴庭根據國際法中的 "關鍵日期"（critical date）理論，[56] 認為本案的關鍵日期是世能公司與老撾政府爭端固化的日期即 2012 年 8 月 14 日仲裁開始的日期，對於在關鍵日期之後提出的證據，上訴庭將不予採信。[57] 據此，上訴庭拒絕採信 "大使館照會" 和 "外交部照會"，理由是該兩項照會在本案的關鍵日期之後提出，不應賦予

53　*Government of the Lao People's Democratic Republic v. Sanum Investments Ltd*, Judgment, 20 January 2015, High Court of the Republic of Singapore, [2015] SGHC 15, para.64.

54　*Government of the Lao People's Democratic Republic v. Sanum Investments Ltd*, Judgment, 20 January 2015, High Court of the Republic of Singapore, [2015] SGHC 15, para.40.

55　*Government of the Lao People's Democratic Republic v. Sanum Investments Ltd*, Judgment, 20 January 2015, High Court of the Republic of Singapore, [2015] SGHC 15, paras.77-78.

56　"關鍵日期" 是國際法上的一個重要概念，經常出現於國際司法實踐中。在國際常設法院 1928 年帕爾馬斯島案中，胡伯法官第一次提出 "關鍵日期" 概念（參見 Island of Palmas Case [Netherland, USA], 4 April 1928, Report of International Arbitral Awards, vol.2, p.866）。"關鍵日期" 理論在國際法院的實踐中多次採用，並被用來決定各方提供證據的可採性（參見 *Sovereignty over Pulau Ligitan and Pulau Sipadan [Indonesia/Malaysia]*, Judgment of 17 December 2002, I.C.J. Report 2002, p.682, para.135; *Territorial and Maritime Dispute between Nicaragua and Honduras in the Caribbean Sea (Nicaragua v. Honduras)*, Judgment of 8 October 2007, I.C.J. Report 2002, pp.35-36, para.117.）。

57　*Sanum Investments Ltd v. Government of the Lao People's Democratic Republic*, Judgement, 29 September 2016, Court of Appeal, [2016] SGCA 57, paras.64-67.

證據效力。[58]

　　上訴庭拒絕採信"大使館照會"和"外交部照會"的做法值得商榷。
"在國際法上，關鍵日期的意義不僅意味着排除關鍵日期之後的事實或
行為對權利主張的效力，也意味着當關鍵日期前後法律發生變化時，排
除關鍵日期之後的法律。"[59] 簡言之，與關鍵日期有關的要素有兩項：
案件事實和法律規則。對於世能公司訴老撾政府一案，案件事實部分
已經清楚，爭議焦點在於本案應適用的法律規則——《中老雙邊投資協
定》的領土適用範圍。按照關鍵日期理論，如果有關的法律規則在關鍵
日期之後發生變化，應排除關鍵日期之後的法律規則。在時間節點上，
"大使館照會"（2014 年 1 月 9 日）和"外交部照會"（2015 年 11 月 18
日）確實晚於世能公司與老撾政府之間仲裁開始的日期（2012 年 8 月
14 日），但問題是這兩個照會是否使體現於《中老雙邊投資協定》的法
律規則發生了變化，它們是否屬新的法律規則？如果回答是肯定的，那
麼上訴庭不採信這兩個照會就並無不當；否則，上訴庭的做法就難以令
人信服。《中老雙邊投資協定》在性質上是雙邊條約。條約基於當事國
的合意而產生，它對當事國權利義務的規定都是建立在當事國同意的基
礎之上。當條約中的某些事項規定不明或者模糊時，應推斷當事國的原
意進行澄清。[60] 因此，當條約對其領土適用範圍的規定不明確時，應根
據當事國的原意予以確定。"大使館照會"和"外交部照會"因老撾政
府的請求而發出，雖然出現於上訴庭確定的關鍵日期之後，但它們既不
是中國和老撾之間新的條約規則，也沒有修改《中老雙邊投資協定》，
而是關於中老兩國在締結《中老雙邊投資協定》時締約原意的闡釋和澄

58　*Sanum Investments Ltd v. Government of the Lao People's Democratic Republic*, Judgement, 29
　　September 2016, Court of Appeal, [2016] SGCA 57, paras.100-122.

59　張新軍：《法律適用中的時間要素——中日東海爭端關鍵日期和時際法問題考察》，《法學研究》
　　2009 年第 4 期，第 166 頁。

60　參見 Jan Klabbers, *The Concept of Treaty in International Law*, Kluwer Law International, 1998, p.65.

清。[61] 簡言之，兩個照會沒有改變《中老雙邊投資協定》中的原有規則，它們只不過是對原有規則的解釋。並且，兩個照會秉承了前文所述中國政府對於條約對港澳適用問題的一貫實踐和國際社會共識，也與新加坡政府的立場相一致，這也更加佐證了它們是對《中老雙邊投資協定》的解釋，而不是修改或創設規則。反過來，如果這兩個照會與中國政府的實踐和國際社會共識不符，倒是可以認為它們改變了原有的規則，使有關的法律規則在關鍵日期之後發生了變化，從而應當被排除。因此，上訴庭拒絕採信"大使館照會"和"外交部照會"的做法是存疑的，是沒有充分的說服力的。

概而言之，《中老雙邊投資協定》既沒有對"領土"做專門的界定，也沒有明確排除適用於港澳，從而不能從協定本身確定它是否適用於澳門，也就是說無法從協定本身判定可以適用《條約法公約》第 29 條的第一個例外（條約表示不同意思）。但是，"1999 年照會"和中國政府在條約對港澳適用問題上的一貫以來的實踐和國際社會對這一事項的共識可以作為"另經確定"《中老雙邊投資協定》具有不適用於澳門的"不同意思"的證據；"大使館照會"和"外交部照會"是對《中老雙邊投資協定》的解釋，沒有修改或創設規則，它們也可以作為"另經確定"《中老雙邊投資協定》"不同意思"的證據，理應被上訴庭採信。因此，世能公司訴老撾政府一案應適用《條約法公約》第 29 條的例外性規則。

總而言之，在雙邊條約領域，中國政府與其他國家政府較少在條約中對條約是否適用於香港、澳門作出明確規定，即較難從條約本身確定該條約有不適用於香港、澳門的"不同意思"。但是香港、澳門回歸前中國政府與有關當事國政府的長期條約實踐和習慣做法是雙方之間的條約不適用於香港、澳門，即中國與雙邊條約當事國以默示方式"另經確

61　原訴庭在闡述其對於"大使館照會"的理解時有類似的解讀，參見 *Government of the Lao People's Democratic Republic v. Sanum Investments Ltd*, Judgment, 20 January 2015, High Court of the Republic of Singapore, [2015] SGHC 15, para.77.

定"了條約不適用於香港、澳門的"不同意思",這也表明中國與雙邊條約當事國的"原意"是條約不適用於香港、澳門。要改變雙邊條約的領土適用範圍,就要改變雙方當事國的"原意",這是雙方當事國共同的意思表示,而不是其中一方可以單方面改變的事情。僅僅從香港、澳門回歸中國這一單一事實來判斷中國與其他國家之間雙邊條約的"原意"發生了改變是片面的,只有當中國與雙邊條約其他當事國共同同意時,才能改變條約不適用於香港、澳門的"原意"。因此,從雙邊條約當事國"原意"和實踐來看,在香港、澳門回歸之後,除非有充分的相反證據,一般而言中國政府與雙邊條約其他當事國以習慣做法的默示方式排除條約對香港、澳門適用的"原意"沒有發生改變。

但是,雙邊條約當事國的這種"原意"極少在條約中載明,也缺少其他國際文件等證據來確證其"原意",使該條約的領土適用範圍問題演變為一個條約解釋問題。而一旦成為一個條約解釋問題,就難免發生爭議,就難免類似謝業深訴秘魯政府案、世能公司訴老撾政府案的案件再次發生。港澳回歸的事實為國際社會所周知,港澳特區是中國領土的一部分是無可辯駁的事實,但"一國兩制"的具體安排和《香港基本法》《澳門基本法》的規定極可能不被外國的政府、企業或個人所知曉和理解,對其也沒有法律約束力(如下文所述)。因此,當爭議發生時,在國際爭端解決機構看來,港澳特區是中國領土、港澳居民或企業是中國公民或中國企業所產生的證明力極可能高於藉助複雜繁瑣的條約解釋方法推測產生的當事國"原意"。換言之,類似謝業深訴秘魯政府案、世能公司訴老撾政府案的爭端解決結果也極可能再次出現,甚至成為慣例。

四、基本法能否作為理由

在世能公司訴老撾政府案中,老撾政府還將《澳門基本法》作為"另經確定"《中老雙邊投資協定》具有"不同意思"的證據,即將《澳門基本法》作為否認《中老雙邊投資協定》適用於澳門的理由。[62] 但世能公司和仲裁庭均認為《澳門基本法》屬國內法，根據《條約法公約》第 27 條，國內法不能作為排除國際條約義務的理由，[63] 上訴庭也持相同的立場。[64] 那麼，《澳門基本法》究竟能不能作為"另經確定"《中老雙邊投資協定》具有"不同意思"的證據？對這一問題的回答，得從《條約法公約》第 27 條及有關的國際實踐說起。

　　《條約法公約》第 27 條（國內法與條約之遵守）規定："一當事國不得援引其國內法規定為理由而不履行條約。"從該條可知，條約締約國不能援引國內法規避條約的約束力或者作為不履行條約義務的正當理由。[65] 從另一個側面而言，如果一締約國不履行條約義務，它必須以國際法作為理由，即條約的約束力完全由國際法決定。菲茨莫里斯認為："它是國際法的重要原則之一，活躍於國際法的整個體系和適用於國際法的各個分支包括條約法。沒有它，國際法不能產生作用，因為否則國家可以以國內法為由隨意逃避國際義務。"[66] 常設國際法院在關於但澤的波蘭國民待遇案的諮詢意見中指出："一國也不能以本國憲法來反駁另一國，藉以逃避國際法或生效條約下的義務。"[67] 第 27 條還被認為是對習慣國際法規則的反映。國際法院在刑事事項互助的若干問題案中指出："《條約法公約》第 27 條反映了習慣國際法規則。"[68]

62　*Sanum Investments Limited v. The Government of the Lao People's Democratic Republic*, Award on Jurisdiction, 13 December 2013, PCA Case No.2013-13, paras.67-68.

63　*Sanum Investments Limited v. The Government of the Lao People's Democratic Republic*, Award on Jurisdiction, 13 December 2013, PCA Case No.2013-13, paras.102-103, para.257.

64　*Sanum Investments Ltd v. Government of the Lao People's Democratic Republic*, Judgement, 29 September 2016, Court of Appeal, [2016] SGCA 57, paras.79-80.

65　Olivier Corten, PierreKlein, *The Vienna Conventions on the Law of Treaties: A Commentary*, Oxford University Press, 2011, p.689.

66　Gerald Fitzmaurice, "The General Principles of International Law Considered from the Standpoint of the Rule of Law", *Collected Courses of the Hague Academy of International Law*, 1957, vol.92, pp.85-86.

67　*The Treatment of Polish Nationals and Other Persons of Polish Origin or Speech in the Danzig Territory*, Series A/B44, Permanent Court of International Justice, Advisory Opinion of 4 February 1932, p.24.

68　*Certain Questions of Mutual Assistance in Criminal Matters (Djibouti v France)*, Judgment, I.C.J. Report 2008, p.222, para.124.

國內法是一個龐雜的體系，不同的國家可能會有不同的理解，那麼第 27 條所指的“國內法”究竟包括哪些方面呢？第 27 條使用的用語是“國內法（internal law）”而不是“國內立法（internal legislation）”，意在表明“國內法”的概念是寬泛的，它包括整個國內法律體系，而不是僅限於立法機關的立法，行政機關和司法機關創立的規則也包括在內。換言之，一國不能援引它的國內法規則，無論這些規則是由立法機關，還是由行政機關、司法機關創設的，作為不履行對它有約束力的條約義務的理由。[69] 聯邦制國家經常以憲法障礙為由不履行某些條約義務。但是這樣的做法也是不被允許的。即使條約涉及在聯邦成員單位的執行，聯邦制國家也不能以聯邦憲法禁止干涉成員單位自治權或者聯邦憲法缺乏明確規定為其不履行條約義務進行辯解。[70] 比利時曾試圖以國內法律秩序為由，為其不履行歐共體指令進行辯解。但歐共體法院指出，成員國國內法包括源於聯邦制安排的種種困境不能構成不履行共同體指令的理由。[71] 芬蘭、奧地利、瑞典等其他成員國也強調，無論比利時國內法對條約簽署和批准做何種安排，只有比利時才是條約締約方和對其他締約國承擔執行條約的義務。[72]

　　從《條約法公約》第 27 條和相關國際實踐可以得出一個初步的結論：在國際關係中，條約當事國不能以國內法作為其不履行條約義務的理由，否則便要承擔對其他當事國的國際責任。《香港基本法》和《澳門基本法》無疑屬國內法，“一國兩制”也屬國內憲法性安排，它們的國內法性質對其他國家或國際機構沒有法律約束力，也決定了中國政府

69　Olivier Corten, Pierre Klein, *The Vienna Conventions on the Law of Treaties: A Commentary*, Oxford University Press, 2011, pp.692-693.

70　Olivier Corten, Pierre Klein, *The Vienna Conventions on the Law of Treaties: A Commentary*, Oxford University Press, 2011, p.693; Covey T. Oliver, “The essence of federalism and its bearing upon the enforcement of international agreements by a federal State”, *Collected Courses of the Hague Academy of International Law*, 1974, vol.141, p.354.

71　*Commission of the European Communities v Kingdom of Belgium*, the Court of Justice of the European Community, Judgment of 6 July 2000, Case C-236/99, p.I-5677.

72　Olivier Corten, Pierre Klein, *The Vienna Conventions on the Law of Treaties: A Commentary*, Oxford University Press, 2011, p.694.

不能將其作為不承擔與港澳有關的條約義務的理由。事實上，如果中國政府締結的條約適用於港澳或者港澳單獨對外締結條約，均由中國政府承擔最終的履約責任，中國政府從未以港澳基本法或者"一國兩制"為由"逃避"有關的條約義務。[73] 在世能公司訴老撾政府一案中，中國政府不是案件當事方，不存在中國政府以國內法為由不履行條約義務的問題。根據《中老雙邊投資協定》，老撾政府承擔了保護在老撾投資的投資者的條約義務。在通常情況下，老撾政府不能以其國內法為由而不履行保護外國投資者的義務。但是，應當予以再次強調的是，如果中國政府是案件的當事方，根據《維也納條約法公約》第 27 條，中國政府不能以"一國兩制"和基本法作為不承擔條約義務的理由。

五、對基本法相關條文的"另類解讀"

（一）基本法是否明確規定國家締結的條約不適用於港澳特區

如前文所述，國內學者的主流觀點是國家締結的條約，無論多邊條約還是雙邊條約，只有在徵詢特別行政區政府的意見以後，才適用於特別行政區。這種觀點的法律依據是《香港基本法》第 153 條和《澳門基本法》第 138 條。《香港基本法》第 153 條規定："中華人民共和國締結的國際協議，中央人民政府可根據香港特別行政區的情況和需要，在徵詢香港特別行政區政府的意見後，決定是否適用於香港特別行政區。"《澳門基本法》第 138 條規定："中華人民共和國締結的國際協議，中央人民政府可根據澳門特別行政區的情況和需要，在徵詢澳門特別行政區政府的意見後，決定是否適用於澳門特別行政區。"換言之，依據這種主流觀點，國家締結的條約一般不自動適用於特別行政區，除非中央政

73　參見饒戈平：《香港特區對外事務權的法律性質和地位》，載饒戈平主編：《燕園論道看港澳》，北京大學出版社 2014 年版，第 22 頁；馬新民：《香港特區適用、締結和履行國際條約的法律和實踐：延續、發展與創新》，載饒戈平主編：《燕園論道看港澳》，北京大學出版社 2014 年版，第 87 頁。

府認為條約應該擴大適用於特別行政區，才可在徵詢特別行政區政府的意見後，決定適用於特別行政區。[74] 進而言之，在這種觀點看來，國家締結的外交、國防領域以外的條約適用於港澳特區的程序是：中央政府徵詢特區政府意見→特區表達意見→中央政府作出決定；而在徵詢意見之前，這樣的條約是不能自動適用港澳特區的。

不過反覆品讀《香港基本法》第 153 條和《澳門基本法》第 138 條後，似乎可以 "讀" 出與前述理解不一樣的解讀。

首先，如何理解 "可" 字？兩個條文的用語均是中央人民政府 "可"根據特別行政區的情況和需要，"可" 是 "可以" 的意思，"可以" 不等於 "必須"，"可以" 意味着 "可以做，也可以不做"。也就是說中央政府 "可以" 根據特別行政區的情況和需要，也 "可以不" 根據行政區的情況和需要，這是中央政府的一項 "權利"。進而言之，中央政府在決定將條約適用於特別行政區前，既 "可以" 根據特別行政區的情況和需要，徵詢特別行政區政府的意見，也 "可以不" 徵詢特別行政區政府的意見。但是目前普遍的觀點是將 "可" 解讀成了 "必須"，解讀為中央政府在決定將其締結的條約適用於特別行政區之前，"必須"徵詢特別行政區政府的意見，這就將中央政府徵詢特別行政區政府的意見的 "權利" 變成了 "義務"。或許基本法的立法原意的確是中央政府在決定將條約適用於特別行政區時應事先徵詢特別行政區政府的意見，但如果僅從《香港基本法》第 153 條和《澳門基本法》第 138 條的字面意義來解讀，確實較難將 "徵詢特別行政區政府的意見" 解讀為必須經過的事先程序，否則《香港基本法》第 153 條和《澳門基本法》第 138條為什麼不直接採用 "必須" 或者 "應當" 的措辭，而是用了一個 "可"字？如果將《香港基本法》第 153 條和《澳門基本法》第 138 條的用語

74　參見陳安：《對香港居民謝業深訴秘魯政府案 ICSID 管轄權裁定的四項質疑——〈中國—秘魯 BIT〉適用於 "一國兩制" 下的香港特別行政區嗎》，《國際經濟法學刊》2010 年第 17 卷第 1 期，第 13-14 頁。

稍作調整，改為"中華人民共和國締結的國際協議，中央人民政府應根據香港 / 澳門特別行政區的情況和需要，在徵詢香港 / 澳門特別行政區政府的意見後，決定是否適用於香港 / 澳門特別行政區"，或者"中華人民共和國締結的國際協議，中央人民政府在徵詢香港 / 澳門特別行政區政府的意見後，可根據香港 / 澳門特別行政區的情況和需要，決定是否適用於香港 / 澳門特別行政區"，那麼這兩個條款的規定就與主流觀點相一致了。總之，在立法上，用語規範和準確是立法技術的必然要求。在全國人大常委會法制工作委員會擬訂的《立法技術規範（一）》（試行）中指出："'應當'與'必須'的含義沒有實質區別。法律在表述義務性規範時，一般用'應當'，不用'必須'。"這表明與義務性規範相對應的立法語言是"應當"或者"必須"（較少使用）。也進一步說明，將《香港基本法》第 153 條、《澳門基本法》第 138 條中的"可"解釋為"必須"是值得商榷的。

其次，如何理解"決定是否適用於特別行政區"？從"決定"一詞可以看出根據《香港基本法》第 153 條和《澳門基本法》第 138 條的規定，對於中央政府締結的國際條約是否適用於港澳，應由中央政府作出決定，即決定權在中央政府。同時，"是否"一詞表明中央政府既可以決定條約"適用於"特別行政區，也可以決定條約"不適用於"特別行政區，並非必須決定適用於特別行政區。但是前述普遍性的觀點似乎偏向於解讀為必須決定適用於特別行政區，這樣的一種觀點是不是也有失偏頗呢？

與之相關的一個問題是，對於非外交、國防性質的條約，中央政府是否可以不徵詢特別行政區政府的意見，直接決定適用於特別行政區？從中央與特別行政區授權與被授權的權力關係來看，中央政府當然有權決定將非外交、國防性質的條約直接決定適用於特別行政區。如果嚴格依照《香港基本法》第 153 條和《澳門基本法》第 138 條中"可"字的本來涵義，中央政府也有權不經徵詢特別行政區政府的意見，直接決定將非外交、國防性質的條約適用於特別行政區。

因此，從《香港基本法》第 153 條和《澳門基本法》第 138 條立法用語的字面含義來看，這兩個條款並沒有明確排除國家締結的條約對港澳特區的自動適用，不能得出國家締結的條約原則上不能自動適用於港澳特區的結論。

不過，上述解讀顯然不符合國內學界的主流觀點，也與國家外交部門處理該問題的做法相矛盾。在實踐中，中央政府一般按條約性質採取不同的程序。對於外交、國防類條約，中央政府在締結條約前一般不徵詢特別行政區政府的意見，而是在締約後中央政府通過外交部駐香港或澳門特派員公署通知特別行政區政府徑直適用有關的條約，這類條約既包括多邊條約，也包括雙邊條約；對於非外交、國防類條約，中央政府在決定加入一項條約之前，會通過外交部駐香港或澳門特派員公署徵詢特別行政區政府的意見，中央政府一般都會尊重特別行政區政府的意見，不過目前的實踐基本上都屬多邊條約。[75] 對於雙邊條約，外交部曾在 2010 年制定了《關於雙邊條約適用於港澳特區的處理辦法》，該辦法規定中央政府締結的外交、國防領域以外的雙邊條約原則上不適用於港澳特區。[76] 這一規定在中國外交部門處理世能公司訴老撾政府一案中的做法得到了印證。在新加坡最高法院原訴庭階段，老撾政府向原訴庭提供了中國駐老撾大使館出具的照會。該照會聲明："根據《澳門基本法》，中國中央人民政府授權澳門特區政府有權締結和適用投資協議。中央人民政府締結的雙邊投資協定原則上不適用於澳門，除非在徵詢澳

75　參見饒戈平、李贊：《國際條約在香港的適用問題研究》，中國民主法制出版社 2010 年版，第 130 頁。

76　據研究港澳問題專家透露，外交部分別於 2006 年和 2010 年制定了《關於多邊條約適用於港澳區的處理辦法》和《關於雙邊條約適用於港澳特區的處理辦法》，但是筆者無法通過公開途徑獲得，不僅有違反《政府信息公開條例》之嫌，而且在國際層面難以被認為是有拘束力的法律文件。許昌教授對《關於雙邊條約適用於港澳特區的處理辦法》提出了批評，他指出國家對外簽訂的雙邊條約原則上概不適用於港澳特區的觀點，不僅是對基本法的曲解，也與中國依法條約法承擔的國際義務不相一致。參見許昌：《澳門基本法對外事務規範及其實施研究》，《中國國際法年刊（2014）》，法律出版社 2015 年版，第 321 頁。

門特區政府意見之後，且與另一締約國協商之後。因此，《中老關於鼓勵和相互保護投資協定》不適用於澳門，除非中國和老撾將來就此達成協議。"[77] 原訴庭採信了這一照會，裁決撤銷仲裁庭裁決。世能公司不服，向新加坡最高法院上訴庭提起上訴。老撾政府向上訴庭提供了中國外交部出具的照會。該照會聲明："根據《澳門基本法》，中央政府締結的雙邊投資協定原則上不適用於澳門。"[78] 但新加坡最高法院上訴庭拒絕採信"大使館照會"和"外交部照會"，裁決《中老關於鼓勵和相互保護投資協定》適用於澳門。

新加坡最高法院上訴庭的裁決理由之一是：根據關於國家繼承的國際法規則——移交條約邊界規則，當澳門回歸中國時，《中老關於鼓勵和相互保護投資協定》就開始自動適用於澳門特別行政區。[79] 在該案中，上訴庭依據移動條約邊界規則裁決《中老關於鼓勵和相互保護投資協定》的做法是錯誤的。因為中國政府歷來主張香港和澳門自古屬中國領土的一部分，香港、澳門回歸不是收回主權，而是恢復行使主權。[80] 中國政府在 20 世紀 70 年代採取措施將香港和澳門從聯合國非殖民地化特別委員會的"殖民地名單"中除名，從而在法律性質上，香港、澳門不屬殖民地，這一點已為聯合國所確認。因此，中國政府對香港、澳門恢復行使主權，不發生領土的變更，不能適用移動條約邊界規則。

儘管如此，上訴庭的裁決仍應引起深思：上訴庭所考慮的是澳門（包括香港）是不是中國的領土，而不是"一國兩制"或者基本法的規

77　*Government of the Lao People's Democratic Republic v. Sanum Investments Ltd,* Judgment, 20 January 2015, High Court of the Republic of Singapore, [2015] SGHC 15, para.40.

78　*Sanum Investments Ltd v. Government of the Lao People's Democratic Republic*, Judgement, 29 September 2016, Court of Appeal, [2016] SGCA 57, para.13.

79　*Sanum Investments Ltd v. Government of the Lao People's Democratic Republic*, Judgement, 29 September 2016, Court of Appeal, [2016] SGCA 57, paras.47-49. 移動條約邊界規則是指當某一領土之上的主權發生變化而不涉及國家合併、分離等新國家成立的情況時，該領土自動脫離被繼承國的條約體系而進入繼承國的條約體系。參見國際法委員會：*Yearbook of the International Law Commission*, 1974, vol.II, Part One, p.208.

80　參見《中英聯合聲明》第 1 條和《中葡聯合聲明》第 1 條。

定。[81] 的確，根據《維也納條約法公約》第 27 條：“一當事國不得援引其國內法規定為理由而不履行條約。”根據該條規定，條約當事國不能援引國內法的規定而不履行條約義務，如果締約國不履行條約義務，它必須有國際法上的依據。在本案中，老撾政府和“大使館照會”、“外交部照會”均以“一國兩制”和基本法作為《中老關於鼓勵和相互保護投資協定》不適用於澳門的理由，顯然不能為上訴庭所採納。既然在國際法上澳門特別行政區屬中國領土確定無疑，而中老兩國又未按照國際法所認可的方式對條約的領土適用範圍作出例外的約定，那麼在上訴庭看來，《中老關於鼓勵和相互保護投資協定》當然應適用於澳門特別行政區。

與此同時，中國駐老撾大使館出具“大使館照會”和外交部出具“外交部照會”的程序也有待斟酌。根據基本法的規定，對於條約是否適用於特別行政區的決定權在中央政府。世能公司訴老撾政府一案涉及澳門投資者的投資利益保護，按照前述國內學界的主流觀點，在發出照會前，是不是事先應由中央政府徵詢澳門特別行政區政府的意見再做決定。如果澳門特別行政區政府認為有必要將《中老關於鼓勵和相互保護投資協定》延伸適用於澳門，中國政府可與老撾政府就《中老關於鼓勵和相互保護投資協定》是否適用於澳門的有關事宜進行磋商。[82]

但在世能公司訴老撾政府案中，沒有證據顯示中央政府徵詢了澳門特區政府的意見，也沒有證據顯示中國駐老撾大使館和外交部是根據中央政府的決定出具的照會。單文華教授在為本案提供的專家報告中也認為，“大使館照會”既不是中國政府關於《中老關於鼓勵和相互保護投資協定》領土適用範圍的正式決定，也不是中國政府的官方解釋。單文

---

81 在上訴庭看來，“一國兩制”和基本法是中國國內法的安排，對國際機構和外國沒有約束力，而且國內法不能作為排除國際條約義務的理由。參見 *Sanum Investments Ltd v. Government of the Lao People's Democratic Republic*, Judgement, 29 September 2016, Court of Appeal, [2016] SGCA 57, paras.79-80.

82 老撾政府作為本案的被申請仲裁方，必然不會同意將《中老關於鼓勵和相互保護投資協定》適用於澳門。

華教授的理由有三：一是從"大使館照會"看不出中央政府作了協定是否適用於澳門的正式決定，從而"大使館照會"不是根據中央政府的正式決定作出；二是如果中央政府要作出這樣一項正式決定，應事先徵詢特別行政區政府的意見，但不能證實中央政府採取了這樣的步驟，並且"大使館照會"在老撾政府提出請求僅僅兩天後就作出，令人高度懷疑在照會發出前中央政府徵詢了特別行政區政府的意見；三是假定中央政府徵詢了特別行政區政府的意見，並作出了正式決定，這樣一項如此重要的決定理應及時公佈，但事實上並未有這樣的一項公佈，因此從而根據中國國內法，"大使館照會"沒有法律約束力。[83] 應當說，單文華教授的觀點有一定的道理。儘管根據國內學界的主流觀點，可以認為中央政府締結的雙邊條約一般不適用於特別行政區，但條約的領土適用範圍問題是條約適用的一個重要問題，當對於中國政府簽訂的雙邊條約是否適用於特別行政區發生爭議，而且涉及特別行政區居民或企業的切身利益時，大使館理應事先請示外交部，外交部再根據程序諮詢特別行政區政府的意見，然後就條約是否適用於特別行政區作出決定。[84] 然而，沒有公開證據顯示經過了上述過程，而且即使後來的"外交部照會"，也看不出事先徵詢了特別行政區政府的意見。而且，雙邊投資協定的談判和簽訂部門是中國商務部，在對於此類雙邊投資協定是否適用於香港、澳門的問題上，是否也應徵詢商務部意見呢？因此，"大使館照會"和"外交部照會"的程序似乎存在一定的商榷之處。

綜上，雖然《香港基本法》第 153 條和《澳門基本法》第 138 條對國家締結的條約對港澳特區的適用問題作了原則性安排，且國內主流觀點認為這兩個條款表明國家締結的條約（無論多邊條約還是雙邊條約），除外交和國防領域以外，均不自動適用於港澳特區，但如果對這

83　See *Expert Report of Wenhua Shan*, paras.20-31.

84　單文華教授指出《中老雙邊投資協定》是否適用於特別行政區，涉及香港、澳門投資者的切身利益，根據《政府信息公開條例》第 9 條，中央政府關於條約是否適用於特別行政區的正式決定應當及時公佈，參見 *Expert Report of Wenhua Shan*, paras.28-29.

兩個條款的立法用語做嚴格的字面解釋，發現這兩個條款實際上並沒有明確排除國家締結的條約對港澳特區的自動適用。已經發生的國際實踐則"提醒"我們：在國際層面，如果要排除國家締結的條約對港澳的適用，不能以國內法作為理由，而應按照國際法認可的方式作出例外性安排。

（二）基本法的"授權"是否排除國家締結的條約對港澳特區的適用

除《香港基本法》第 153 條和《澳門基本法》第 138 條以外，基本法的其他一些條款採用一次性授權、具體授權和另行授權的方式授予港澳特區一定領域的締約權。通常認為對於已經授權特別行政區自己管理的事務，中央不再直接行使權力，但對授出的權力享有監督權。[85] 正是因為港澳特區被授予一定領域的締約權，所以絕大多數的學者才會認為國家締結的條約除外交、國防領域的以外並不自動適用於港澳特區。[86]但這種觀點是完全成立的嗎？國家締結的雙邊條約是否適用於港澳特區，會不會因不同的授權方式而有所不同呢？

國家締約權與港澳特區的締約權是一種授權與被授權關係。王禹教授將授權分為"第一次授權"和"第二次授權"，前者是指法律與法規直接賦予有關組織擁有和行使一定的行政權力；後者是指已經由法律與法規賦予權力的行政機關再次通過自己的行為把權力授予其他機關來行使。[87]他並指出："根據我國憲法規定，國務院負責管理對外事務，同外國締結條約和協議，當然也包括負責處理回歸後香港、澳門有關的外交

85　參見蕭蔚雲、王叔文：《香港特別行政區基本法導論》，中共中央黨校出版社 1990 年版，第 344 頁；宋小莊：《論"一國兩制"下中央和香港特區的關係》，中國人民大學出版社 2003 年版，第 244 頁；朱世海：《香港基本法中的權力結構探析——以中央與香港特別行政區關係為視角》，《浙江社會科學》2016 年第 6 期。

86　在世能公司訴老撾政府一案中，中國駐老撾大使館出具的照會就以"根據《澳門基本法》，中央人民政府授權澳門特區政府有權締結和適用投資協議"作為理由。參見 *Government of the Lao People's Democratic Republic v. Sanum Investments Ltd,* Judgment, 20 January 2015, High Court of the Republic of Singapore, [2015] SGHC 15, para.40.

87　王禹：《論恢復行使主權》，人民出版社 2016 年版，第 167 頁。

與對外事務。基本法規定中央人民政府將有關的對外事務授權給特別行政區行使。這裏的授權已經是在我國憲法'第一次授權'基礎上的'第二次授權'。"[88] 因此，港澳特區的締約權是一種"第二次授權"，表明港澳特區獲得了在一定領域的國家締約權的行使權。在這種授權與被授權關係下，港澳特區一旦被授予一定領域的締約權，是否就排除了國家締結的該領域的條約對港澳特區的適用呢？

在一次性授權領域，特別行政區對外締約無須再獲得中央政府授權，即中央政府已經將行使締約權的權力轉移給特別行政區。按照"中央政府一旦已經作出授權，就不再直接行使權力"的主流理論，在這種情形下，既然中央政府已經將一定領域的締約權一次性授予港澳特區政府，那麼中央政府就不再直接行使涉及港澳的相應領域的締約權；換言之，這些領域的締約事務由港澳特區自行處理，中央政府在這些領域締結的條約原則上不自動適用於港澳特區。但許昌教授顯然不同意這個論斷，他指出："有關涉及香港和澳門特區依據基本法規定可自行對外簽訂協議或經專項授權可對外簽訂協議的領域，國家對外簽訂的雙邊條約'原則上'概不適用於特區的規定，不僅是對基本法的曲解，也與中國依據條約法承擔的國際義務不相一致。基本法有關香港和澳門在適當領域'可'對外談判簽訂協議的規定，是國家基於港澳特殊情況和'一國兩制'安排所作的對特區的例外性的授權許可，不是完全不顧國家法制統一性和國際法律關係合法性的強制要求，既不產生對國家對外締結條約適用於特區問題上中央決定權的法定限制，也不產生國家對特區必須自行在相關領域對外簽訂條約的法定要求。把'可'誤認為特區的'應當'和國家的'不能'，把例外當成原則，從主動的授權導引出國家因此失去決定在特區適用條約的固有權力。"[89] 許昌教授的觀點引

88　王禹：《論恢復行使主權》，人民出版社 2016 年版，第 178 頁。另可參見姚魏：《特別行政區對外交往權研究》，華東政法大學博士論文，2015，第 53-58 頁。

89　許昌：《澳門基本法對外事務規範及其實施研究》，《中國國際法年刊（2014）》，法律出版社 2015 年版，第 321-322 頁。

人深思。基本法關於港澳特區對外締結協議的授權條款使用的用語均是"可"，如前文對《香港基本法》第 153 條和《澳門基本法》第 138 條中"可"字的分析所述，"可"並非是義務性的、排他的。照此推理，在基本法授權港澳特區"可"締結條約的這些領域，不僅港澳特區"可以"對外締結協議，中央政府"也可以"締結協議並適用於港澳特區。

在具體授權和另行授權領域，前述主流觀點可能會面臨更多的疑問。在這兩個領域，港澳特區在對外締約時均須事先獲得中央政府授權，且一般採取的是逐案授權的方式，那麼在中央政府未正式授權或者在中央政府授權前，中央政府並未將行使締約權的權力轉移給特別行政區，也就是說特別行政區此時並未實質獲得締約權。特別是在另行授權領域，從基本法的規定來看，基本法並未明確授予特別行政區締約權。簡言之，在中央政府正式專項授權前，港澳特區在具體授權和另行授權領域並沒有相應的締約權。根據前述"港澳特區被授予一定領域的締約權，所以國家締結的條約除外交、國防領域的以外並不自動適用於港澳特區"的邏輯，那麼在港澳特區獲得相應締約權之前，是不是應推定中央政府締結的條約應適用於港澳特區呢？即港澳特區在具體授權和另行授權領域獲得正式授權之前，中央政府締結的條約應適用於港澳特區。以雙邊投資協定為例，促進和保護投資協定涉及國家的職能，需要中央政府的"另行授權"才可對外締結。[90] 基本法沒有一次性授權或者具體授權特別行政區可以對外締結雙邊投資協定，即投資協定屬"另行授權"的領域，在中央政府另行授權前，特別行政區沒有締結雙邊投資協定的權力。在謝業深訴秘魯政府案和世能公司訴老撾政府案中，如果特別行政區欲與秘魯、老撾談簽雙邊投資協定，需事先獲得中央政府的授權。但沒有證據顯示中央政府已授權特別行政區與秘魯、老撾談簽雙

90　參見馬新民：《香港特區適用、締結和履行國際條約的法律和實踐：延續、發展和創新》，載饒戈平主編：《燕園論道看港澳》，北京大學出版社 2014 年版，第 79 頁；王西安著：《國際條約在中國特別行政區的適用》，廣東人民出版社 2006 年版，第 119 頁。

邊投資協定，[91] 因此按照前面的推理，《中秘關於鼓勵和相互保護投資協定》和《中老關於鼓勵和相互保護投資協定》應適用於特別行政區。因此，即使遵照"因港澳特區享有締約權而否認中央政府締結的雙邊條約在特區的自動適用"的觀點，在具體授權和另行授權領域，在中央政府授權前是否必然否認中央政府締結的雙邊條約自動適用於特別行政區，仍存在商榷和有待研究之處。

綜合而言，從基本法關於港澳特區締約權的授權條款的用語來看，使用的是"可"字，這表明即使在一次性授權領域，港澳特區也並非享有專有的締約權，不能由此得出國家締結的條約原則上不自動適用於港澳特區的結論。在具體授權和另行授權領域，在中央政府正式授權之前，港澳特區實際上並未獲得相應的締約權，於是更應當認為國家締結的條約自動適用於港澳特區。當然，前述推斷也與主流觀點不符。但條約適用問題關乎中國承擔的國際義務和"負責任大國"的國際形象，仍有必要深刻、準確、全面地理解基本法的相關規定，使有關安排既符合基本法規定，又不違背中國承擔的國際義務。[92]

六、應儘早妥善處理雙邊條約對港澳特別行政區的適用問題

綜上所述，澳門世能公司訴老撾政府一案至少引發了三個方面的問題：一是移動條約邊界規則（《條約繼承公約》第 15 條）的適用性問題。與內地多數學者認為移動條約邊界規則不適用於港澳回歸的觀點不同，仲裁雙方、仲裁庭和原訴庭都認為移動條約邊界規則適用於港澳回歸，特別是上訴庭還主要依據移動條約邊界規則對本案作出了判決。二是條約領土適用範圍規則（《條約法公約》第 29 條）的一般性規則和

---

91 既然雙邊投資協定屬另行授權領域，那麼中國駐老撾大使館在世能公司訴老撾政府一案中出具的照會所載明的"根據《澳門基本法》，中央人民政府授權澳門特區政府有權締結和適用投資協議"就有疑問，因為：1. 基本法沒有直接授權澳門特區可對外締結雙邊投資協議；2. 如果中央政府根據基本法作出相應授權，但迄今無法從公開途徑獲知中央政府已作出這一項正式授權。

92 參見王西安：《國際條約在中國特別行政區的適用》，廣東人民出版社 2006 年版，第 157 頁。

例外性規則的適用性問題。這方面的證據包括"1999年照會"、"大使館照會"和"外交部照會"。其中"大使館照會"促使原訴庭認為本案應適用第29條和第15條的例外性規定，從而撤銷了仲裁庭的裁決，但上訴庭則根據"關鍵日期"理論拒絕採信"大使館照會"和"外交部照會"，從而撤銷了原訴庭的判決。三是基本法能否作為否認《中老雙邊投資協定》自動適用於澳門的理由。

對於以上三個問題，通過分析可以發現：首先，中國政府從不承認香港、澳門分別屬英國和葡萄牙的領土或殖民地，港澳回歸不存在領土轉移的情形，因此《條約繼承公約》第15條所載的移動條約邊界規則不適用於港澳回歸的情形。其次，"1999年照會"（及"1997年照會"）體現了中國政府對於條約適用於港澳的基本立場，並獲得了國際認可；"大使館照會"和"外交部照會"反映了《中老雙邊投資協定》當事國的"原意"，沒有修改或創設規則。這三個照會可以作為"另經確定"《中老雙邊投資協定》"不同意思"的證據，世能公司訴老撾政府一案應適用《條約法公約》第29條的例外性規則。但是中國與其他國家在雙邊條約中的這種"原意"極少在條約中載明，也缺少其他國際文件等證據來確證其"原意"，使該條約的領土適用範圍問題演變為一個條約解釋問題。而一旦成為一個條約解釋問題，就難免發生爭議，就難免類似謝業深訴秘魯政府案、世能公司訴老撾政府案的案件再次發生，類似的爭端解決結果也極可能再次出現，甚至成為慣例。再次，根據《條約法公約》第27條，在國際關係中，條約當事國不能以國內法作為其不履行條約義務的理由，否則便要承擔對其他當事國的國際責任。《香港基本法》和《澳門基本法》無疑屬國內法，"一國兩制"也屬國內憲法性安排，它們的國內法性質決定了中國政府不能將其作為不承擔與港澳有關的條約義務的理由。

另一方面，隨着港澳參與國家"一帶一路"建設，越來越多的港澳居民和企業將前往"一帶一路"沿綫國家從事投資、貿易等活動，與東道國發生糾紛的幾率將隨之增加。然而，港澳特區與"一帶一路"沿綫國家單獨對外簽署的經貿協定並不多。

僅就對外投資保護問題而言，香港特區與東盟、英國、法國等簽訂了二十二項促進和保護投資協定，[93] 澳門僅與葡萄牙、荷蘭單獨締結了雙邊投資協定。[94] 可見，港澳對外締結的雙邊投資協定不僅數量少，而且更少與"一帶一路"沿綫發展中國家締結有此類協定，顯然不足以保護港澳投資者的投資權益。這就必然要求港澳特區政府應積極與沿綫國家洽簽雙邊投資協定。但"一帶一路"涉及六十多個國家，由香港和澳門分別與這些國家洽簽雙邊投資協定，可能超出港澳特區的承受能力，而且也不是短期內可以實現的。與此同時，中國中央政府已與一百四十五個國家締結了雙邊投資協定，[95] 幾乎涵蓋了"一帶一路"沿綫國家。因此，港澳投資者援引國家締結的雙邊投資協定保護其投資利益的可能性在增加。由於國家締結的雙邊投資協定幾乎沒有對是否適用於港澳作出明確的規定，儘管可以從中國政府的一貫以來的立場和國際社會共識等角度來論證這些協定不能自動適用於港澳，但圍繞中外雙邊投資協定究竟能不能在港澳適用的爭議仍然不可避免並可能增加。因此，中央政府應當對中外雙邊投資協定在港澳的適用問題儘早予以澄清。

除雙邊投資協定以外，中央政府還締結了大量的其他性質的雙邊條約。雙邊條約對港澳的適用問題是一個既涉及國際法，又涉及基本法的複雜問題，即對外是執行國際法的規定、履行國際條約義務，對內是落實基本法規定的重要工作。[96] 對於這些不同性質的雙邊條約在港澳的適用問題，同樣應引起注意，對其是否能適用於港澳宜及早作出安排。

93　香港特區律政司：《促進和保護投資協議／投資協議列表（截至二〇二一年六月十六日）》，https://www.doj.gov.hk/tc/external/table2ti.html，最後訪問時間：2022 年 6 月 30 日。

94　澳門特別行政區法律改革及國際法事務局：http://www.dsrjdi.ccrj.gov.mo/gb/tratadoscn.asp，2022 年 3 月 22 日訪問。

95　Nations Conference on Trade and Development, available at: http://unctad.org/sections/dite_pcbb/docs/bits_china.pdf, last visited on March 22, 2022.

96　參見王西安著：《國際條約在中國特別行政區的適用》，廣東人民出版社 2006 年版，第 157 頁。

雖然國內主流理論認為國家締結的雙邊條約除外交、國防性質的以外，一般都不自動適用於香港、澳門特別行政區，但這種觀點與基本法的相關規定和從基本法授權方式探討國家締結的雙邊條約是否適用於港澳特區的結論並不完全吻合，並且國際實踐也對這種觀點形成了一定的挑戰。出現這種現象的重要原因在於在國際層面中國政府並未像對待多邊條約那樣，採取措施對雙邊條約在特別行政區的適用問題作出安排，導致部分國家或國際機構並不清楚中國政府締結的雙邊條約是否適用於特別行政區。因此，中國政府有必要從國內法層面和國際法層面及時採取措施對雙邊條約在特別行政區的適用問題作出安排，並使之在國際層面具有法律效力。

（一）國內法層面：清理和規範雙邊條約對特別行政區的適用問題

1. 依照基本法的規定對國家締結的雙邊條約進行分類清理

從《香港基本法》和《澳門基本法》對特別行政區締約權的授權方式和權限範圍來看，基本法根據條約的性質將條約分為外交、國防、經濟、貿易、金融、航運、通信、旅遊、文化、科技、體育、司法互助、民航、互免簽證、投資保護等類別。中央政府可責成外交部和國家有關部門根據上述分類對國家締結的雙邊條約進行清理。不過，這項清理工作的難度不小。據統計，僅僅截至 2011 年年底，中國締結的雙邊條約約 22000 項，這個數字並以每年 700 項的速度遞增。[97]

另一個頗具難度的問題是，雙邊條約根據其內容，可能不限於某一種性質，而是可能同時具有兩種或多種性質，有些時候簡單的分類方法可能並不適宜。比如，避免雙重徵稅協定通常可歸類為經濟類協定，但某些避免雙重徵稅協定還包含一個資料交換條款，規定當事方"可在公開法庭程序或法庭判決中透露有關資料"，此項規定涉及司法協助事

97　參見馬新民：《香港特區適用、締結和履行國際條約的法律和實踐：延續、發展與創新》，載饒戈平主編：《燕園論道看港澳》，北京大學出版社 2014 年版，第 67 頁。

宜，這些包含稅收資料交換條款的避免雙重徵稅協定就很難認為只具有單一的性質，而是一種混合性質的協定。

為避免按性質對雙邊條約進行分類的困難，也可採取按國別對雙邊條約進行分類，即外交部和國家有關部門可根據雙邊條約的對方當事國的不同，對條約進行分類和清理。

2. 徵詢特別行政區政府的意見

首先，國家有關部門應公開關於處理雙邊條約對特別行政區適用問題的文件，如《關於雙邊條約適用於港澳特區的處理辦法》等。其次，根據《香港基本法》第 153 條和《澳門基本法》第 138 條，以及長期的實際做法，在對雙邊條約進行分類清理以後，中央政府應徵詢香港、澳門特別行政區政府的意見，並應充分尊重特別行政區政府的意見。徵詢意見以後，應根據《政府信息公開條例》公佈意見結果。

（二）國際法層面：依照國際法認可的方式對雙邊條約在特別行政區的適用問題作出安排

根據《維也納條約法公約》第 27 條——一國不能以其國內法為由不履行條約義務，上述國內法層面的措施和安排還應按照國際法的要求，對雙邊條約在特別行政區的適用問題在國際層面採取措施和作出適當安排。

1. 啟動與雙邊條約當事國的談判程序

中央政府在作出國內法上的安排以後，應就雙邊條約是否適用於特別行政區的決定告知條約的對方當事國，詢問其意見。為使兩國之間的安排具有國際法上的效力，兩國可開啟談判，在雙方之間的條約寫入一個該條約是否適用於中國香港特別行政區和澳門特別行政區的條款。為避免發生在世能公司訴老撾政府一案中，新加坡最高法院上訴庭以關鍵日期為由拒絕採信中國"外交部照會"的情況再次發生，雙方可將新增條款的措辭擬訂為"雙方確認，本條約適用於（或者不適用於）中國香港特別行政區和澳門特別行政區。雙方締結本條約時的原意是該條約適用於（或者不適用於）中國香港特別行政區和澳門特別行政區，本條款是對原意的闡釋，而非對條約的修訂"。

2. 以外交照會方式向雙邊條約當事國確定條約是否適用於特別行政區

雙邊條約的數目龐大，逐一與對方當事國談判恐怕並不現實，而是只能對少量的、特別重要的雙邊條約採取談判方式。對於大量的中外雙邊條約，外交部可在對條約進行清理的基礎上，根據特別行政區政府的意見，向雙邊條約當事國發佈統一的照會文書。在照會中明確中國政府的立場，並告知對方當事國如果在限定期限沒有不同意思表示，視為同意中國政府的立場。照會的內容應包括：

"中國中央政府與 ＿＿ 國政府締結的列入附件一的雙邊條約，適用於中國香港特別行政區和（或者）澳門特別行政區。中國中央政府與 ＿＿ 國政府締結的列入附件二的雙邊條約，不適用於中國香港特別行政區和（或者）澳門特別行政區。其他未列入附件一和附件二的雙邊條約，並不當然適用於中國香港特別行政區和澳門特別行政區，如中國中央政府決定適用於中國特別行政區，將另行照會貴國政府。"[98]

3. 在新締結雙邊條約時明確條約是否適用於特別行政區

如果說在香港、澳門回歸前中國政府與其他國家簽訂的雙邊條約的"原意"是條約不適用於香港、澳門，但是在香港、澳門回歸以後中國政府與其他國家簽訂的雙邊條約如果沒有關於是否適用於香港、澳門的條款，是否還可以作出上述理解，較易引發爭議。因此，國家在對外洽簽雙邊條約時可事先徵詢特別行政區政府的意見或者邀請特別行政區政府派人參加談判，然後在條約中對是否適用於特別行政區作出明確規

---

[98] 附件一的雙邊條約應指外交、國防類雙邊條約和特別行政區政府認為應適用於特別行政區的雙邊條約。附件二的雙邊條約應指非外交、國防類雙邊條約和特別行政區政府認為不應適用於特別行政區的雙邊條約。

定，避免以後發生歧義。對此，中國與俄羅斯之間的雙邊投資協定的做法值得借鑒和沿用。在此似乎不應區分外交、國防類雙邊條約與非外交、國防類雙邊條約。根據國家主權原則，外交、國防類雙邊條約即使不規定領土適用範圍，也應推定為適用於全部領土。但考慮到香港、澳門回歸前後的情況不同，為避免不必要的爭端，仍有必要與對方當事國共同明確條約適用於中國特別行政區。[99]

另外有學者提出根據《維也納條約法公約》第 35 條，[100] 中國政府可向公約締約國發出照會，告知其《中英聯合聲明》和《中葡聯合聲明》的具體規定，只要這些締約國以書面形式明確表示接受，就可以使聯合聲明對這些國家產生效力，從而概括地排除中國與這些國家之間的非外交、國防類雙邊條約適用於特別行政區。[101] 這種方法看似可行，但並不符合國家利益。從兩個聯合聲明特別是《中英聯合聲明》的內容來看，中國政府主要是以單方面聲明的方式對英國政府作出承諾，可以認為中國僅對英國承擔了履行聯合聲明的義務。但如果將聯合聲明的效力擴及其他國家，中國政府就要對其他國家都承擔義務。而且聯合聲明的內容並不僅限於條約領域，還涉及政制、經濟等許多重大問題，且考慮到"一國兩制"近年在香港的實踐遇到的困難，更不應當將聯合聲明的效力擴及於其他國家。因此，這種解決方法具有片面性，未從全域和整體來考慮問題。

99　參見戴瑞君：《香港特別行政區締結和適用國際條約的若干問題》，載饒戈平主編：《燕園論道看港澳》，北京大學出版社 2014 年版，第 109 頁。

100　《維也納條約法公約》第 35 條（為第三國規定義務之條約）："如條約當事國有意以條約之一項規定作為確立一項義務之方法，且該項義務經一第三國以書面明示接受，則該第三國即因此項規定而負有義務。"

101　參見高成棟：《中外 BITs 對香港特區的適用爭議及其解決——以謝業深訴秘魯政府案為例》，《國際經濟法學刊》2010 年第 17 卷第 1 期，第 69 頁。

第四章

依法防範和遏制外部
勢力干預港澳事務

香港回歸後，《香港基本法》第 23 條規定的國家安全本地立法一直無法完成，使香港維護國家安全的法律制度存在巨大漏洞，相應的執行機制存在明顯缺失。香港維護國家安全的法律制度和執行機制的重大缺陷，使外部勢力可以為所欲為地干預香港事務，使反中亂港分子與外部勢力可以毫無顧忌地相互勾連，嚴重破壞香港社會穩定和 "一國兩制" 實踐，嚴重危害國家主權、安全和發展利益。2020 年全國人大常委會通過《中華人民共和國香港特別行政區維護國家安全法》（下稱《港區國安法》），從國家層面建立健全香港維護國家安全的法律制度和執行機制，才從根本上改變了前述現象，使香港由亂轉治。

一、外部勢力 "能夠" 干預其他國家或地區事務的原因

（一）政治力量、外部勢力的內涵

政治力量是參與政治活動並對政治活動產生影響的各種政治派別和政治集團的總和，包括階級、政黨、政治集團和其他各種政治組織、政治聯盟等。如果非政府組織、宗教、恐怖主義組織等以各種不同形式參與政治活動並對政治活動產生影響，也屬政治力量；甚至個人也可以成為一種政治力量。應引起注意的是，進入 21 世紀以後，謀求獨立的政治力量即分離主義運動的主體——民族在逐漸淡化，在界限上變得模糊。分離主義者也許不是傳統意義上在歷史起源、文化、宗教、語言等方面存在共性，與其他族裔有明顯區別的一群人。他們可能僅僅是想像的政治共同體，在對某一方面有相同利益訴求且選擇採用分離手段實現訴求，他們相互承認，成為一個共同體，採取統一行動，成為追求分離的政治實體。[1]

對應地，外部勢力的範圍也是比較寬泛的。外部勢力不僅指國家如

---

[1]　張國清、王子謙：《21 世紀分離主義：原因、趨勢與教訓》，《浙江社會科學》2017 年第 2 期，第 8-9 頁。

鄰國或者其他國家，還可以是某個群體，比如僑民、難民組織、恐怖主義組織、非政府組織、宗教組織甚至大公司，它們在某些情況下能夠代替國家發揮作用。外部勢力有兩個構成要件：一是它是在一國領土之外的，或者說是不受該國控制的外部勢力；二是它有干預一國內政的行為，這種行為既可以是公開的，也可以是秘密的，既可以是直接的，也可以是間接的。[2]

在當今國際社會，屬本國或本地區政治力量或者外部勢力的各種組織並非彼此孤立存在的，而是相互之間存在千絲萬縷的聯繫，很難將其截然分開。例如，分離主義運動存在同恐怖主義融合的趨勢。分離主義戰略性地訴諸暴力可迅速吸引注意力，這種注意力來自國內和國際兩個層面：本國政府會對該民族問題進行關注，並很可能從維持國家穩定的考慮賦予其更好的政策和制度環境；國際輿論也會形成壓力，迫使該國政府關注民族政策和民族問題。分離主義和恐怖主義勾結存在三個特點：一是由於民族、宗教和恐怖主義的關係錯綜複雜，基於民族分離主義的恐怖主義常帶有濃厚宗教色彩。分離主義、恐怖主義和宗教三者合流，使得問題更加複雜。二是外部力量介入明顯。如跨國民族的母國支持鄰國內部的民族分離運動，大國干涉染指多民族國家內政並為其中一方提供支持。三是手段越發血腥暴力。[3]如在英國的北愛爾蘭，新芬黨是天主教徒的組織，新芬黨的武裝組織愛爾蘭共和軍則被英國政府認定為恐怖主義組織；對於土耳其的庫爾德人分離主義運動，庫爾德工人黨被土耳其認定為恐怖主義組織。外國在支持一國政治力量、干涉其內政時，還時常會藉助非政府組織實施其干涉政策，如美國常藉助國家民主基金會（NED）等非政府組織對一國的反政府力量提供支持。

2　楊東：《外部勢力與國家反分裂政策之間關係的模式》，《國際論壇》2018 年第 1 期，第 62 頁。

3　張國清、王子謙：《21 世紀分離主義：原因、趨勢與教訓》，《浙江社會科學》2017 年第 2 期，第 8 頁。

（二）本國或本地區政治力量與外部勢力勾連的原因

從國際現實來看，本國或本地區政治力量尋求外部勢力支持的目的主要包括分裂國家、獲取自治地位或更多自治權力、奪取政權等。"只有在那些有一個地區性強國或超級大國支持分離主義事業的地方，族裔運動才能成功地對現存國家進行挑戰，並在分離出來的族裔基礎上建立新的民族國家。"[4] 相對於所在國政府，謀求分裂等目的的政治力量一般處於弱勢地位，除非所在地政府發生嚴重的治理危機或者動盪，否則其政治目的難以實現。[5] 實力對比的差異是反政府政治力量尋求外部勢力支持的直接原因。簡尼（Erin K. Jenne）等人使用 MAR（Minorities at risk）數據庫對 1945—2003 年的 284 個族群進行分析，結論證明擁有外部支持的群體尋求分離的可能性是沒有外部支持的群體的可能性的兩倍。[6] 蘭德公司的一份調查報告顯示，在冷戰後 74 例反政府叛亂中，44 例有外部國家支持的因素，21 例有海外難民支持，19 例有海外散居者支持，25 例受到了其他團體如宗教親緣團體的支持。[7] 簡言之，外部勢力的支持已成為本國或本地區反政府政治力量實現政治目的的重要保證。於是，為實現其政治目的，這些本國或本地區政治力量開始尋求外部勢力支持。

對於外部勢力而言，一國或一地區的政治力量對外部支持的需求是它出於地緣政治或國家利益考慮，干預他國內部事務、獲取不對稱收益的重要抓手。[8] 外部勢力特別是霸權主義國家的干涉對一國或一地區反政府政治力量的的產生、發展起着重要作用。總體而言，外部勢力對一國

4　〔英〕安東尼·D. 史密斯：《全球化時代的民族與民族主義》，龔維斌、良警宇譯，中央編譯局出版社 2002 年版，第 124 頁。

5　楊恕、李捷：《分裂與反分裂：分裂主義研究論集》，中國社會科學出版社 2014 年版，第 132 頁。

6　Erin K. Jenne, Stephen M. Saideman and Will Lowe, "Separatism as a Bargaining Posture: The Role of Leverage in Minority Radicalization", *Journal of Peace Research*, Vol.44, No.5, 2007, pp.551-552.

7　RAND Corporation, *Trends in Outside Support for Insurgent Movement*, Santa Monica, Calif:RAND, 2001.

8　孫超：《分離衝突的起源：基於國內外聯動的視角》，《歐洲研究》2016 年第 6 期，第 19 頁。

或一地區政治力量的支持具有不同的原因和利益考慮。首先是利益動機，具體包括四點：國際政治原因如戰略考慮、與事發國關係等；經濟利益；國內原因或國內政治因素；軍事、安全考慮等。其次，除了利益動機，還包括情感因素如從民族的角度考慮，包括民族認同、宗教、民族意識、民族歷史和民族統一主義思想等。[9]

（三）本國或本地區政治力量與外部勢力勾連的主要方式

從動機和目的來看，一國或一地區反政府的政治力量與外部勢力互有所需，往往一拍即合。一般而言，反政府政治力量需要外部勢力給予的支持包括物質支持和精神支持，具體如下表：[10]

物質支持		精神支持	
人員方面	**物質方面**	**政治支持**	**國際承認**
1. 成員招募 2. 領導、指揮 3. 培訓 4. 意識形態鼓動 5. 組織建設	1. 據點及人員轉移 2. 資金 3. 直接軍事支持 4. 武器、物資（食品、能源、藥品等） 5. 情報	1. 對所在國施加壓力 2. 提供外交舞台 3. 輿論支持	1. 單邊承認（承認新國家或者新政府） 2. 集體承認：國際組織承認如聯合國承認

外部勢力支持一國或一地區政治力量的方式是多種多樣的。西方學者將外部勢力介入一國分離主義問題進行了分層：（1）低級介入，即初步涉入一國分離主義問題，或是進行純粹人道主義的介入。（2）中級介入，即擴大非軍事性質介入，包括為分離主義組織提供避難所、活動基地、資金支持或情報幫助等。（3）高級介入，開始是為分離主義組織提供武裝或許還包括軍事顧問，然後是為其提供作戰人員，再就是升級為與所在國有限的直接武裝衝突，最後是與所在國大規模的軍事衝突，甚

---

9 楊恕、李捷：《分裂與反分裂：分裂主義研究論集》，中國社會科學出版社 2014 年版，第 157-158 頁。

10 楊恕、李捷：《分裂與反分裂：分裂主義研究論集》，中國社會科學出版社 2014 年版，第 149 頁。

至是戰爭。[11]

在當前國際關係中，外部勢力對一國分離主義問題的介入主要表現為中級介入，即或明或暗地為分離主義分子提供支持。這種支持主要包括兩種形式：物質支持和政治—外交支持。其中，物質支持主要包括：物質援助，提供武器、彈藥、其他戰爭物資及運輸工具、資金、食品、藥品、燃料等；幫助建立通信、運輸、傳媒等網絡；為分離主義組織提供或幫助建立活動基地，如避難所、軍事訓練營等。政治—外交支持包括：政府表態關切，施加外交壓力，發動或參與支持分離主義的活動，外交承認等。政治—外交支持一般包括幾個步驟，對分裂與反分裂衝突中的人權表示關切，宣稱分離主義活動是解放運動，支持分離主義組織享有自決權；呼籲衝突雙方停火，進行和平談判；承認分離主義組織的國際身份等。[12]

實際上，除從事分離主義運動的政治力量以外，對於以實現其他政治目的如奪取政權為目標的一國政治力量，外部勢力介入的層次和支持方式也基本類似。

在信息化時代，先進通信技術強化了一國政治力量與外部勢力的直接聯繫。網絡、電話、電視、廣播等現代通信技術已經成為一國反政府政治力量高效組織、煽動和宣傳的工具。互聯網對一國政治力量的反抗運動的國際化起着越來越大的推動作用。國際互聯網的開放性直接挑戰了政府的權威，網絡的虛擬性、匿名性和傳播的廣泛性壯大了對政府的造謠和攻擊。外部勢力通過網絡手段煽動、製造一國國內騷亂已成為一種新的方式，他們利用網絡和手機等現代通信手段遙控策劃暴力事件，製造謠言煽動不明真相的群眾上街鬧事、製造騷亂等。

外部勢力得以"能夠"長期干預香港事務的原因，一方面是因為香

---

11 Alexis Heraclides, "Secessionist Minorities and External Involvement", *International Organization*, Vol.44, No.3, 1990, p.22.

12 Alexis Heraclides, "Secessionist Minorities and External Involvement", *International Organization*, Vol.44, No.3, 1990, p.18.

港長期存在維護國家安全的法制漏洞，另一方面是香港社會內部存在一股 "只講兩制"、不講一國，對抗中央和特區政府，甚至策動 "顏色革命" 奪權或尋求 "港獨" 的政治力量，外部勢力與這股政治力量相互勾連、裏應外合，使外部勢力干預香港事務的伎倆屢試不爽。

二、外部勢力長期干預香港事務

"一個國家、兩種制度" 本質上是中國國家治理模式的憲制安排，是中國內政。"一國兩制" 方針的制度設計和各項具體安排完全由中國政府決定，不容外國干涉。但美國、英國等外國勢力企圖將香港打造成為對中國內地進行滲透、顛覆活動的基地和橋頭堡，它們利用香港回歸後維護國家安全防綫的漏洞，與反中亂港分子相互勾連，大肆干預香港事務，危害國家安全、主權和發展利益。

（一）推動涉港議案和立法，為干預香港事務提供法律基礎

美國國會通過涉港議案或立法是干涉香港事務的慣用手法，既可以對中國政府依法治港妄加論斷，也可為美國行政當局和國會議員干預香港事務提供法律上的支撐。

1.《香港政策法》。1992 年美國通過《美國—香港政策法》（*United States-Hong Kong Policy Act*），規定對香港的自治狀況進行審查，授權總統可以發佈命令中止該法第 201 條賦予香港特殊法律地位的待遇。這為美國在 1997 年後干預香港事務奠定了國內法基礎。

2003 年 6 月，針對香港 "23 條立法"，國會眾議院通過 277 號決議案，要求中國中央政府和特區政府撤回 "23 條立法" 草案；參議院在布朗巴克的慫恿下也提出了涉及 "23 條立法"、支持香港自由的決議案，認為 "23 條立法" 限制了香港的思想自由、言論自由和結社自由，美國應就此向中國政府施壓。

在 2004 年全國人大常委會通過《關於〈中華人民共和國香港特別

行政區基本法〉附件一第七條和附件二第三條的解釋》和作出《關於香港特別行政區 2007 年行政長官和 2008 年立法會產生辦法有關問題的決定》之後，美國國會參議院通過了 "支持香港自由" 的第 33 號共同決議案，宣稱中國政府和特區政府阻撓了基本法規定的循序漸進達至普選和民主選舉的進程。

2.《香港人權與民主法》。在 2014 年 "佔中" 事件發生後，當年 11 月，美國 "國會—行政部門中國委員會"、民主黨參議員布朗和共和黨眾議員史密斯聯合推出跨黨派的涉港議案——《香港人權和民主法》（*The Hong Kong Human Rights and Democracy Act*），即參議院第 2992 號法案。主要內容包括：將香港民主和人權納入美國國家利益和價值觀範疇、要求美國總統在給予香港任何新的優惠政策之前需核實香港是否享有足夠的自治權、敦促中國政府允許香港人民通過無預設條件的普選、要求美國政府支持香港的媒體自由和獨立、強化美國國務院有關香港發展的年度報告評估制度等。2019 年香港發生 "修例" 風波，《香港人權與民主法》在當年 11 月正式成為美國法律，大幅修訂《香港政策法》的內容。相對於 1992 年《香港政策法》，該法更加露骨地體現了美國對香港事務的干預。它以 "人權" "民主" 為標榜，以取消香港單獨關稅區地位、對個人實施制裁等為手段，詳細列舉了對香港自治情況的審查內容，相當於 "賜予" 美國享有對香港前途和 "一國兩制" 實踐的生殺予奪大權。

《香港人權與民主法》共十節，其主要內容包括：

（1）國務卿應每年向國會提交報告，審視香港是否可以以同樣方式獲得 1997 年 7 月 1 日前適用於香港的美國法律賦予的待遇。（SEC.4）

（2）要求總統提交一份擬制裁人員名單，制裁措施包括資產凍結、旅行限制等。（SEC.7）

3.《香港自治法》。2020 年 5 月 22 日，第十三屆全國人民代表大會常務委員會提出關於提請審議《全國人民代表大會關於建立健全香港特別行政區維護國家安全的法律制度和執行機制的決定（草案）》的議案。美國政府對此表示強烈不滿。5 月 28 日，第十三屆全國人民代表大會第三次會議表決通過《全國人民代表大會關於建立健全香港特別行政區維護國家安全的法律制度和執行機制的決定》。6 月 1 日，《中華人民共和國香港特別行政區維護國家安全法（草案）》經全國人大常委會委員長會議審議通過後新增入全國人民代表大會會議議程。6 月 20 日，全國人大常委會審議通過《中華人民共和國香港特別行政區維護國家安全法（草案）》。6 月 25 日，美國參議院一致全票通過《香港自治法》（*Hong Kong Autonomy Act*）。6 月 29 日，美國商務部長威爾伯·羅斯發表聲明稱正在取消對香港的相關特殊待遇，禁止售賣軍民兩用高科技裝備給予香港，並繼續評估取消對香港其他特別待遇。6 月 30 日，第十三屆全國人民代表大會通過《中華人民共和國香港特別行政區維護國家安全法》。7 月 1 日，美國眾議院一致全票通過《香港自治法》。7 月 14 日，美國總統特朗普簽署《香港自治法》，使之成為美國法律。

《香港自治法》是一部對香港實施金融制裁的法律。該法共十節，其核心條款包括：

第 5 節（SEC.5）：甄別參與克減中國根據《聯合聲明》或《基本法》所承擔之義務的外國人士，以及與這些人士進行重大交易的外國金融機構

（a）一般情況：本法頒佈之日起 90 日內，如國務卿經諮詢財政部長後，確定某個外國人對中國政府未能履行《聯合聲明》或《基本法》規定的義務的正在起到重大作用、或者已經起到重大作用、或者企圖起到重大作用，則國務卿應向有關國會委員會和領導

人提交一份報告，其中包括：

（1）外國人士的身份證明；和

（2）明確解釋為何此外國人被甄別出來，並說明導致身份甄別的活動。

（b）甄別外國金融機構：國務卿根據第（a）條向有關國會委員會和領導人提交報告30日後、60日內，財政部長應與國務卿協商，向適當的國會委員會和領導人提交一份報告，指明任何外國金融機構明知故犯地與根據第（a）條所甄別的外國人進行重大交易。

……

第6節（SEC.6）：對違反《中英聯合聲明》或《基本法》中國義務的外國人士實施制裁

（a）實施制裁

……

（b）制裁內容：本款中對外國人的制裁如下：

（1）物業交易：根據總統可能發佈的命令，總統可以禁止任何人

（A）取得、持有、扣留、使用、轉讓、撤銷、運輸或出口受美國管轄的和外國人有任何利益關係的任何財產；

（B）對此類財產處理或行使任何權利、權力或特權；或

（C）進行涉及此類財產的任何交易。

（2）驅逐至美國境外、撤銷簽證或其他文件。總統可指示國務卿拒絕簽證，而國土安全部長可將外國人驅逐至美國境外。

……

第7節（SEC.7）：對與外國人士進行重大交易、違反《聯合聲明》或《基本法》規定之中國應負義務的外國金融機構實施制裁

（a）制裁實施

（1）初次制裁：根據第5（b）節的報告或根據第5（e）節對

該報告進行更新的日期後一年之內，總統應對該外國金融機構實施不少於第（b）款所述的制裁中的 5 項。

（2）擴大制裁：在外國金融機構根據第 5（b）節的報告或根據第 5（e）節對該報告進行更新的日期後兩年之內，總統應實施第（b）款所述的每一項制裁。

（b）制裁內容：本款中對外國金融機構的制裁如下：

（1）美國金融機構的貸款：美國政府可禁止任何美國金融機構向外國金融機構提供貸款或信貸。

（2）禁止指定為一級市場交易商：聯邦儲備系統理事會或紐約聯邦儲備銀行不得指定或允許繼續事先指定外國金融機構作為美國政府國債的一級市場交易商。

（3）禁止為政府基金提供存款服務：外國金融機構不得擔任美國政府的代理人，也不得作為美國政府基金的存款機構。

（4）外匯交易：根據總統可能發佈的命令，總統可以禁止任何外匯交易，只要受美國管轄並涉及該外國金融機構的。

（5）銀行交易：根據總統可能發佈的命令，總統可以禁止在金融機構之間或通過向任何金融機構轉讓的任何信貸或付款，只要受美國管轄並涉及該外國金融機構。

（6）物業交易：根據總統可能發佈的命令，總統可以禁止任何人：

（A）取得、持有、扣留、使用、轉讓、撤銷、運輸、進口或出口受美國管轄和外國金融機構有任何利益的任何財產；

（B）對此類財產處理或行使任何權利、權力或特權；或

（C）進行涉及此類財產的任何交易。

（7）限制出口、再出口和轉讓：總統與商務部長協商，可限制或禁止美國直接或間接向該外國金融機構出口、再出口和轉讓的（國內）商品、軟件和技術。

（8）禁止在股權或債務領域的投資：根據總統可能發佈的命令，禁止任何美國個人投資或購買該外國金融機構的大額股權或債務。

（9）驅逐公司管理人員：總統可與財政部長和國土安全部協商，指示國務卿，將任何被確定為外國金融機構公司管理人員或委託人或股東的外國人驅逐至美國境外，但須遵守監管例外情況，允許美國遵守 1947 年 6 月 26 日在成功湖簽署並於 1947 年 11 月 21 日聯合國與美國政府之間生效的《關於聯合國總部的協定》，或其他適用的國際義務。

（10）對主要執行人員實施規定：總統可對外國金融機構的主要執行官及其人員，或對履行類似職能的個人，以及被這些人員授權執行該職能的人員實施適用的第（1）至（8）款所述的任何制裁措施。

（c）制裁時間：自該報告或更新報告把該金融機構包含在內之日起，總統可對第 5（b）所針對的金融機構實施小節（a）所描述的制裁。

（二）發佈涉港報告抹黑"一國兩制"實踐

美英等外部勢力以常態化發佈涉港報告的方式對"一國兩制"方針在香港的實踐指手畫腳、說三道四，搬弄是非，混淆視聽。

美國國務院根據《美國—香港政策報告法》，以發表《香港政策法報告》年度報告的形式對香港事務進行指點。從 1997—2007 年，美國國務院連續十年發表了該份年度報告。2015 年起，美國國務院在停止了七年之後，恢復發表《香港政策法報告》。其中 2015 年報告聲稱中國政府和特區政府的若干行為有違"一國兩制"，這包括 2014 年 6 月中國國務院發表的《一國兩制白皮書》、特區政府其後提出的政改方案、引起佔領運動之後特區政府的一些對付抗議人士的暴力手段，等等。

2016 年報告則首次指控中方違反《中英聯合聲明》。2017 年報告則採用了《香港重大發展回顧》（*Review of Key Development in Hong Kong*）的名稱，聲稱中國政府的某些作為如人大釋法、銅鑼灣書店事件、北京干預行政長官選舉等，與中國允許香港實行高度自治的承諾不一致。2018 年 5 月，美國國務院再次發佈《香港政策法報告》，聲稱中央政府部分行為，與《基本法》承諾的高度自治不符（inconsistent）。2020 年《香港政策法報告》首次宣稱香港不再繼續享有美國根據《香港政策法》給與香港的特殊待遇。2021 年《香港政策法》報告稱，"向國會確認，香港不能再以 1997 年 7 月 1 日之前美國法律適用的方式，根據美國法律享有區別待遇"。2022 年《香港政策法》報告稱，"在核證美國法律下給予香港的待遇一事上，國務卿核實，按照美國法律，香港不應獲得如同它在 1997 年 7 月 1 號前按美國法律所得到的待遇"。

美國國會下屬機構也以發佈報告的形式對中國依法治港進行干預。美國國會下屬機構中常發佈涉港報告的有 "美中經濟與安全評估委員會（U.S.-China Economic and Security Review Commission，USCC）" 和 "國會 — 行政部門中國委員會（Congressional -Executive Commission on China，CECC）"。

"美中經濟與安全評估委員會" 在每年年末發佈的年度報告在 2004 年報告中首次出現涉港內容，近年來則大幅增加了涉港篇幅。其中，2013 年報告宣稱中國政府無意讓香港發展 "真民主"，有違《基本法》有關 "一國兩制" 的承諾。2014 年報告稱，全國人大常委會有關香港政改的決定為香港行政長官的選舉設限，排除 "民主派" 候選人，不符合《基本法》和《公民權利與政治權力國際公約》的規定，並且違背了《中英聯合聲明》中給予香港的高度自治。2015 年報告稱香港立法會在 2015 年 6 月否決政改方案，表明香港社會各界尚未就特首與立法會議員直選產生共識，建議國會呼籲國務院加大對香港進行公共外交的力度，並與英國議會聯手審議香港回歸以來中國在香港執行基本法的情況。2016 年報告以大量篇幅描述了所謂 "銅鑼灣書店" 事件，聲稱中國破壞 "一國兩制"，使香港的司法獨立受到外界質疑和香港的新聞與學術自由受到侵蝕。2017 年報告稱過去二十年北京繼續不斷蠶食指導中國與香港關係的 "一國兩制" 政策精神，北京取消六名民選立法會議員的資格，已經被外界質疑香港的司法獨立與言論自由，並且嚴重削弱泛民主派在立法會內的聲音。2020 年報告稱《港區國安法》的實施令香港置於中國政府全面直接管治下，違反了中國對保持香港 "一國兩制" 50 年不變的承諾。2021 年報告稱，《港區國安法》顛覆香港社會和政治環境，改變選舉制度令立法會成為橡皮圖章，建議國會檢討香港作為單獨關稅區的地位。

"國會—行政部門中國委員會" 自 2002 年起每年發佈中國人權報告，2004 年起增加了涉港內容。該委員會報告不斷呼籲美國政府關注香港的民主發展，就香港政改問題進行年度調查，要求通過一項呼籲美國重新關注香港民主政制的議案，並制定干涉香港事務的建議和措施等。如，該委員會在 2014 年報告中，提到中國政府於該年 6 月發佈的白皮書、全國人大常委會的 "8·31" 決定以及香港的 "佔中" 事件，聲稱 "中共對香港事務的持續干預將破壞香港的自由法治"，"8·31" 決定嚴重限制了任何自由參與競選的候選人的能力，"違反了有關普選的國際標準"。2015 年報告妄稱北京 "企圖操控香港的高度自治"。2016 年報告稱北京 "對香港干預增加"，威脅香港要重啟政改，否則將推動美國國會及行政機構採取措施。2017 年度報告稱香港回歸二十年，委員會觀察到 "一國兩制" 原則進一步被削弱，北京干預香港的政治和法律事務。2020 年度報告稱《港區國安法》引發人權和法治問題，"一國兩制" 框架已被摧毀，揚言將通過本國法律庇護香港違法犯罪分子。2021 年度報告稱香港選舉制度改革使香港居民沒有任何有意義的參與，實際上已經剝奪了香港的高度自治。

英國在香港回歸後一直通過發佈《香港問題半年報告》（*Six-monthly report on Hong Kong*）的形式關注香港事務。在 2003 年之前，英國對香港政制發展的關注只是在半年報告中"希望香港儘快按照基本法的規定實現普選行政長官和立法會的最終目標。"2003 年出現"23 條立法"爭議後，英國對香港政制發展的關注度陡然上升，開始強調"普選要符合港人的意願"、"港人已經為全面民主做好了準備"，強調"普選"對保障香港"自由與權利"的重要性。2017 年 2 月，英國外交及聯邦事務部向議會提交第 40 期《香港問題半年報告》，聲稱在報告期內發生的一連串事件如立法會選舉及其後的宣誓事件、言論自由與新聞自由受到侵蝕等，影響了對"一國兩制"的信心，並聲稱"一國兩制"和香港的自治權受《中英聯合聲明》保障。2017 年 9 月發佈的報告提及香港回歸二十週年，再次重申《中英聯合聲明》仍有效，英國政府也致力密切監測其實施狀況。2022 年 3 月底，英國發表第 50 期《香港問題半年報告》，稱：香港人的權利和自由遭到破壞，有違《中英聯合聲明》，香港已經近乎沒有獨立媒體，而在 2021 年 12 月舉行的立法會選舉中，反對派全面消除，未來難進行有意義的政治對話。

（三）舉行涉港聽證會為反對派撐腰

美國國會經常以召開涉港聽證會並邀請香港反對派重要人物作證的方式干預香港事務。對於 1999 年全國人大常委會關於"居港權"問題的釋法，美國國會參議院舉行聽證會，指責中國政府干預香港司法獨立，稱"釋法"是對"一國兩制"的首次打擊，是對香港法治的威脅。2004 年 3 月，在全國人大常委會即將釋法的關鍵時刻，美國國會參議院對外關係委員會專門舉行名為"民主在香港"的聽證會，除邀請美國國務院和智庫人士參加外，還邀請了李柱銘、李卓人等香港反對派參加。2014 年非法"佔中"發生後，美國國會連續舉行多場聽證會，指責中國政府和香港特區政府。2017 年 5 月 3 日，美國"國會—行政部門中國委員會"以"回歸二十週年評估：香港模式能否持續？"為題舉行聽證會，馬可·盧比奧和克里斯托弗·史密斯擔任主持人，李柱銘、黃之鋒、銅鑼灣書店林榮基等出席作證，末代港督彭定康以視頻方式作證。2019 年 9 月 17 日，美國"國會—行政部門中國委員會"組織安排黃之鋒、何韻詩、羅冠聰、張昆陽等參加所謂"香港抗爭之夏"及美方政策聽證會。2020 年 7 月 1 日，美國國會參議院外委會舉辦聽證會，安排反中亂港分子羅冠聰、李卓人等通過視頻方式參會。

三、新變局下外國加緊干預香港事務

特朗普當選美國總統以後，明確將中國定位為"戰略競爭對手"，發起對華"貿易戰""科技戰"等，中美關係對抗性不斷增強。拜登上台以後，中美關係並未走出特朗普時期的困境，反而遭受更多挑戰。在此背景下，香港成為美西方對華施壓的重要突破口。

（一）美國對香港實施經濟制裁

自 2020 年 7 月起，美國正式將香港列為其制裁對象，試圖以經濟制裁的方式實現其干預香港事務的目的。

1. 美國對香港經濟制裁的主要措施

制裁（sanctions）是一種常見的社會現象，它是對違反法律、規則或者秩序的行為的懲罰或者強制措施。[13] 在國際關係中，經濟制裁是國家常用的政策工具，是制裁發起國迫使被制裁國改變其政策和行為的強制性經濟措施。[14] 除國家間關係外，國際組織如聯合國、歐盟等也將經

13　Bryan A. Garner, *Black's Law Dictionary*, WEST Press. 2004, 8th ed. p. 1368.

14　Justin D. Stalls, *Economic Sanctions, University of Miami International and Comparative Law Review*, 2003, fall, p.120.

濟制裁列為其實現組織宗旨和目的的重要工具。[15]

國家發起的經濟制裁是發起國蓄意斷絕或威脅斷絕與被制裁國或地區的慣常貿易或金融關係的行為。[16] 因此，經濟制裁又可分為貿易制裁和金融制裁兩種方式：前者指針對特定國家、地區和對象所採取的禁止或限制相關進口或者出口貿易的措施；後者指通過凍結資產、拒絕金融服務、禁止投融資活動等金融手段，限制或阻礙被制裁對象的資金融通，損害被制裁對象正常的金融秩序和經濟運行機制，從而達到其制裁目的。[17]

美國是發起經濟制裁最多、最頻繁的國家，經濟制裁已經成為美國實現對外政策目標的重要工具。美國為此已經建立了一套十分嚴密的經濟制裁法律體系和執行機制。美國對香港的經濟制裁是美國經濟制裁體系的重要組成部分，美國國會和行政部門相互配合，共同打造了對香港經濟制裁分體系。

（1）美國對香港實施經濟制裁的國內法基礎

在美國的經濟制裁體系中，國會負責制定制裁性法律，授權或者要求總統和行政部門實施制裁。國會制定的制裁性法律已是非常龐雜，若從制裁對象來分類，國會的制裁性法律可分為兩類：一類是一般性法律。這類法律不是針對特定國家或地區，而是一般性地為美國對其他國家或地區實施經濟制裁提供國內法基礎。如《1945 年聯合國參與法》規定，"當聯合國安理會根據《聯合國憲章》第 41 條，為實施其決議而決定採取措施，並促請美國實施該措施時，總統可以發佈命令、制定

15　《聯合國憲章》規定了經濟制裁，其第 41 條規定："安全理事會得決定所應採武力以外之辦法，以實施其決議，並得促請聯合國會員國執行此項辦法。此項辦法得包括經濟關係、鐵路、海運、航空、郵、電、無綫電及其他交通工具之局部或全部停止，以及外交關係之斷絕。"聯合國成立以來，已經對南非、伊拉克、伊朗等國及塔利班等組織實施了 30 餘項制裁，仍在續的制裁有 14 項。參見聯合國網站：https://www.un.org/securitycouncil/zh/sanctions/information，2021 年 8 月 13 日訪問。

16　〔美〕加利·克萊德·霍夫鮑爾等著，杜濤譯：《反思經濟制裁》，上海人民出版社 2019 年版，第 3 頁。

17　白若冰：《美國金融制裁新特點與應對策略》，《中國發展觀察》2020 年第 6 期，第 110 頁。

規則或條例，通過其指定的機構採取必要的措施，以調查、規制或斷絕任何外國或外國國民或在該外國的人員同美國或其管轄下的任何人或涉及到美國管轄的任何財產之間的全部或部分經濟關係、鐵路、海運、航空、郵電、無綫電及其他通訊往來"。《1976 年全國緊急狀態法》和最重要的《1977 年國際緊急狀態經濟權力法》（IEEPA）規定當美國的國家安全、外交政策和經濟遭受嚴重外來威脅時，如果總統針對此項威脅宣佈國家進入緊急狀態，總統有權針對有關外國或外國人採取各種經濟制裁措施，其中包括禁止與其進行外匯交易、禁止任何金融機構向其實行支付或者信貸、沒收其在美國轄區內的財產等。以上是在緊急情況下總統可以使用的在實施制裁方面的廣泛權力，總統還享有非緊急情況下的其他特權，如《1961 年對外援助法》（Foreign Assistance Act，FAA）和《1974 年貿易法》（Trade Act of 1974）都要求對侵犯人權、庇護國際恐怖分子及支持毒品生產流通的國家實施制裁；《1998 年國際宗教自由法》制裁的對象包括參與宗教迫害的政權；《2016 年全球馬格尼茨基人權問責法》（The Global Magnitsky Human Rights Accountability Act），授權美國政府對違反人權及國外顯著腐敗人士實施制裁，例如禁止入境、凍結並禁止官員在美國的財產交易。

另一類是國會針對特定國家或地區或對象的專門性制裁立法。例如針對古巴的《1996 年赫爾姆斯—伯頓法》（Helms–Burton Act），針對伊朗的《1996 年伊朗制裁法》（Iran Sanctions Act，ISA）、《2010 年伊朗綜合制裁、問責和撤資法》（Comprehensive Iran Sanctions，Accountability and Divestment Act，CISADA）、《2012 年伊朗自由和反擴散法》（Iran Freedom and Counter-Proliferation Act），等等。

具體到美國對香港的經濟制裁，可以發現也是主要建立在國會的專門性制裁立法的基礎上，有關的法律包括：

①《1992 年香港政策法》（United States–Hong Kong Policy Act）規定了在香港回歸以後美國的對港政策，該法同時包括一個制裁條款，其

第 202 條規定："美國總統如認為香港自治情況不足以有別於中華人民共和國，總統有權簽發行政命令暫停原本根據第 201（a）條適用於香港的美國法律或法律條文，如美國總統認為香港恢復自治，可恢復適用第 201（a）條。" 該條規定相當於授予美國總統對回歸後的香港享有監督權，為美國干預香港事務提供了國內法依據。

②《2019 年香港人權與民主法》（*Hong Kong Human Rights and Democracy Act of 2019*）要求美國總統對 "侵犯香港基本自由和人權的人" 實施制裁，制裁措施包括資產凍結、旅行限制等。

③《2019 年限制向香港出口催淚彈和人群控制技術法》（*Placing Restrictions on Teargas Exports and Crowd-control Technology to Hong Kong Act*，又稱《保護香港法》，*PROTECT Hong Kong Act*），該法禁止美國公司和企業向香港警隊等部門出口特定種類的非致命性和防衛性設備。

④《2020 年香港自治法》（*Hong Kong Autonomy Act*）授權美國總統對中國政府和香港特區政府的有關官員實施金融制裁。

（2）美國對香港實施經濟制裁的具體措施

2020 年 7 月 14 日特朗普簽署《關於香港正常化的總統行政命令》（*The President's Executive Order on Hong Kong Normalization*），又稱《第 13936 號行政命令》（*Executive Order 13936*），聲稱根據《1992 年香港政策法》《2019 年香港人權與民主法》《2020 年香港自治法》及《國際緊急狀態經濟權力法》《全國緊急狀態法》等，由於香港的自治受到嚴重破壞，根據《香港政策法》第 202 條的授權，正式暫停對香港的特殊待遇，要求各部門採取適當措施執行該命令，並宣佈將對有關個人和實體實施經濟制裁等。2021 年 7 月 7 日，美國總統拜登延長該行政命令一年，自 2021 年 7 月 14 日後繼續有效。

在《第 13936 號行政命令》簽署後，美國行政部門根據該行政命令，實施了一系列制裁措施，包括：

① 2020 年 8 月 7 日，美國財政部宣佈已採取行動依法制裁十一名侵犯人權及損害香港自治的中港官員，包括林鄭月娥、鄭若驊、李家超、鄧炳強、盧偉聰、曾國衛、陳國基等人士被外國資產控制辦公室列入專門打擊恐怖分子及國際毒梟的制裁名單（SDN List）。[18]

② 2020 年 8 月 11 日，美國國土安全部的公告表示，香港出口至美國的商品禁止標籤為"香港製造"（Made in Hong Kong），必須標籤為"中國製造"（Made in China）。9 月 25 日正式生效。

③ 2020 年 8 月 19 日，美國國務院發言人摩根·奧塔格斯聲明："已通知香港，並暫停或終止美國與香港三項雙邊協議，包括罪犯引渡移交協議、轉移被判刑者以及國際船運所得收入雙重課稅寬免"。美國國務卿蓬佩奧表示中國選擇壓制香港人自由與自治，所以暫停或終止美國與香港該三項雙邊協議。

④ 2020 年 11 月 9 日，美國財政部宣佈有四名中港人士因為威脅香港和平、安全及自治，而被加入執行制裁的名單。

⑤ 2020 年 12 月 7 日，美國財政部因中國政府褫奪四名香港立法會議員的資格，宣佈制裁包括中共中央政治局委員王晨在內的第十三屆全國人民代表大會常務委員會副委員長全數共十四人。

⑥ 2021 年 1 月 15 日，美國財政部因香港警方拘捕五十五名泛民人士，宣佈制裁六名與大搜捕行動有關的人士，包括警務處高級助理處長兼國安處處長蔡展鵬；警務處助理處長（國家安全）江學禮；警務處助理處長（國家安全）簡啟恩；中央駐港國安公署副署長孫青野；全國人大常委譚耀宗和副國級的中共中央書記處書記、中央統戰部部長尤權。

⑦ 2021 年 3 月 17 日，美國國務院宣佈對中國政府和香港特區政府的二十四名官員實施金融制裁。

18　名單制管理是美國施行國際金融制裁的重要手段。作為美國財政部下屬海外資產控制辦公室（OFAC），通過頒佈的"特別指定國民名單"（SDNs）來具體實施制裁。OFAC 隨時對名單進行調整，並對名單內主體採取不同的金融制裁措施；SDNs 是美國對外金融制裁政策中最為核心和重要的手段。

⑧ 2021 年 7 月 16 日，美國財政部宣佈對香港中聯辦副主任陳冬、何靖、盧新寧、仇鴻、譚鐵牛、楊建平與尹宗華實施制裁。

（3）美國對香港經濟制裁的性質

美國對香港經濟制裁的本質是干涉中國內政，是美國霸權主義和單邊主義的體現。自第二次世界大戰結束以後，美國自恃其超級大國地位，頻繁對他國揮舞經濟制裁大棒，企圖迫使被制裁國"就範"，維護一己之私利。[19] 對於美國單邊經濟制裁的本質，在此可通過與聯合國經濟制裁相比較予以進一步的揭示。無論何種主體發起的經濟制裁，都是通過造成被制裁國的經濟恩惠、機遇和利益面臨威脅或者剝奪或者限制來促使被制裁國改變其政策，[20] 但聯合國經濟制裁與美國單邊經濟制裁有着本質不同。聯合國經濟制裁是依據《聯合國憲章》實施的，具有明確的國際法依據，不以懲罰為目的，而是以維護國際和平為目的，程序比較公正、明確，建立了相對完善的監察機制。但對於單邊經濟制裁，無論從習慣國際法，抑或協定國際法都找不到依據；單邊經濟制裁不是有利於維護國際和平，而是反而造成國家間關係緊張，使國際和平受到威脅甚至破壞；單邊經濟制裁使制裁發起國儼然凌駕於被制裁國，違反了國家主權平等原則和不干涉內政原則等國際關係基本準則。香港是中國領土的一部分，為包括美國在內的世界各國所公認；香港事務是中國內政，美國通過對香港實施經濟制裁的方式干預香港事務，是對中國內政的干涉，違反國際法和國際關係基本準則。

（4）美國對香港經濟制裁的影響評估

發起國實施制裁的動機和目的在於改變被制裁國或地區的行為，但有時發起國明知制裁不能改變被制裁國或地區的行為，仍會出於國內政治需要和顯示國際影響力發起制裁。評判制裁的有效性，沒有客觀的、

19　從 1945 年至 2000 年，美國發起的制裁行動多達 132 例。參見〔美〕加利·克萊德·霍夫鮑爾等著，杜濤譯：《反思經濟制裁》，上海人民出版社 2019 年版，第 154-155 頁。

20　See W. Michael Resiman and Douglas L. Stevick, The Applicability of International Law Standards to United Nations Economic Sanctions Programmes, *European Journal of International Law*, 1998, Vol.9,p.2.

統一的標準。美國總統《第 13936 號行政命令》第 15 節聲稱："如果中國改變行動，確保香港充分自治，以證明香港可以根據美國法律享有不同於中華人民共和國的差別待遇，將重新考慮根據本命令作出的決定以及採取的行動和指示。"可見美國冀望通過制裁迫使中國政府改變治港政策，但它顯然也認識到這一目標難以實現，其更重要的動機和目的在於傳遞政治信號和宣示政治立場，包括向國內選民表現政府捍衛美國價值觀的決心，向國際社會顯示美國的領導力，向香港反對派表達鼓舞和支持，向中國展現對抗和強硬的立場。從這一點來看，對美國而言，它對港制裁是有一定效果的。

但對被制裁國或地區而言，如果外國制裁沒有使其改變行為，那麼該項外國制裁實際上就是無效的、失敗的。中國政府並未因美國對港制裁改變治港政策，而是主動作為，從國家層面建立健全了香港維護國家安全的法律制度和執行機制，完善了香港選舉制度，使香港變亂為治。因此，對中國而言，美國對港制裁是無效的、失敗的。

從經濟層面來看，經濟制裁是一柄雙刃劍，在對被制裁國或地區經濟可能造成負面影響的同時，發起國自身也會蒙受損失。經濟制裁是美國常用的對外政策工具，建立在美國霸權性的金融、科技等基礎之上，其有效性在很大程度上取決於美國與被制裁方的實力對比，若對實力接近的國家實施經濟制裁，美國自身也要承受巨大損失。美國對香港經濟制裁的實際效果，可以藉助有關的經濟數據來檢視。據香港工業貿易署 2022 年 6 月發佈的數據，2021 年香港與美國的貨物貿易總額達 664 億美元，較 2020 年增長 19.1%，其中原產自香港的產品出口至美國在 2020 年為 49 億美元，較 2019 年增長 33.8%，在 2021 年為 74 億美元，較 2020 年增長 49.5%。[21] 由此可見，美國對香港的經濟制裁並未對香港經濟產生直接負面影響。

---

21 香港特區工業貿易署：《香港—美國的貿易關係》，https://www.tid.gov.hk/sc_chi/aboutus/publications/factsheet/usa.html，最後訪問時間：2022 年 8 月 6 日。

2. 美西方藉香港居民國籍問題干預香港事務

（1）回歸前香港居民國籍問題比較複雜

英國根據其與殖民地關係的變化而對本國國籍法進行了多次修改，港英殖民統治時期的香港也受到這種變化的影響。

在 1914 年以前，英國大部分的國籍法律都是不成文的。進入 20 世紀，隨着殖民地的紛紛獨立，英國頒佈了《1914 年英國國籍和外國人身份法案》（*British Nationality and Status of Aliens Act 1914*），將當時與國籍相關的普通法和其他成文法彙編成集。在第二次世界大戰前，英國本土的居民沒有特別的公民身份，在法律上殖民地居民與本土居民具有同等的權利。但戰後英國殖民地的紛紛獨立，並制定了自己的國籍法；為了利用英聯邦維繫搖搖欲墜的殖民帝國，英國在 1948 年制定了新國籍法。《1948 年國籍法》將公民權分為六個類型，分別是：英國及其殖民地公民（Citizen of United Kingdom and Colonies，CUKC，或譯為聯合王國及英屬土公民）、獨立的英聯邦國家公民（Citizens of the Independent Commonwealth Countries，CICC）、愛爾蘭的英國國民、沒有公民權的英國國民、英國保護者和外國人。"英國及其殖民地公民"身份根據出生地原則和父系血統原則取得，即凡在英國本土及其他殖民地出生或歸化者，以及雖在他處出生但其父是在英國或其殖民地出生或歸化者，均取得"英國及其殖民地公民"。按照這個法律，香港居民可取得英國及殖民地公民身份。

《1948 年國籍法》為殖民地和英聯邦國家人民包括有色族裔移民英國創造了有利條件。有色人種大量移民英國，導致白人對有色人種的歧視和敵視普遍存在，甚至引發暴力衝突，並使英國的住房、教育、社會保障等資源日益無法滿足需求。1961 年一年就有二十萬亞洲和非洲移民進入英國，引起英國極度恐慌。隨後，英國先後通過《1962 年英聯邦入境法案》《1968 年英聯邦入境法案》和《1971 年入境法案》等，逐步收緊移民控制。

1981 年英國制定了新《國籍法》，確立了多類型的英國國籍，具體包括：英國公民（指本土各島，British Citizenship，BC）、英國屬土公民（British Overseas Territories Citizen，BOTC，或譯為英國海外領土公民）、英國海外公民和英國臣民等。香港居民屬英國屬土公民範圍。

1984 年 12 月 19 日中英兩國正式簽署《中英聯合聲明》，並相互交換關於香港居民國籍問題的備忘錄。

備忘錄（英方）

聯繫到今天簽訂的大不列顛及北愛爾蘭聯合王國政府和中華人民共和國政府關於香港問題的聯合聲明，聯合王國政府聲明，在完成對聯合王國有關立法的必要修改的情況下，

一、凡根據聯合王國實行的法律，在 1997 年 6 月 30 日由於同香港的關係為英國屬土公民者，從 1997 年 7 月 1 日起，不再是英國屬土公民，但將有資格保留某種適當地位，使其可繼續使用聯合王國政府簽發的護照，而不賦予在聯合王國的居留權。取得這種地位的人，必須為持有在 1997 年 7 月 1 日以前簽發的該種英國護照或包括在該種護照上的人，但 1997 年 1 月 1 日或該日以後、1997 年 7 月 1 日以前出生的有資格的人，可在 1997 年 12 月 31 日截止的期間內取得該種護照或包括在該種護照上。

二、在 1997 年 7 月 1 日或該日以後，任何人不得由於同香港的關係而取得英國屬土公民的地位。凡在 1997 年 7 月 1 日或該日以後出生者，不得取得第一節中所述的適當地位。

三、在香港特別行政區和其他地方的聯合王國的領事官員可為第一節中提及的人所持的護照延長期限和予以更換，亦可給他們在 1997 年 7 月 1 日前出生並且原來包括在他們護照上的子女簽發護照。

四、根據第一節和第三節已領取聯合王國政府簽發的護照的人

或包括在該護照上的人，經請求有權在第三國獲得英國的領事服務
和保護。

英國駐華大使館（印）

1984 年 12 月 19 日

備忘錄（中方）

中華人民共和國政府收到了大不列顛及北愛爾蘭聯合王國政府
1984 年 12 月 19 日的備忘錄。

根據中華人民共和國國籍法，所有香港中國同胞，不論其是否
持有“英國屬土公民護照”，都是中國公民。

考慮到香港的歷史背景和現實情況，中華人民共和國政府主管
部門自 1997 年 7 月 1 日起，允許原被稱為“英國屬土公民”的香
港中國公民使用由聯合王國政府簽發的旅行證件去其他國家和地區
旅行。

上述中國公民在香港特別行政區和中華人民共和國其他地區不
得因其持有上述英國旅行證件而享受英國的領事保護的權利。

中華人民共和國外交部（印）

1984 年 12 月 19 日

1985 年，英國議會制定了《1985 年香港法》，並頒佈了《1986 年
香港（英國國籍）樞密院令》（1987 年 7 月 1 日生效），規定香港華裔
英國屬土公民在 1997 年 7 月 1 日後轉為英國國民（海外），即 British
National（Overseas）（BNO）。BNO 護照從 1987 年 7 月 1 日起簽發，
為英國國籍，屬英國國民而非英國公民，可免簽證進入英國，並可在每
連續三百六十五天內連續逗留一百八十天，但須受英國移民管制，且沒
有居留權和工作權。BNO 身份終身有效，可終身續領 BNO 護照。BNO

護照有效期為十年，最早可於到期前九個月申請續領，舊護照剩餘有效期將會累積至新護照，即新護照有效期最長可達十年九個月。任何在 1997 年 7 月 1 日前成功申請 BNO 護照的人，即使 BNO 護照已經過期多年，仍可申請續領。但 BNO 護照不接受新申請，即從未持有 BNO 護照及在 1997 年 7 月 1 日或以後出生的人均不能申請 BNO 護照。但擁有 BNO 護照的家長如果曾經在護照內 "included child" 一欄填寫過子女的名字，該子女可申請 BNO，但該子女必須是在 1997 年 7 月 1 日前出生。

根據香港回歸前港英政府在 1991 年做的最後一次人口普查統計數據，居民填報的第一國籍為英國即具有 BNO 身份的香港居民人數為3294444 人，佔香港總人口（5674114 人）的 59.6%，第一國籍為中國的人數為 1897101 人，佔總人口的 34.4%。考慮到 1991 年至 1997 年 7 月 1 日前的出生人數和 1991 年以後的死亡人數等因素，近期英國首相和內政部稱持有 BNO 護照的香港人約 290 萬，應大體可信。

在 "六·四" 事件發生後，英國政府在 1989 年 12 月拋出了居英權計劃（英國國籍甄選計劃，British Nationality Selection Scheme），1990 年英國議會通過了《英國國籍（香港）法案》，賦予 5 萬個經甄選的香港家庭（約 22.5 萬人）完全英國公民（BC）地位。

概言之，在總體上港英殖民管治時期部分香港居民的國籍經歷了從 "英國及其殖民地公民" 到 "英屬土公民" 再到 "英國國民（海外）" 的過程，並且是一個依據英國國籍法享受的權利不斷減少、法律地位不斷降低的過程。而當前香港居民具有的英國國籍包括兩種類型：英國國民（海外）（BNO）身份和英國公民（BC）身份。

（二）《國籍法解釋》對《國籍法》在香港特區實施的變通處理

《國籍法》是列入《香港基本法》附件三、適用於香港的全國性法律之一。鑒於香港居民的國籍狀況極為複雜，為保障香港順利回歸，全國人大常委會於 1996 年 5 月 15 日通過了《關於〈中華人民共和國國籍法〉在香港特別行政區實施的幾個問題的解釋》（下稱《國籍法解釋》），對《國籍法》在香港的適用作了具體解釋。

根據《國籍法香港解釋》第一條，凡具有中國血統的香港居民，且出生在中國領土（含香港）者，都是中國公民。"中國血統"則指父母一方的祖籍是中國。[22] 根據該解釋，即使香港居民的父母是外國國籍，只要其具有中國血統且出生在中國領土，就是中國公民。

考慮到部分香港居民在回歸後持有 BNO 護照和英國推行"居英權計劃"，《國籍法解釋》將持有英國護照與國籍歸屬作脫鈎處理，不承認香港居民中的中國公民（以下簡稱"香港中國公民"）所持英國護照的國籍證明效力，即所有香港中國同胞都是中國公民，不論其是否持有英國護照。

香港中國公民所持有的英國屬土公民護照和英國國民（海外）護照不得作為英國國籍證明，即使擁有上述護照，其仍為中國公民。但香港中國公民可以將英國國民（海外）護照作為旅行證件去其他國家和地區旅行。但近年來英國頻頻藉此干預香港事務，2021 年 1 月 31 日之後中國政府不再承認英國國民（海外）護照作為有效旅行證件和身份證明。

對於因"居英權計劃"而取得的英國公民護照，中國政府不承認香港中國公民因"居英權計劃"而取得的英國公民身份，其仍為中國公民，其因"居英權計劃"獲得的英國公民護照既不可以作為英國國籍證明，也不得作為旅行證件使用。

《國籍法解釋》對香港居民國籍問題的靈活處理有效地保障了香港的順利回歸和繁榮穩定。由於《國籍法》和《國籍法解釋》是中國國內法，只能在國內法層面解決香港居民的國籍歸屬問題和香港中國公民所持外國國籍的域內效力問題，但對其他國家沒有法律約束力，不能要求

22　張勇、陳玉田：《香港居民國籍問題》，法律出版社 2001 年版，第 70 頁。

其他國家對香港居民的國籍進行選擇性承認，於是客觀上形成了部分香港中國公民還擁有外國國籍的現實問題。

近年來中國所處國際形勢發生重大變化。隨着中國內地的日益發展強大，美國將中國視為主要戰略競爭對手，美西方開始藉香港居民的國籍問題干預香港事務，趁機干擾、阻礙內地的發展。

（三）英國向香港居民祭出"英國國民（海外）"簽證新政

過去香港居民持有的"英國國民（海外）"護照僅具有免簽進入英國並逗留六個月的待遇，不享有工作權和居留權等。但英國自 2021 年 1 月 31 日起允許持英國國民（海外）護照的香港居民及其家庭成員申請有效期為 5 年或 2.5 年的"英國國民（海外）簽證"，持該簽證在英國連續居住 5 年後，可申請永久居留，獲永久居留權十二個月後可申請入籍英國。在中國政府宣佈不再承認英國國民（海外）護照作為旅行證件和身份證明之後，美國、加拿大、澳大利亞等國仍繼續承認英國國民（海外）護照為有效旅行證件。

（四）美國對香港擬實施"避難所"計劃

1. 將香港列入其難民接納計劃

美國國務院在 2021 財政年度（2020.10.1—2021.9.30）首度將香港納入難民接納計劃（U.S.Refugee Admissions Program，USRAP）。2021 年 9 月美國國務院將"香港難民"列為 2022 財政年度的優先級別，稱屬香港特別行政區永久性居民的難民和慣常居住於香港的難民將優先進入美國。

2. 美國國會擬議專門的涉港"避難"法案

針對《港區國安法》，截至目前美國國會議員先後提出了四部涉港"避難"法案。

①《支持香港共產主義受難者法》。2020 年 6 月 4 日，共和黨參議

員薩斯（Ben Sasse）提出《支持香港共產主義受難者法》（*Hong Kong Victims of Communism Support Act*），這是國會議員最早提出的港人"避難"法案。

該法案的主要內容包括：（a）從出生就擁有香港居留權，並自出生以來一直在香港連續居留的個人即符合資格申請美國的庇護；（b）對於曾因政治原因遭逮捕的香港居民，美國政府不得因該記錄而拒發簽證。

目前該法案處於提交至參議院司法委員會階段。

②《香港安全港法》。2020 年 6 月 30 日，共和黨參議員盧比奧（Marco Rubio）和共和黨眾議員柯蒂斯（John Curtis）分別向參議院和眾議院提出了《香港安全港法》（*Hong Kong Safe Harbor Act*）。

該法案的主要內容包括：（1）以"第二優先級別難民（Priority 2 refugees）"給予香港居民人道主義關懷；（2）可以在香港或者第三國提出赴美避難申請。

根據美國公民及移民服務局（USCIS）信息，美國目前有三類難民優先處理類別：第 1 類是由聯合國難民署（UNHCR）或美國使館認定與引介的個人；第 2 類是美國難民接納計劃確認的特別人道主義關切群體；第 3 類是在美國取得難民、庇護或永久居留身份個人的配偶、父母與子女。

目前該法案分別處於提交至參議院司法委員會階段和提交至眾議院司法委員會和外交事務委員會階段。

③《香港人自由和選擇法》。民主黨眾議員馬利諾夫斯基（Tom Malinowski）在 2020 年 6 月 30 日和 9 月 29 日先後兩次向眾議院提出《香港人自由和選擇法》（*Hong Kong People's Freedom and Choice Act*），同時民主黨參議員懷登（Ron Wyden）也在 2020 年 7 月 20 日向參議院提出相同法案。

該法案的主要內容包括：（1）為該法生效之日起持續留置在美國的香港居民提供臨時保護身份（Temporary Protected Status，TPS）。臨時保護身份屬非移民身份，只在美國有暫時居住權，有工作權，屆時必須返回國籍國或尋求不同的移民簽證留在美國。（2）在總統全部或部分取消香港特殊待遇之日起的五年內，在移民待遇上香港繼續被視為與中華人民共和國不同的單獨地區。（3）對香港的高端人才給予特殊移民待遇，其名額為該法生效之日起的五個財政年度內每年不超過五萬個名額。該法所指高端人才包括：擁有研究生學位，或在美國完成本科或研究生教育，或僱傭五十名以上員工的企業的唯一所有人或控制人，或擁有五百萬美元以上資產。該法特別規定，在科學、技術、工程、數學、物理、生命科學、計算機科學、醫藥等領域獲得大學學位的申請人，具有獲得特殊移民待遇的優先權。

目前該法案已在 10 月 1 日由眾議院外交事務委員會以口頭方式表決，無異議通過；在參議院處於提交至司法委員會階段。

④《香港難民保護法》。2020 年 9 月 21 日，共和黨參議員科頓（Tom Cotton）提出了《香港難民保護法》（*Hong Kong Refugee Protection Act*）。

該法的主要內容包括：（1）暫停多元化移民簽證計劃（Diversity Visa Program，又稱抽籤移民簽證計劃）；（2）以 "第二優先級別難民（Priority 2 refugees）" 給予香港居民人道主義關懷；（3）將多元化移民簽證計劃的簽證用於香港，包括在未來五年內為香港居民每年增加提供最多 2.5 萬份簽證，未來五年內每年額外通過積分制發放三萬份簽證，吸引香港高端人才到美國；（4）給予香港高端人才特別簽證待遇。

2020 年多元化移民簽證計劃預計發出 5.5 萬張簽證。據皮尤研究中心 2018 年的統計數據，2005 年至 2017 年，世界各地超過兩億人申請了該計劃，因此中籤概率極低。10 月，美國國務院宣佈香港不再符合多元化移民簽證計劃申請資格。

目前該法案處於提交至參議院司法委員會階段。

（五）澳大利亞對港實施移民簽證新措施

2020 年 6 月，澳大利亞宣佈對持有香港護照的學生和技術人員延長簽證期限，並提供獲得永久居留權的途徑。香港學生在澳完成高等教育學習後，即可取得有效期為五年的臨時畢業生簽證（temporary graduate visa，即 485 簽證），簽證期滿後可申請永久居留權。從 2020 年 7 月 9 日起，已取得畢業生臨時簽證的香港學生，其簽證可以獲得最長五年的延期，期滿後可以申請永久居留權。持有臨時技術簽證（temporary skilled visa，即 482 簽證）的香港居民，從 2020 年 7 月 9 日起，其簽證獲得額外五年延期，期滿後有權申請永久居留權。

2021 年 10 月澳大利亞通過《2021 年移民法修正案（香港）規例》[Migration Legislation Amendment (Hong Kong) Regulations 2021]，自 2022 年 3 月 5 日起允許獲得臨時畢業生簽證或臨時技術簽證的香港特別行政區護照或 BNO 護照持有者申請 189 獨立技術移民簽證或 191 偏遠地區技術移民簽證。這兩種永久性居民簽證審批渠道均稱為香港類別（Hong Kong streams）。

（六）加拿大對港實行 "救生艇" 簽證措施

2020 年 11 月加拿大宣佈 "救生艇" 簽證措施，只要持有 BNO 護照或香港特區護照，在過去五年內在加拿大的大專院校或海外同級院校畢業或者在過去三年在加拿大累積至少一年全職工作經驗，便可申請有效期長達三年的開放式工作簽證（open work permit）。

2021 年 6 月加拿大移民局宣佈，進一步向港人開放申請永久居留途徑。根據最新措施，首類申請者須於過去三年，在加拿大認可的大學或大專院校，考獲學位文憑或研究生證書，並在修讀課程時不少於一半時間身處加拿大。第二類申請者則需要於過去三年，在加拿大全職工作至少一年，或擁有最少 1560 小時兼職工作經驗。兩類申請人均須持有

BNO 護照或香港特區護照，以及加拿大臨時居留簽證，並要符合當地特定語言、教育等要求。新措施實施期限為 2021 年 6 月 1 日至 2026 年 8 月 31 日。

四、外國干預香港事務違反國際法

外國干預香港事務嚴重違背國際法和國際關係基本準則。

聯合國是當今世界最普遍的國際組織，有 193 個會員國，幾乎包括了世界上所有得到普遍承認的國家。《聯合國憲章》第二條規定了聯合國和各會員國應遵守的七項原則，[23] 集中地體現了公認的國際關係基本原則，對聯合國及包括安理會常任理事國在內的各會員國規定了法律義務、行動方針及必須遵守的行為準則。1970 年聯合國大會通過了《關於各國依聯合國憲章建立友好關係及合作之國際法原則宣言》（簡稱《國際法原則宣言》），被認為是對《聯合國憲章》規定的基本原則的解釋，進一步發展了國際法基本原則。[24] 從國際法和國際關係基本準則來看，

---

23 《聯合國憲章》第二條規定聯合國及其會員國應遵行下列七項原則：
　　1. "本組織係基於各會員國主權平等之原則"，通稱為主權平等原則。
　　2. "各會員國應一秉善意，履行其依本憲章所負擔之義務"，通稱為善意履行憲章義務原則。
　　3. "各會員國應以和平方法解決其國際爭端，避免危及國際和平、安全及正義"，通稱為和平解決國際爭端原則。
　　4. "各會員國在其國際關係上不得使用威脅或武力，或以與聯合國宗旨不符之任何其他方法，侵害任何會員國或國家之領土完整或政治獨立"，通稱為不使用武力原則或禁止使用武力原則。
　　5. "各會員國對於聯合國依本憲章規定採取之行動，應盡力予以協助"，通稱為集體協助原則。
　　6. "本組織在維持國際和平及安全之必要範圍內，應保證非聯合國會員國遵行上述原則"，通稱為保證非會員國遵守憲章原則或確保非會員國遵行聯合國原則的原則。這說明《聯合國憲章》的各項原則具有普遍性，聯合國會員國和非會員國都應遵守。
　　7. "本憲章不得認為授權聯合國干涉在本質上屬任何國家國內管轄之事件"，通稱為不干涉內政原則。
24 《國際法原則宣言》規定了七項原則：
　　1. 各國在其國際關係上應避免為侵害任何國家領土完整或政治獨立之目的或以與聯合國宗旨不符之任何其他方式使用威脅或武力之原則；
　　2. 各國應以和平方法解決其國際爭端俾免危及國際和平、安全及正義之原則；
　　3. 依照憲章不干涉任何國家國內管轄事件之義務；
　　4. 各國依照憲章彼此合作之義務；
　　5. 各民族享有平等權利與自決權之原則；
　　6. 各國主權平等之原則；
　　7. 各國應一秉誠意履行其依憲章所負義務之原則。

外國干預香港事務嚴重違背國家主權平等原則和不干涉內政原則。

（一）國家主權平等原則

國家主權平等原則是國際法最古老、最基本的原則，是國際關係的基礎。主權是國家所固有的，是國家的根本屬性，是國家獨立自主地處理內外事務的權利。主權具有內外兩方面的表現：（1）對內的最高權，即國家對其領土內的一切人、物以及領土外的本國人享有屬地優越權和屬人優越權。基於主權的性質，任何國家都有權自由選擇並發展其政治、社會、經濟及文化制度。（2）對外的獨立權，即國家在國際關係上是自主的和平等的，有權獨立自主地處理本國的對內對外事務，而不受任何其他國家或國際法主體的侵犯和干涉。

國家主權平等是國際法和國際關係中最重要的一項原則，其他國際法基本原則和國際關係基本準則都是從這一原則派生出來的或者以這一原則為基礎的，否定了國家主權平等原則，也就否定了其他基本原則。[25] 國際社會是主要是主權國家組成的社會，為維繫這一社會的法律秩序，維繫正常的國際交往，國家既然是彼此獨立的主權者，相互之間就應該是平等者間的關係。每個國家，無論大小、強弱和政治經濟制度如何，都應互相尊重主權，平等交往。

《國際法原則宣言》闡釋和豐富了《聯合國憲章》規定的國家主權平等原則。《國際法原則宣言》明確宣示："各國一律享有主權平等。各國不問經濟、社會、政治或其他性質有何不同，均有平等權利與責任，並為國際社會之平等會員國。"宣言並進一步規定了國家主權平等的六個基本要素："（1）各國法律地位平等；（2）各國均享有充分主權之固有權利；（3）每一國均有義務尊重其他國家之人格；（4）國家之領土完整及政治獨立不得侵犯；（5）每一國均有權利自由選擇並發展其政治、

---

25 北京大學法學百科全書編委會：《北京大學法學百科全書・國際公法學 國際私法學》，北京大學出版社 2016 年版，第 281 頁。

社會、經濟及文化制度；（6）每一國均有責任充分並一秉誠意履行其國際義務，並與其他國家和平相處。"

（二）不干涉內政原則

不干涉內政原則是國家主權平等原則的必然邏輯結果，它與國家主權平等原則共同構成國際法和國際關係的最重要的基礎。這一原則是指任何國家、國家集團或國際組織在國際關係中不得以任何理由或任何方式，直接或間接地干預任何其他國家主權管轄範圍內的一切內外事務。《聯合國憲章》第 2 條第 7 款規定了這一原則。

在《聯合國憲章》規定的基礎上，聯合國大會在 1965 年專門通過了一項《關於各國內政不容干涉及其獨立與主權之保護宣言》。[26] 宣言鄭重宣告："任何國家，不論為任何理由，均無權直接或間接干涉其他國家之內政、外交，故武裝干涉及其他任何方式之干預或對於一國人格及其政治、經濟及文化事宜之威脅企圖，均在譴責之列"；"任何國家均不得使用或鼓勵使用經濟、政治或任何其他措施脅迫他國，以謀自該國獲得主權行使之屈服，或取得任何利益。同時任何國家亦均不得組織、協助、製造、資助、煽動或縱容意在以暴力手段推翻另一國家政權之顛覆、恐怖或武裝活動，或干涉另一國家之內亂"。

1970 年《國際法原則宣言》規定了不干涉內政原則的具體內容：（1）任何國家或國家集團均無權以任何理由直接或間接干涉任何其他國家之內政或外交事務；（2）任何國家均不得使用或鼓勵使用經濟、政治或任何他種措施強迫另一國家，以取得該國主權權利行使上之屈從，並自該國獲取任何種類之利益；（3）任何國家均不得組織、協助、煽動、資助、鼓勵或容許目的在於以暴力推翻另一國政權之顛覆、恐怖或武裝活動，或干預另一國之內爭。雖然《國際法原則宣言》是以聯合國大會

26　參見聯合國大會決議：A/RES/2131(XX)。

決議的方式通過，聯大決議只有具有建議的性質，但是由於《國際法原則宣言》是對既有的習慣國際法原則和規則的重申和確認，因此《國際法原則宣言》對所有國家具有法律拘束力。1986 年國際法院對"美國在尼加拉瓜境內及針對尼加拉瓜的軍事與準軍事活動案"的判決確認了這一點。從 1984 年起美國開始支持尼加拉瓜境內的反叛分子，向其提供武器裝備和財政支持等。事件發生後，尼加拉瓜政府向國際法院提起訴訟以指控美國。國際法院認為本案的兩個爭端當事國——美國和尼加拉瓜在其參加的許多國際組織和會議所通過的諸多決議與宣言中都承認不干涉原則為普遍適用之習慣法國際原則，《國際法原則宣言》強調和確認了不干涉內政原則的習慣國際法性質。國際法院最後判決美國必須立即停止針對尼加拉瓜的非法行為。

1981 年聯合國大會通過了《不容干涉和干預別國內政宣言》，[27] 從權利和義務方面進一步豐富了不干涉內政原則的內容。在權利方面，宣言強調：（1）各國均享有主權、政治獨立、領土完整、國家統一和安全，及其人民的民族特性和文化遺產；（2）各國都享有在不受任何形式的外來干涉、干預、顛覆、壓力或威脅的情況下，按照自己人民的意志，自由確定自己的政治、經濟、文化和社會制度、發展其國際關係和對其自然資源行使永久主權的主權權利和不可分割的權利；（3）各國和人民都有權自由獲得新聞和在不受干預的情況下充分發展其新聞和大眾傳播媒介系統。在義務方面，宣言特別規定了國家的 15 項義務：（1）各個國家在其國際關係上有義務不以任何方式威脅或使用武力以侵犯另一國家已經獲得國際公認的現有國界，破壞其他國家的政治、社會或經濟秩序，推翻或改變另一國家的政治制度或其政府，在各國之間製造緊張局勢，或剝奪他國人民的民族特性和文化遺產；（2）各國有義務確保其領土不被以任何方式用來侵犯另一個國家的主權、政治獨立、領土完整和

27　參見聯合國大會決議：A/RES/36/103。

國家統一,或擾亂其政治、經濟和社會穩定;(3)各國有義務避免對另一國家或國家集團進行武裝干涉、顛覆、軍事佔領或任何其他形式的公開或隱蔽的干涉和干預或對另一國家的內政採取任何軍事、政治或經濟干預行動,包括涉及使用武力的報復行動;(4)各國有義務避免採取任何強暴行動去剝奪處於殖民統治或外國佔領下的人民的自決、自由和獨立權利;(5)各國有義務避免以任何形式或以任何藉口採取任何動搖或破壞另一國家穩定或其任何制度的行動或企圖;(6)各國有義務避免以任何藉口直接或間接地促進、鼓勵或支持其他國家內部的叛亂或脫離主義活動,也避免採取任何謀求破壞其他國家統一或破壞或顛覆其政治秩序的行動;(7)各國有義務制止在其領土內訓練、資助和招募僱傭軍和派遣這些僱傭軍進入另一國家領土,並有義務拒絕提供包括資助僱傭軍裝備和過境在內的便利;(8)各國有義務避免同其他國家締結旨在干涉或干預第三國內政和外交的協定;(9)各國有義務避免採取任何措施來加強現有軍事集團或建立或加強新的軍事同盟、聯防安排、部署干涉軍,或大國為了爭霸而設立的軍事基地和其他有關軍事設施;(10)各國有義務避免從事任何旨在干涉或干預別國內政的誹謗運動、誣衊和敵意宣傳;(11)各國有義務在處理其經濟、社會、技術和貿易領域的國際關係上避免採取任何措施以干涉或干預另一國家內政或外交事務,從而妨礙該國自由決定其政治、經濟和社會發展,此項義務還包括各國不得在違反《聯合國憲章》的情況下利用其經濟外援方案,或施行任何多邊或單邊經濟報復或封鎖,或利用其管轄和控制下的跨國公司和多國公司,作為向另一國家施加政治壓力或進行脅迫的手段;(12)各國有義務避免利用和歪曲人權問題,以此作為對其他國家施加壓力或在其他國家或國家集團內部或彼此之間製造猜疑和混亂的手段;(13)各國有義務避免使用恐怖主義做法作為對付另一國家或對付處於殖民統治、外國佔領或種族主義統治下人民的國家政策,並避免援助、利用或容忍恐怖主義集團、破壞分子或顛覆分子來對付第三國;(14)各國有義務避免組織、訓練、資助和武裝其本國領土或其他國家領土內蓄意在其他國家進行顛覆和製造混亂和動亂的政治和種族集團；（15）各國有義務避免在另一國家領土內進行未經同意的任何經濟、政治或軍事活動。

因此，不干涉內政原則既載於《聯合國憲章》等重要國際法律文件，亦具有習慣國際法性質，從而對包括美國在內的所有國家都具有約束力。不干涉內政原則還要求一國的駐外機構、企業和個人必須遵守所在國法律。在國際法上，國家對處於其領土之上的一切人和物皆有管轄權，此即屬地管轄權；相應地，處於一國領土之上的任何人或物，包括外國駐外機構、企業和個人，均應遵守所在國的法律。因此，美國駐港機構、企業和個人均有義務遵守中華人民共和國法律和香港特別行政區法律，即使對於享有一定豁免權的美國駐港領事機構和人員，也沒有例外。按照國際法，領事館和領事官員不得參與駐在國政治，不得實施、支持有損於駐在國的行為如顛覆活動。《維也納領事關係公約》第 55 條明確規定，"凡享有此項特權與豁免之人員均負有尊重接受該國法律規章之義務。此等人員並負有不干涉該國內政之義務"。香港是中國的領土，完全處於中國主權之下；如何管治香港純屬中國內政，外國無權干預。但美國等個別西方國家長期干預香港事務，扶持、資助、幫助反對派，對反中亂港分子提供各種支持，顯然是對不干涉內政原則的嚴重違反，是對國際關係基本準則的嚴重踐踏。

五、備足用好反對外國干預香港事務的 "法律工具箱"

（一）捍衛國際法和國際關係基本準則，推動國際法發展

第二次世界大戰結束以後聯合國倡導發展起來的國際法和國際關係基本準則，有力地促進了和平、友好、合作的戰後國際關係秩序的形成。但聯合國成立後不久發生的東西方 "冷戰"，使剛剛 "新生" 的國際關係基本準則受到極大的挑戰和侵蝕。冷戰結束以後，國際關係基本

準則獲得了新的發展機遇和空間。但由於國際關係中霸權主義、強權政治的"餘毒"依然存在，使國際法和國際關係基本準則面臨着新的挑戰。

1. "人權原則""民主原則"侵蝕國際關係基本準則

20世紀90年盧旺達發生慘絕人寰的大屠殺，引發了國際社會對人道主義災難是否應該採取干涉措施的爭論。美國等西方國家宣稱"人權高於主權""主權過時"，提出了"人道主義干涉""先發制人自衛權""防禦性使用武力"等理念，試圖將"人權原則"上升為國際關係的基本準則，對以國家主權原則為基礎的國際社會公認的國際關係基本準則構成挑戰。

"人權原則"不是《聯合國憲章》確立的國際關係基本準則。憲章雖然規定"促進對於人權和基本自由的尊重"，但並沒有成為憲章規定的基本原則，憲章仍是將國家主權平等原則確立為聯合國的七大原則之一。

"人權原則"作為國際關係基本準則沒有國際社會的普遍接受。"人權原則"是對國家主權原則的直接侵蝕。依據這一原則，任何國家的國內公民個人權利問題都可以成為其他國家干涉的合法理由，這必將引起國際關係秩序的混亂。在1999年9月的第54屆聯合國大會中，聯合國秘書長的科菲·安南提出，國家主權不能成為國際社會干預"人道主義災難"的盾牌，引發了許多發展中國家的批評。一年後，安南在其聯合國工作報告中對上述提法進行了修正，"國際法傳統解釋的捍衛者強調國家主權的不可侵犯性；而另一些人則強調在人權受到肆無忌憚的侵犯時必須採取有力行動的道義理由。……在沒有安理會授權的情況下採取的強制執行行動將危及聯合國憲章所建立的國際安全體系的根本核心，在使用武力方面，唯有聯合國憲章提供了普遍接受的法律依據"。[28]

2001年，加拿大政府資助成立的"干涉與國家主權國際委員會"

---

28 《秘書長關於聯合國工作報告》，參見聯合國文件：A/55/1。

（ICISS）創設了一種新型的國際人權保護原則——"保護的責任"原則（the principle of Responsibility to Protect，R2P）。這項原則的基本主張是：①國家承擔保護其國民的首要責任；②在國家不願或者無力承擔該責任時，國際社會履行保護責任；③國際社會履行責任的方式包括（對暴行的）預防、反應以及（干涉後的）重建；④武力干涉手段必須遵循合理授權、正當理由、正確意圖、最後手段、手段均衡性、合理的成功機會六項準則。[29]2005年聯合國大會通過審議接受《世界首腦會議成果》，確認"保護的責任"適用於滅絕種族、戰爭罪、族裔清洗和危害人類罪這四種罪行。《世界首腦會議成果》確認的"保護的責任"原則體現了對國家主權原則和不干涉內政原則的尊重，也明確了其他國家依"保護的責任"原則採取強制行動必須得到安理會的授權，體現了對禁止使用武力或武力威脅原則的尊重。

但美國堅持在應對人道主義災難行動中的主導地位，拒絕接受聯合國授權作為實施強制行動的必經程序。1999年美國在沒有聯合國授權的情況下以"人道主義干涉"為由發動了科索沃戰爭；2003年美英兩國又以反恐和大規模殺傷性武器為由，繞開聯合國發動了伊拉克戰爭。美國的單方面行動受到了國際社會的廣泛批評。

美國還以自己的"民主模式"改造其他國家，實行"民主輸出"。21世紀初在美國等西方國家的支持下，東歐、中亞、阿拉伯地區先後爆發顏色革命，發生政權更迭，一些國家開始實行美國式的民主制度，但均不成功，國內政局長期處於動盪狀態。

2. 單邊主義盛行，嚴重破壞國際關係正常秩序

單邊制裁是美國單邊主義路綫的重要方式之一，它指美國單方面對別國實行的貿易禁運、金融制裁等。冷戰後，美國越來越傾向於使用單邊制裁。僅在克林頓時期，美國就對三十五個國家實行了六十一項單邊

---

29 史曉曦、蔣餘浩：《美國對外政策中的"保護的責任"立場》，《美國研究》2016年第3期，第101-102頁。

制裁措施，涵蓋二十三億人口，涉及出口總額達到七千九百億美元，佔當時全球出口市場的 19%，涉及的被制裁國包括阿富汗、古巴、岡比亞、伊朗、伊拉克、朝鮮、巴基斯坦等。[30] 除了單邊制裁，美國還單方面發起軍事行動。例如，克林頓時期，以美國為首的北約轟炸南聯盟；小布什時期，美英兩國發動伊拉克戰爭。

特朗普上台後，美國的單邊主義幾乎登峰造極。首先，在多邊關係領域，特朗普當局退出或者宣稱將要退出一系列重要國際組織或條約。如，2017 年宣佈退出聯合國教科文組織和《聯合國氣候變化框架公約巴黎協定》（《巴黎協定》），2018 年宣佈退出聯合國人權理事會和萬國郵政聯盟等國際組織和《跨太平洋夥伴關係協定》（TPP）、《伊核協議》《維也納外交關係公約關於強制解決爭端之任擇議定書》等國際條約。對於世界貿易組織（WTO），美國濫用該組織的否決權機制，並大幅削減世界貿易組織上訴機構經費預算，導致世界貿易組織上訴機構幾乎癱瘓。對於世界衛生組織（WHO），美國以"斷供"作為要挾，嚴重影響世界衛生組織的正常運行。近日，特朗普又揚言要退出《開放天空條約》。

其次，在雙邊關係領域，美國肆意實施長臂管轄原則，濫用域外管轄權。長臂管轄是美國將國內法的觸角延伸到境外，管轄境外實體的做法。近年來，美國不斷擴充長臂管轄的範圍，涵蓋了民事侵權、金融投資、反壟斷、出口管制、網絡安全等眾多領域，並在國際事務中動輒要求其他國家的實體或個人必須服從美國國內法，否則隨時可能遭到美國的民事、刑事、貿易等制裁。[31] 長臂管轄是美國濫用域外管轄權的表現。在國際關係中，各國對行使域外管轄權都比較克制，美國卻反其道而行之，在霸權主義和單邊主義思想的指導下，對域外管轄權進行隨意的"長臂化改造"，單方面將本國法律的適用範圍強行擴大到全球，將

30　潘銳等著：《美國國際經濟政策研究》，上海人民出版社 2013 年版，第 212 頁。
31　國務院新聞辦公室：《關於中美經貿摩擦的事實與中方立場》白皮書，2018 年 9 月 24 日。

管轄權擴大到針對全球各國的機構與個人。[32]美國建立了比較完善的"長臂管轄"法律機制，有關的立法主要包括《1949 年出口控制法》《1970年反犯罪組織侵蝕合法組織法》《1974 年貿易法》《1977 年國際緊急狀態經濟權力法》《1977 年海外反腐敗法》《2001 年愛國者法》《2010 年多德—弗蘭克華爾街改革和消費者保護法》《2010 年海外賬戶合規法》《2017 年美國敵對國家制裁法》等。自中美經貿摩擦爆發以來，美國頻頻針對中國機構、企業和個人實施長臂管轄。2018 年以來，中國被納入美國商務部"出口管制實體清單"的機構和個人超過兩百家，被納入"未經驗證實體名單"的機構有四十九家。2020 年 5 月，美國商務部又將三十三家中國企業、機構、院校和個人列入貿易管控的所謂"出口管制實體清單"。

美國的單邊主義做法違反了《聯合國憲章》等國際法律文件確立的國際法和國際關係基本準則，對國家主權平等原則、不干涉內政原則、禁止使用武力或武力威脅原則、國際合作原則等國際關係基本準則造成嚴重破壞。

3. 推動國際關係法治化、民主化進程，主動參與國際規則制定

國際社會公認的國際法和國際關係基本準則是各國交往的基本行為規範。但不可否認的是，強權政治依然是國際社會的現實，國際關係基本準則仍然受到個別大國、強國的踐踏，建立公平、正義的國際秩序仍然任重道遠。冷戰結束以後美蘇兩極的均勢不復存在以後，美國成為世界唯一霸權。它自然不願意受到國際關係基本準則的約束；當這些基本準則成為其霸權的絆腳石時，它就會選擇繞開甚至踢開。並且，美國為推行其霸權政策和單邊主義路綫，提出並推動新的國際關係準則，試圖超越或者取代已經得到國際社會公認的國際關係基本準則。一個例證便是所謂"人權原則""民主原則"的提出。

32　戚凱：《美國"長臂管轄"與中美經貿摩擦》，《外交評論》2020 年第 2 期，第 24 頁。

這一特徵也體現於美西方干預香港事務所尋找的藉口：捍衛香港的人權、民主和自由。可以試想，只要美國不放棄其霸權主義路綫，它就會持續地挑戰和侵蝕當代國際社會公認的國際法和國際關係基本準則，它就會持續地、想方設法地阻撓、破壞中國的發展，它就絕不會放棄任何藉干預香港事務打斷中國發展進程的機會。

中國作為聯合國安理會常任理事國和負責任的大國，應堅持將國際社會公認的國際法和國際關係基本準則作為各國對外交往的基本行為規範，同時應積極主動地推動、引導國際法和國際關係基本準則的發展。首先，應堅持推動國際關係法治化、民主化進程，推動各國共同參與國際規則的制定，而不是由少數幾個大國來主導國際規則的形成。其次，應推動國際社會達成以國際法和國際關係基本準則為主要內容的國際公約，從而減少關於國際法和國際關係基本準則的法律爭議和政治爭議。再次，重視國際人權保護原則和規則的發展，努力建構中國的人權話語體系，防止由美國等西方國家來主導這一過程。應推動建立人權保護與國家主權、不干涉內政等既有國際關係基本準則相協調的關係，而不是相衝突、相對抗的關係。

（二）進一步完善香港維護國家安全的法律制度

全國人大常委會制定的《中華人民共和國香港特別行政區維護國家安全法》填補了香港維護國家安全防綫的漏洞，使香港由亂轉治。但《港區國安法》只是針對當時最嚴重和最迫切的四類危害國家安全的行為和活動，《香港基本法》第 23 條規定應當予以立法禁止的七類行為中，《港區國安法》只涵蓋了其中兩類，即分裂國家和顛覆中央人民政府，香港現行本地法例如《刑事罪行條例》《官方機密條例》《社團條例》等亦只涵蓋部分相關的行為。因此，香港特區仍有必要在適當時機完成《香港基本法》第 23 條規定的國家安全立法工作。

（三）建立健全香港特區執行國家反制外國制裁措施的法律機制

2021 年 6 月全國人大常委會通過了《反外國制裁法》。儘管有人呼籲將《反外國制裁法》列入《香港基本法》附件三，但實際上可能並無必要。

1. 制裁與反制裁是國家行為，具有外交性質

首先，國家發起的單邊制裁是國家蓄意斷絕或威脅斷絕貿易或金融等關係的行為，是國家常用的對外政策工具。除國家間關係外，國際組織如聯合國、歐盟等也將制裁列為其實現組織宗旨和目的的重要工具，但國際組織發起的制裁同樣需要由國家來具體執行。從國際制裁實踐來看，除對恐怖主義組織實施的制裁外，單邊制裁和多邊制裁基本上存在於國與國關係，直接影響國家間關係，是外交性質的行為。其次，反制裁是針對他國制裁措施的反制行為，意在使他國制裁目的落空和表明本國決不屈服的國家立場。制裁與反制裁體現的是國家之間的對抗關係，都是由國家發起和組織實施，地方無權也無能力發起和組織實施，地方主要負責執行國家的制裁或反制裁決定。

2. 反制裁決定權是中央權力

從《反外國制裁法》的具體規定來看，決定反制清單和反制措施的權力屬國務院有關部門，有關決定由外交部或國務院其他有關部門公佈。可見根據《反外國制裁法》，反制裁決定權是中央的一項權力，也不適宜授權香港來行使。因此，從基本法規定的中央與特區關係來看，不宜將《反外國制裁法》列入基本法附件三。而且，單靠香港也無力與美國直接對抗。至於該法規定的中國境內組織和個人應當執行國務院有關部門採取的反制措施的部分，可以按照基本法的有關規定和由香港直接本地立法的方式來貫徹執行。

《反外國制裁法》即使不列入基本法附件三，仍可依照基本法的規定在香港得到執行，但應完善有關執行機制的法律基礎。

早在 1997 年 7 月 16 日，臨時立法會便通過了《聯合國制裁條例》，授權行政長官制定"規例"，有效實施安理會制裁措施。而該條例規定的啟動機制是外交部向行政長官作出指示，然後行政長官訂立"規例"，執行該指示。截至目前，根據此條例制定的行政長官執行規例多達九十餘件。可見在國際制裁方面，"外交部指令 + 行政長官執行"機制經過較長時間的實踐，運作比較順暢。當前中國反制美國對港制裁的措施主要是對美國個別官員、議員實行對等制裁包括取消美方持外交護照人員臨時訪問港澳免簽待遇等。此類反制措施根據基本法第48 條的規定，如仿效香港執行安理會制裁的模式，採取"外交部指令 + 行政長官執行"的機制應可以在香港得到有效執行。

　　不過，香港仍應建立執行外交部反制裁指令的本地立法。香港採用"外交部指令 + 行政長官執行"機制執行安理會制裁，具有本地立法（《聯合國制裁條例》）的授權基礎，且行政長官根據該條例是以訂立規例的方式執行。為避免行政長官執行外交部反制裁指令產生缺乏本地立法基礎的法律爭議，香港可制定條例授權行政長官訂立規例執行國家的制裁或反制裁指令。或者，為降低制定專門性條例的敏感度，香港可制定一部一般性的條例，概括授權行政長官訂立規例執行國家指令。

　　另外，為保護本港企業利益，可擇機激活本地阻斷立法的適用。香港在回歸前便通過了《保護貿易權益條例》，用於反制影響香港貿易權益的海外措施。根據該條例，在香港經營業務的當事人受到外國法律或措施域外管轄權的影響，令香港貿易權益受到損害，應向行政長官報告，行政長官可發出指示，禁止當事人遵從外國法律或措施。《保護貿易權益條例》與內地的《阻斷外國法律與措施不當域外適用辦法》類似，不過並未發現《保護貿易權益條例》具體適用的事例。未來如發生該條例規定的情形，香港可擇機適用該條例。

第五章

《中英聯合聲明》的
法律效力

一、關於《中英聯合聲明》法律效力的爭議

1984 年 12 月 19 日，《中華人民共和國政府和大不列顛及北愛爾蘭聯合王國政府關於香港問題的聯合聲明》（下稱《中英聯合聲明》）在北京簽署；1985 年 5 月 27 日，中英兩國政府互相交換批准書，《中英聯合聲明》正式生效。《中英聯合聲明》使延續了近一個半世紀的香港問題得以和平解決，是一件非常有意義的事情，[1] 是在國際關係中通過和平方式解決複雜問題的範例，[2] 為和平解決國際爭端提供了新的經驗，廣受國際社會好評。[3]

但在香港回歸前的過渡期及回歸後，中英兩國都曾互相指責對方違反《中英聯合聲明》，沒有切實履行《中英聯合聲明》的義務。近年來更是產生了關於《中英聯合聲明》法律效力問題的爭議。例如，2014年，在香港政改爭議愈演愈烈之際，英國議會下議院外交事務委員會欲到香港調查《中英聯合聲明》和《香港基本法》的實施情況，被中國拒絕。中國駐英大使館公使倪堅在當年 11 月 28 日對英國下議院外交事務委員會主席理查德德‧奧塔韋（Sir Richard Ottaway）指出："中英之間的聯合聲明目前已經無效，該份簽署於 1984 年的聲明，有效日期只維持至 1997 年。"[4] 當年 12 月 17 日，香港政制及內地事務局局長譚志源在立法會接受議員質詢時表示，《中英聯合聲明》的規定，都已經得到了落實，其宗旨和目的早已完全實現。[5] 言下之意應是《中英聯合聲明》已經全部履行完畢。

1　《鄧小平文選》，第三卷，人民出版社 1993 年版，第 101 頁。

2　《國務委員兼外交部長吳學謙就提請審議中英關於香港問題協議文件向全國人大常委會的報告》，《中華人民國務院公報》1984 年第 28 號，第 955 頁。

3　《國務院關於提請審議〈中華人民共和國政府和大不列顛及北愛爾蘭聯合王國政府關於香港問題的聯合聲明〉的議案》，《中華人民共和國國務院公報》1984 年第 28 號，第 948 頁。

4　"Does China Think the Sino-British Joint Declaration Is Void?"，美國《外交政策》：https://foreignpolicy.com/2014/12/18/does-china-think-the-sino-british-joint-declaration-is-void/，最後訪問時間：2021 年 3 月 6 日。

5　《立法會五題：關於香港問題的聯合聲明》，香港特別行政區：https://www.info.gov.hk/gia/general/201412/17/P201412170712.htm，最後訪問時間：2021 年 3 月 6 日。

2017 年 6 月 30 日，在香港回歸二十年之際，外交部發言人陸慷在例行記者會上表示，"《中英聯合聲明》作為一個歷史文件，不再具有任何現實意義，對中國中央政府對香港特區的管理也不具備任何約束力。英方對回歸後的香港無主權、無治權、無監督權。"[6] 但英國外交和聯邦事務部發言人回應稱："今天《中英聯合聲明》與三十多年前簽訂時一樣有效。這是一份有法律拘束力的條約，已向聯合國登記並繼續生效。作為締約方，聯合王國政府有責任密切監督它的施行。"[7] 2017 年 7 月 8 日，外交部條約法律司司長徐宏在香港出席國際法研討會時的發言略有不同。他指出，中國從來沒有否認《中英聯合聲明》是條約，隨着香港回歸、過渡期工作結束，《中英聯合聲明》中與英國有關的權利義務已經履行完畢，聲明第三條及附件一是中國的單方面聲明，不是中英雙方的協議，純屬中國內政，不構成中英之間的權利和義務，毋須由中英雙方共同落實。[8]

2019 年香港發生 "修例風波" 後，6 月 12 日中國駐英國大使劉曉明在接受 BBC 採訪時指《中英聯合聲明》已經失效，表示這是 "歷史文件，已經完成了其使命"。[9] 當年 7 月，英國外交大臣傑里米·亨特敦促中方尊重《中英聯合聲明》；[10] 同年 8 月，七國集團（G7）發表簡短聯合聲明，重申《中英聯合聲明》的存在與重要性。[11] 11 月，美國通過所

6　《2017 年 6 月 30 日外交部發言人陸慷主持例行記者會》，外交部：https://www.fmprc.gov.cn/web/wjdt_674879/fyrbt_674889/t1474476.shtml，最後訪問時間：2021 年 3 月 6 日。

7　"UK says Sino-British Joint Declaration on Hong Kong remains in force"，英國路透社：https://www.reuters.com/article/us-hongkong-anniversary-britain-idUSKBN19L21A，最後訪問時間：2021 年 3 月 6 日。

8　《外交部官員徐宏：香港回歸後 英國再無權利義務》，觀察者網：https://www.guancha.cn/local/2017_07_09_417223.shtml，最後訪問時間：2021 年 3 月 6 日。

9　《駐英國大使劉曉明接受 BBC〈新聞之夜〉欄目直播專訪》，外交部：https://www.fmprc.gov.cn/web/dszlsjt_673036/t1671784.shtml，最後訪問時間：2021 年 3 月 6 日。

10　"Jeremy Hunt refuses to rule out sanctions against China"，英國《衛報》：https://www.theguardian.com/politics/2019/jul/04/jeremy-hunt-refuses-to-rule-out-sanctions-against-china，最後訪問時間：2021 年 3 月 6 日。

11　"G7 Leaders' Declaration"，歐洲理事會：https://www.consilium.europa.eu/en/press/press-releases/2019/08/26/g7-leaders-declaration-biarritz-26-august-2019/，最後訪問時間：2021 年 3 月 6 日。

謂《香港人權與民主法》，要求美國國務院每年對香港的自治權進行審查，並規定了制裁措施。

2020 年中國全國人大常委會制定《香港特別行政區維護國家安全法》，再次引發關於《中英聯合聲明》法律效力的爭議。5 月 25 日，外交部發言人趙立堅表示，《中英聯合聲明》與英方有關的權利和義務已經履行完畢，美國沒有任何法律依據，也沒有任何資格援引《中英聯合聲明》對香港事務說三道四。[12]5 月 28 日，美國、英國、澳大利亞和加拿大發表聯合聲明稱中國政府制定《香港特別行政區維護國家安全法》與《中英聯合聲明》構成直接衝突。[13]5 月 29 日，美國總統特朗普指責中國違反《中英聯合聲明》。[14]6 月，英國駐華大使館發表聲明稱《中英聯合聲明》至今仍然有效。[15]7 月，美國快速通過所謂《香港自治法》，規定對"大力推動中國政府不履行《中英聯合聲明》或者《香港基本法》的義務"的個人或實體實施制裁。

2021 年中國全國人大十三屆四次會議通過了關於完善香港選舉制度的決定。3 月 11 日，歐盟共同外交與安全政策高級代表發表聲明稱中國全國人大的決定違反了中國在《中英聯合聲明》的國際義務。[16]3 月 13 日，七國集團外長發表聯合聲明要求中國遵守《中英聯合聲明》。[17]同日，英國外交大臣拉布（Dominic Raab）通過推特稱"中國處於持續

---

12 《2020 年 5 月 25 日外交部發言人趙立堅主持例行記者會》，外交部：http://ua.chineseembassy.org/chn/zwgx/shbgxhg/wjbfyrth/t1782502.htm，最後訪問時間：2021 年 3 月 6 日。

13 《英美澳加發表聯合聲明 譴責北京推香港〈國安法〉》，BBC 中文網：https://www.bbc.com/zhongwen/simp/chinese-news-52839507，最後訪問時間：2021 年 3 月 6 日。

14 "Trump Calls China's Actions on Hong Kong 'Plain Violations'"，美國之音：https://www.voanews.com/east-asia-pacific/voa-news-china/trump-calls-chinas-actions-hong-kong-plain-violations，最後訪問時間：2021 年 3 月 6 日。

15 "UK and Hong Kong: refuting disinformation"，英國駐華大使館：https://www.gov.uk/government/news/hong-kong-hong-kong-myth-busting-article，最後訪問時間：2021 年 3 月 6 日。

16 "Hong Kong: Declaration by the High Representative on behalf of the EU on the electoral system"，歐洲理事會：https://www.consilium.europa.eu/en/press/press-releases/2021/03/11/hong-kong-declaration-by-the-high-representative-on-behalf-of-the-eu-the-electoral-system/，最後訪問時間：2021 年 3 月 14 日。

17 "Hong Kong: G7 Statement on Hong Kong Electoral Changes"，加拿大多倫多大學七國集團信息中心：http://www.g7.utoronto.ca/foreign/210313-hongkong.html，最後訪問時間：2021 年 3 月 14 日。

不遵守《中英聯合聲明》的狀態"。[18] 中國駐英大使館回應強調，《聯合聲明》的歷史使命已然完成，英方對回歸後的香港無主權、無治權、無監督權，任何外國和組織無權藉口《聯合聲明》插手香港事務、干涉中國內政。[19]

可見英國等一些國家儼然以《中英聯合聲明》的監護者自居，《中英聯合聲明》似乎成為英國等國抨擊中國的"利器"。與之針鋒相對的是，這一立場受到中國外交部門的嚴厲批駁，理由主要包括：①聯合聲明已是歷史文件；②與英國有關的權利義務已經履行完畢；③英方對回歸後的香港無主權、無治權、無監督權；④聯合聲明第三條及附件一是中國的單方面聲明，不構成中英之間的權利和義務。其中關於"聯合聲明已是歷史文件"的結論引發了關於《中英聯合聲明》法律效力問題的新爭議，《中英聯合聲明》是否仍然有效的問題成為了國際社會和學術界的一大爭議焦點。概而言之，當前關於《中英聯合聲明》法律效力問題的爭議主要集中在兩點：一是如何認識中英兩國各自在聲明中的權利義務問題，二是聲明的繼續有效性問題。這些爭議似乎已經超出學術研究的範疇，涉及到認定當事國是否尊重條約必須遵守原則、是否信守國際承諾的信用問題。本文試圖着力於從國際法視角對這些問題加以探討，力求獲得一種基於學術的相對客觀理性的認識。

判斷一項國際協議的法律效力如何，應以國際法為依據。《中英聯合聲明》是中英兩國為解決香港問題達成的國際協議，要判斷它的法律效力問題當然也應以國際法為依據。與當前關於《中英聯合聲明》法律效力問題的爭議焦點相對應，本文的闡述、判斷過程擬分解為如下步驟：其一，《中英聯合聲明》的法律性質如何，是否屬條約？對這一問

---

18 "Hong Kong: UK accuses China of breaching joint declaration"，英國《衛報》：https://www.theguardian.com/politics/2021/mar/13/hong-kong-uk-accuses-china-of-breaching-joint-declaration，最後訪問時間：2021 年 3 月 14 日。

19 《中國駐英國使館發言人就英國外交發展大臣涉港聲明及七國集團外長和歐盟外交與安全政策高級代表涉港聯合聲明答記者問》，中國駐英大使館：http://www.chinese-embassy.org.uk/chn/sgryr/t1860846.htm，最後訪問時間：2021 年 3 月 16 日。

題的回答，將決定依據哪個領域的國際法規則和原理來判斷《中英聯合聲明》的法律效力問題。其二，如果《中英聯合聲明》在性質上屬條約，那麼它有沒有特殊性，中英兩國各自在聲明中的權利義務如何？中方關於聲明第三條及附件一是中國單方面聲明的立場是否成立？又如果前述立場成立，那麼中國是否承擔了某種國際義務，英國等國是否享有某種權利，如監督權？這種所謂"監督權"與聯合聲明的法律效力之間存在怎樣的關係，聲明有效性與"監督權"之間是否存在對應關係？其三，國際條約法關於條約效力問題形成了哪些規則，其中又有哪些規則可以用於判斷聯合聲明的時效性問題？中英兩國各自在聲明中的權利義務的現時狀態如何，這種狀態與聯合聲明的時效性之間存在怎樣的關係？

二、《中英聯合聲明》的法律性質：雙邊條約

從 1983 年 7 月到 1984 年 9 月，中英兩國經過二十二輪的談判達成了關於香港問題的協議——《中英聯合聲明》。但為何中英雙方將這一國際文書叫做"聯合聲明（joint declaration）"，而沒有叫做"treaty（條約）"或者"agreement（協定）"呢？

一項國際文書使用怎樣的名稱與該項文書在政治上的重要性存在關聯，如關於技術或者行政合作的協議很少使用"盟約（covenant）"或者"憲章（charter）"作為名稱，而建立國際組織的協議通常也不會使用"協議記錄（agreed minutes）"或者"諒解備忘錄（memorandum of understanding）"這樣的名稱。[20] 使用"中英聯合聲明"這個名稱便是出於政治上的考量。[21] 實際上，中英兩國在開始談判的時候，都說到達成關於香港問題的"協議"，後來逐步經過嚴格推敲及雙方爭論，達成的協議不叫"treaty（條約）"，也不叫"agreement（協定）"，而是用"聲

20　Jan Klabbers, *The Concept of Treaty in International Law*, Kluwer Law International, 1996, p.43.

21　Anthony Aust, *Modern Treaty Law and Practice*, Cambridge University Press, 2007, second edition, p.29.

明（declaration）"。[22] 在談判過程中，"英方提出要搞一個條約，而中方則說不搞條約了，搞中英聯合公報的形式。最後英方接受中方的建議，仿效尼克松總統訪華時簽署的《上海公報》的做法，採用了聯合公報的形式"。[23]

至於中國為什麼不贊成採用"條約"的名稱，是因為"中國向來不承認19世紀中英兩國間關於香港的三個不平等條約，中國政府對香港恢復行使主權，理所當然不需要英國政府同意"。[24] 從另一個角度來看，協議名稱採用"聲明"而不是"條約"，是中國為了避免造成承認英國擁有對香港的某種權利的事實。[25] 如果使用"條約"這一名稱，還可能被解讀為這是中英之間關於香港的第四個條約，暗含着香港問題的某種歷史延續性，相當於中國實際上承認了中英間關於香港的三個不平等條約的合法性，無異於承認英國在1997年前擁有控制香港的合法權利。[26] 所以為了堅持中國關於香港問題的一貫以來的立場，也為了避免產生歧義，中國堅持中英兩國談判達成關於香港問題的協議不採用"條約"的名稱，而是使用"聯合聲明"這一稱呼。

接下來的問題是，《中英聯合聲明》不叫"條約"，那它在法律性質上屬什麼呢？《中英聯合聲明》雖然不叫"條約"，但是它的條約性

22　陳敦德：《廢約：中英香港問題談判始末》，中國青年出版社2013年版，第315頁。

23　周南、宗道一：《中英香港問題談判親歷記（二）》，《百年潮》2006年第5期，第27-28頁。

24　陳敦德：《廢約：中英香港問題談判始末》，中國青年出版社2013年版，第316頁。

25　Susan L. Karamanian, "Legal Aspects of the Sino-British Draft Agreement on the Future of Hong Kong", *Texas International Law Journal*, vol.20, no.1, Winter 1985, p.183.

26　Susan L. Karamanian, "Legal Aspects of the Sino-British Draft Agreement on the Future of Hong Kong", *Texas International Law Journal*, vol.20, no.1, Winter 1985, p.182.

質在國際層面和學術界已經成為一項共識。[27] 早在 1984 年國務委員兼外交部長吳學謙向全國人大常委會提請審議中英關於香港問題協議文件的報告中就曾明確表示，"'聯合聲明'也是國際條約的一種形式，同樣具有國際法效力和法律約束力"。[28] 令人困惑的是，中國外交系統此後的官方場合似乎不再明確表示《中英聯合聲明》在性質上屬條約了，[29] 近期也都是以"歷史文件"來指稱《中英聯合聲明》。看來，究竟應該如何認定《中英聯合聲明》的法律性質，仍有加以系統論證的必要。

對於確定國際文書的法律性質而言，文書的名稱不是決定性的。[30] 這一點為 1969 年《維也納條約法公約》所確認，公約第 2 條規定 "稱'條約'者，謂國家間所締結而以國際法為準之國際書面協定，不論其載於一項單獨文書或兩項以上相互有關之文書內，亦不論其特定名稱為何"。在海洋劃界和領土爭端案中，國際法院明確援引了《維也納條約法公約》第 2 條，並指出："國際協定可採用多種形式和使用多種名稱。"[31] 在愛琴海大陸架案中，國際法院指出，一項國際文書使用"聯合公報（joint communiqué）"的名稱，並不妨礙它成為一項條約。[32]

27　參見〔英〕詹寧斯、瓦茨修訂：《奧本海國際法》第一卷第二分冊，王鐵崖等譯，中國大百科全書出版社 1998 年版，第 621 頁；饒戈平、李贊：《國際條約在香港的適用問題研究》，中國民主法制出版社 2010 年版，第 35 頁；Anthony Aust, *Modern Treaty Law and Practice*, Cambridge University Press, 2007, second edition, pp.28-29; Thomas Boasberg, "One Country, One-and-A-Half System: The Hong Kong Basic Law and Its Breaches of the Sino-British Joint Declaration", *Wisconsin International Law Journal*. Vol. 10, no.2, 1991-1992, p.294; Chiu Hungdah, "The 1984 Sino-British Agreement on Hong Kong and Its Implications on China's Unification", *Occasional Papers/Reprints Series in Contemporary Asian Studies*, vol.1985, no.3, 1985, p.72. 聯合國法律事務廳在介紹 Declaration 時也是以《中英聯合聲明》來舉例說明 Declaration 也可以屬條約，參見聯合國：https://treaties.un.org/Pages/Overview. aspx?path=overview/glossary/page1_en.xml#declarations，最後訪問時間：2021 年 2 月 11 日。

28　《國務院關於提請審議〈中華人民共和國政府和大不列顛及北愛爾蘭聯合王國政府關於香港問題的聯合聲明〉的議案》，《中華人民共和國國務院公報》1984 年第 28 號，第 954 頁。

29　如前文所述，外交部條法司原司長徐宏在香港的一次研討會上表示中方從未否認《中英聯合聲明》是條約。但這一表態是在非官方場合作出的，也無法從正式的官方記錄查證。

30　Jan Klabbers, *The Concept of Treaty in International Law*, Kluwer Law International, 1996, pp.42-43; 另可參見美國國務院：International Documents of A Non-legality Binding Character, p.1, http://www. state.gov/documents/organization/65728.pdf，最後訪問時間：2021 年 2 月 11 日。

31　*Maritime Delimitation and Territorial Questions between Qatar and Bahrain*, Jurisdiction and Admissibility, Judgment, I. C. J. Reports 1994, p.120, para.23.

32　*Aegean Sea Continental Shelf (Greece v. Turkey)*, Judgment, 1. C. J. Reports 1978, p.39, para.96.

國際文書的法律性質也不取決於其文本中的用語。沙赫特教授指出，國際文書用語的原則性和抽象性並不必然導致該項國際文書不具有法律約束力，相應地，國際文書的用語即使是精確的、具體的，也不能就此決定該項文書具有法律約束力。[33] 國際法院在西南非洲案中指出："委任統治文書具有條約或公約的特徵，……在委任統治文書的最後一段將它描述為宣言的事實不具有任何法律重要性，……術語不是一項文書具有國際協定特徵的決定因素。"[34]

　　確定一個國際文書的法律性質是否一個條約的最有決定性的因素，在於它是否意圖在各締約國間創設法律權利和義務。[35] 換言之，國家的主觀意圖是國際文書法律性質的決定因素。如沙赫特教授就認為，一項國際文書無論在內容還是在形式上都極似條約，但如果國家僅視它為君子協定的意圖十分明顯，那麼國家的意圖就是決定性的；另一方面，對於那些形式和內容不怎麼正式的公報、宣言等，如果國家意圖使之具有法律約束力，那它們就具有法律約束力，只要有證據證明國家確實存在此項意圖。[36] 例如，1941 年美國與英國發表的具有歷史意義的《大西洋憲章》，就因為美英兩國在主觀意圖上無意創設相互間的法律權利義務，被普遍認為不構成條約，不具有法律約束力。[37]

　　既然主觀意圖對國際文書的法律性質起着決定性作用，那麼如何確定國家的主觀意圖呢？國際實踐中要確定一個國家的主觀意圖並非易事，這只能通過國家的機構或者其代表的具體行為來加以判斷，所能依據的只能是這些法律主體對外界明顯表現出來的、並且可以通過外部因

33　Oscar Schachter, "International Law in Theory and Practice", *Recueil des cours*, vol.178, 1982, p. 127.

34　*South West Africa Cases(Ethiopia v. South Africa; Liberia v. South Africa)*, Preliminary Objections, Judgment of 21 December 1962, I. C. J. Reports 1962, p.331.

35　〔英〕勞特派特修訂：《奧本海國際法》上卷（平時法）第二分冊，王鐵崖、陳體强譯，商務印書館 1989 年版，第 325 頁；Jan Klabbers, *The Concept of Treaty in International Law*, Kluwer Law International, 1996, p.65.

36　See Oscar Schachter, "International Law in Theory and Practice", *Recueil des cours*, vol.178, 1982, p. 128.

37　Jan Klabbers, *The Concept of Treaty in International Law*, Kluwer Law International, 1996, p.71.

素予以確認的 "客觀的" 主觀意圖（objective intentions）。[38]

可以作為確認國家具有將某個國際文書視作條約的主觀意圖的外部因素包括：[39]①國家同意受約束。通常，國家表示同意承受約束被假設為國家具有使達成的協議具有法律約束力的主觀意圖的有效證據。[40]《維也納條約法公約》第11條列舉了國家表示同意承受約束的方式，包括簽署、交換構成條約之文書、批准、接受、核准或加入或任何經過約定的其他方式。②生效。國際文書的生效即該項文書開始拘束其談判國也被認為是國家在主觀意圖上使一項國際文書具有法律約束力的可信賴的證據。[41]從《維也納條約法》第24條的規定來看，生效的方式包括協議中含有關於生效的方式或日期的條款，若無此條款，經其他方式可確認各談判國同意受該協議約束。③該項國際文書含有爭端解決條款。如果一項國際文書含有強制性的爭端解決條款，無疑是國家具有使該項文書產生法律約束力的主觀意圖的重要證據；但如果一項國際文書沒有這一規定，也不妨礙該項文書成為具有法律約束力的條約。[42]④登記。《聯合國憲章》第102條規定，聯合國任何會員國所締結之一切條約及國際協定應盡速在秘書處登記，並由秘書處公佈之；《維也納條約法公約》第80條也規定，條約應於生效後送請聯合國秘書處登記或存案和記錄，並予以公佈。基於這樣的規定，登記被認為是判斷國家是否存在使一項國際文書具有法律約束力的主觀意圖的證據之一。[43]但需要指出的是，聯合國秘書處在登記一個國際文書時並不對其地位作出判斷，登記並不賦予該文書任何它所不具有的地位，不登記並不構成該文書不是條約的證據。[44]正如國際法院在海洋劃界和領土爭端案中所言，不登記不影響

38　參見 Jan Klabbers, *The Concept of Treaty in International Law*, Kluwer Law International, 1996, pp.69-70.

39　參見 Jan Klabbers, *The Concept of Treaty in International Law*, Kluwer Law International, 1996, pp.72-89.

40　Jan Klabbers, *The Concept of Treaty in International Law*, Kluwer Law International, 1996, p.72.

41　Jan Klabbers, *The Concept of Treaty in International Law*, Kluwer Law International, 1996, p.75.

42　Jan Klabbers, *The Concept of Treaty in International Law*, Kluwer Law International, 1996, p.78.

43　Jan Klabbers, *The Concept of Treaty in International Law*, Kluwer Law International, 1996, p.79.

44　Anthony Aust, *Modern Treaty Law and Practice*, Cambridge University Press, 2007, second edition, pp.344-345.

一個國際協定的實際有效性，也不影響其約束力。[45] 但對判斷有關國家的主觀意圖而言，是否提交登記的事實可構成有關國家對於該文書具有何種地位的主觀意圖的證據。[46] 在前述幾個外部因素中，“國家同意受約束”直接反映了國家的主觀意圖，無疑是判斷國家主觀意圖的最關鍵、最核心要素；其他幾個外部因素也具有相當重要性，可以作為判斷國家主觀意圖的重要證據。當然，以上列舉的可以作為判斷國家主觀意圖的外部因素並非窮盡式的，其他的外部因素也可能可以作為證據，如國家對國際文書的官方公佈或刊登（publication）。[47]

具體到《中英聯合聲明》，不能僅因其使用了“聲明”這個名稱，就斷定其不是條約，而是應該採用前文所述的判斷國家主觀意圖的外部因素來確認中英兩國的主觀意圖。首先，中英兩國均同意受《中英聯合聲明》約束。聲明第七條規定“中華人民共和國政府和聯合王國政府同意，上述各項聲明和本聯合聲明的附件均將付諸實施”，第八條最後一句規定“本聯合聲明及其附件具有同等約束力”。因此，從中英兩國對《中英聯合聲明》的簽署及後續的批准等行為，以及聲明自身的規定來看，已經非常清楚、明確地體現了中英兩國使《中英聯合聲明》具有法律約束力的主觀意圖。[48] 其次，《中英聯合聲明》規定了生效的條件和時間。聲明第八條規定“本聯合聲明須經批准，並自互換批准書之日起生效。批准書應於一九八五年六月三十日前在北京互換”。從該項規定來看，《中英聯合聲明》生效的條件是聲明得到中英兩國的各自批准，生效的時間是兩國互換批准書之日，且該日期不遲於 1985 年 6 月 30 日。1985 年 4 月 10 日，中國第六屆全國人民代表大會第三次會議批准《中英聯合聲明》；1985 年 5 月 27 日，兩國政府互相交換批准書，《中英

<hr>

45 *Maritime Delimitation and Territorial Questions between Qatar and Bahrain*, Jurisdiction and Admissibility, Judgment, I. C. J. Reports 1994, p122, para.29.

46 Anthony Aust, *Modern Treaty Law and Practice*, Cambridge University Press, 2007, second edition, p.345.

47 Jan Klabbers, *The Concept of Treaty in International Law*, Kluwer Law International, 1996, p.85.

48 Kerrin Tso, “The Legal Implications of the Sino-British Treaties Regarding Hong Kong”, *Loyola of Los Angeles International and Comparative Law Journal*, vol.4, 1981, p.510.

聯合聲明》正式生效。再次，《中英聯合聲明》被遞交聯合國秘書處登記。1985 年 6 月 12 日，中英兩國常駐聯合國代表一起將《中英聯合聲明》送交主管法律事務的聯合國副秘書長，完成了在聯合國登記的法律手續，並載於《聯合國條約集》第 1399 卷。[49]

因此，從中英兩國同意受約束、確定聲明生效日期與履行登記等外部因素來看，已經充分地表明中英兩國具有使該聲明屬條約性質的主觀意圖。《中英聯合聲明》不含有爭端解決條款不對聲明的性質產生影響，當然，這一條款的缺失也為中英兩國後來難於處理有關聲明的爭議埋下了伏筆。

三、《中英聯合聲明》第三條及附件一屬中國的單方面聲明

2017 年 7 月，中國外交部條約法律司司長徐宏在香港出席國際法研討會時指出，《中英聯合聲明》第三條及附件一是中國的單方面聲明，不是中英雙方的協議，純屬中國內政，不構成中英之間的權利和義務，毋須由中英雙方共同落實。[50] 此後，中方開始將聲明第三條及附件一單獨列出並強調其單方面聲明的性質。[51] 人們不禁要問，既然《中英聯合聲明》在法律性質上屬條約，它的所有條文難道不應屬當事國之間的共同約定和共同聲明嗎？但為何中方強調聲明第三條及附件一是中國的單方面聲明？這似乎與通常所理解的雙邊條約明顯不一致。那麼，中

49　聯合國：https://treaties.un.org/Pages/showDetails.aspx?objid=08000002800d4d6e&clang=_en，最後訪問時間：2021 年 3 月 19 日。

50　《外交部官員徐宏：香港回歸後 英國再無權利義務》，觀察者網：https://www.guancha.cn/local/2017_07_09_417223.shtml，最後訪問時間：2021 年 3 月 6 日。

51　如 2019 年 8 月，外交部駐港公署特派員謝鋒在 "2019 香港國際法論壇" 上強調，聲明第三條及附件一是中方的單方面政策宣示，參見《駐港公署：堅決反對外部勢力拿〈中英聯合聲明〉插手香港事務》，中國新聞網：https://www.chinanews.com/ga/2019/08-15/8927488.shtml，最後訪問時間：2021 年 6 月 16 日。又如 2020 年 6 月，外交部發言人華春瑩和趙立堅先後在記者會上指出，《聯合聲明》關於對港基本方針政策是中方單方面政策宣示，參見《2020 年 6 月 12 日外交部發言人華春瑩主持例行記者會》，外交部：https://www.fmprc.gov.cn/web/fyrbt_673021/jzhsl_673025/t1788362.shtml，最後訪問時間：2021 年 6 月 16 日；《2020 年 6 月 3 日外交部發言人趙立堅主持例行記者會》，外交部：https://www.fmprc.gov.cn/web/fyrbt_673021/jzhsl_673025/t1785499.shtml，最後訪問時間：2021 年 6 月 16 日。

方的立場是否能夠成立呢？畢竟單方面聲明與條約是兩種不同的國際文書。條約中的某個條文是特定當事國的單方面聲明而不是各當事國之間的共同約定，這一特殊現象在國際法上是否站得住腳？

（一）國際法上的單方面聲明

經典國際法論著沒有對單方面聲明（unilateral declaration）下一個專門的定義。德國馬普所編《國際公法百科全書》指"declaration（漢譯為聲明或者宣言）"是國際法主體在國際關係領域中表達其意願、意圖或意見的一種方式，通常表現為國際法主體的單方面行為，也可以採用雙邊或者多邊的方式（joint statements）作出，[52] 如 1992 年《關於環境與發展的里約宣言》、2000 年《聯合國千年宣言》等。因此理解單方面聲明（unilateral declaration），需要先從認識"單方面行為（unilateral act）"開始。

然而，由於國家實踐的複雜性和多樣性，國際法學界對於"單方面行為"也沒有一致接受的定義。[53] 造成這一問題的困難，主要在於單方面行為的表現形式多種多樣，除單方面聲明外，還有其他表現形式，如外交照會、總統公告、政治發言等。[54] 從內容來看，單方面行為同樣表現出複雜多樣性，國家作出的承諾、承認、抗議、棄權，及條約法上的簽署、批准、保留、解釋性聲明，等等，都可以歸類為單方面行為，[55] 可見它們在國際實踐中是不可忽略的現象。從以上列舉的單方面行為的各種表現可以歸納出一個共同的特徵，即單方面行為是國家單方意志就

52　參見 Oliver Dörr,"Declaration", paras.1-2, in *Max Planck Encyclopedia of International Law*, Oxford University Press, 2013, available at: https://opil.ouplaw.com/view/10.1093/law:epil/9780199231690/law-9780199231690-e1397，最後訪問時間：2021 年 3 月 19 日。

53　參見 Vladimir-Djuro Degan,"Unilateral Act as a Source of Particular International Law", *Finnish Yearbook of International Law*, Volume 5, 1994, p.149.

54　*Yearbook of the International Law Commission 2005*, Volume II, Part One, pp.136-137.

55　參見 Víctor Rodríguez Cedeño, María Isabel Torres Cazorla,"Unilateral Acts of States in International Law", paras.7, 12, in *Max Planck Encyclopedia of International Law*, Oxford University Press, 2013, available at: https://opil.ouplaw.com/view/10.1093/law:epil/9780199231690/law-9780199231690-e1496?rskey=zKjDLV&result=1&prd=OPIL，最後訪問時間：2021 年 3 月 19 日。

可決定的行為。[56] 換言之，單方面行為是國家按照本國意志，獨立自主地作出的行為，不需要得到其他國家的同意或者准許。

同時，在國際關係中"聲明或者宣言"是一種比較嚴肅和正式的國家行為，是常用的國家工具，用於表達國家的官方觀點和意圖、澄清多邊情境中的共同立場、或決定其戰略態勢，重要的政治性聲明有如《1918 年威爾遜十四點聲明》，《1941 年大西洋憲章》等。[57]

至此，似可對這一概念作一個初步的界定："國家單方面聲明"是一種嚴格意義上的單方面行為，它是單個國家根據本國意志，獨立自主地在國際關係中表達本國意願、意圖或意見的聲明。單方面聲明的這一特徵顯然區別於條約，條約是至少兩個國際法主體意在原則上按照國際法產生、改變或廢止相互間權利義務的意思一致的表示。[58] 進而言之，國家單方面聲明與條約的區別至少有以下兩點：其一，主體數量不同，國家單方面聲明的主體只有一個，條約的主體是兩個或兩個以上的國家；其二，意思表示不同，國家單方面聲明是單個國家的意思表示，而條約通常是兩個或兩個以上國家的一致的意思表示，即前者不需要其他國家的同意或准許，後者需要當事國之間的相互同意。

（二）國際法不禁止在條約中寫入單方面聲明

接下來的一個問題是，在一個條約中是否可以出現單方面聲明呢？以《中英聯合聲明》為例，如果聲明第三條及附件一的內容不是置於該聯合聲明之中，而是由中國政府單方面發佈，無疑屬中國的單方面聲明。但現實則是這些內容不是由中國政府在聯合聲明之外單方面發佈，而是置於一個聯合聲明之中。前文已述《中英聯合聲明》在法律性質上

---

56 〔英〕戴維・M. 沃克（David M. Walker）：《牛津法律大辭典》（The Oxford Companion to Law），李雙元等譯，法律出版社 2003 年版，第 1132 頁。

57 參見 Oliver Dörr, "Declaration", para.3, in Max Planck Encyclopedia of International Law, Oxford University Press, 2013, available at: https://opil.ouplaw.com/view/10.1093/law:epil/9780199231690/law-9780199231690-e1397，最後訪問時間：2021 年 3 月 19 日。

58 李浩培：《條約法概論》，法律出版社 2003 年版，第 3 頁。

屬雙邊條約，對於屬條約一部分的第三條及附件一，是否還能夠援引前面的判斷，將其定性為單方面聲明呢？在此，首先要回答的一個問題就是國際法是否允許一個雙邊條約的某個條款屬單方面聲明，而不是條約當事國之間的共同條款？

從國際法的性質來看，國家同意是國際法的根據，是國際法的效力基礎，[59] 即國家的主觀意圖在國際法上具有特別的地位和作用。國際條約和國際習慣是國際法的主要淵源，都以國家同意作為其效力基礎：[60] 明示同意，當各國締結條約以規定各締約國的未來國際行為的某些規則時，它們就明示了同意；默示同意，即暗含的同意或以行為表示的同意，這種同意是由於各國採取了服從某些國際行為規則的習慣而表示出來的。[61] 正如前文在論述如何判斷國際文書的法律性質和下文將要論述的單方面聲明下的權利義務時所言，國家的主觀意圖在國際法上起着至為關鍵的作用，國際法充分尊重國家的自主意志。

從另一個方面來看，國際常設法院在 1927 年的 "荷花號" 案判決中確立了 "國際法不禁止即為允許" 的原則。國際常設法院在該案的判決中有一段經典判詞："國際法支配獨立國家間的關係。因此，約束國家的法律規則產生自國家自身的自由意志，這種自由意志體現於公約或者得到一般性地接受的體現法律原則的慣例，其目的是規範這些共存的獨立共同體間的關係或者實現共同的目標。因此，對獨立國家的限制是不能推定的。"[62] 這一原則表明國家行使主權的自由只受得到國家同意

59　參見〔英〕勞特派特修訂：《奧本海國際法》，上卷（平時法），第一分冊，王鐵崖、陳體強譯，商務印書館 1989 年版，第 11-13 頁。

60　參見〔英〕勞特派特修訂：《奧本海國際法》，上卷（平時法），第一分冊，王鐵崖、陳體強譯，商務印書館 1989 年版，第 12-13 頁。

61　參見〔英〕勞特派特修訂：《奧本海國際法》，上卷（平時法），第一分冊，王鐵崖、陳體強譯，商務印書館 1989 年版，第 18 頁。

62　*The Case of the S. S. Lotus*, P.I.C.J, Series A, No.10, 1927, p.18. 有學者認為 "荷花號" 案確立的 "國際法不禁止即為允許" 的原則隨着國際合作的深化、國際組織的蓬勃發展和人權保護的國際化，已經不足以有效調整當代國際關係，主權國家的自由受到越來越多的限制。參見陳一峰：《國際法不禁止即為允許嗎？——"荷花號" 原則的當代國際法反思》，《環球法律評論》2011 年第 3 期，第 135-138 頁。

的禁止性規則的限制；在沒有禁止性規則的情況下，國家可以自由地作出它認為合適的行為，而不需要有允許國家採取行動的具體依據。[63]"荷花號"案確立的這條原則在國際法院的司法實踐中被屢次適用。在使用或威脅使用核武器的合法性案的諮詢意見中，國際法院雖然沒有明確提及"荷花號"原則，但在推理過程中實際上適用了該原則。國際法院指出："法院注意到國際習慣法和國際條約法都沒有專門的、在一般或特定情形或合法自衛時允許使用或威脅使用核武器或其他武器的授權性規則。然而，也沒有任何國際法原則或規則要求使用或威脅使用核武器或其他武器的合法性取決於特定授權性規定。國家實踐表明，使用特定武器的非法性不是因為缺乏授權性規定，而是取決於禁止性規則。"[64] 概言之，在國際法院看來，使用或威脅使用核武器的合法性不取決於國際法是否存在授權性規則，而是是否存在禁止性規則。在科索沃案的諮詢意見中，國際法院再次實際適用了"荷花號"原則。在該案中，國際法院經過考察指出，一般國際法不存在禁止宣佈獨立的規則，因此科索沃單方面宣佈獨立沒有違反一般國際法。[65]

就本文正在討論的問題而言，作為條約法領域最重要的國際公約、作為現代條約法律與實踐的基礎的《維也納條約法公約》，沒有任何一項規則不允許一個條約的某個條款在性質上屬某個當事國的單方面聲明，而不是各當事國的共同條款；在習慣國際法上也找不到這樣的規則，權威國際法學者也未曾有過這樣的表述，國際司法實踐也沒有這方面的裁決。因此，既然國際法沒有禁止性規則，國家完全有自由將一個單方面聲明置於條約之中。

概言之，從國際法的性質和國際法的理論與實踐來看，國際法既沒有要求一個條約的所有條款都是條約當事國之間的共同條款，也不禁止

63　An Hertogen, "Letting Lotus Bloom", *European Journal of International Law*, Vol. 26 no. 4, 2016, p.902.

64　*Legality of the Threat or Use of Nuclear Weapons*, Advisory Opinion, I.C.J. Reports 1996, p.247, para.52.

65　*Accordance with International Law of the Unilateral Declaration of Independence in Respect of Kosovo*, Advisory Opinion, I.C.J. Reports 2010, pp.438-439, para.89.

一個條約的某個條款僅屬某個當事國的單方面聲明；在判斷一個條約的某個條款究竟屬各當事國的共同條款還是屬某個當事國的單方面聲明時，取決於國家的主觀意圖。

（三）《中英聯合聲明》的部分條文屬單方面聲明

回到《中英聯合聲明》，該聲明中的部分條文如第三條是否屬單方面聲明，還須根據前述條約解釋規則來考察中英兩國的主觀意圖。那麼，如何確定條約當事國的主觀意圖呢？在形式上可以採用前文所述通過外部因素來確認的方法，但在實質上這主要涉及條約的解釋問題。[66] 從《維也納條約法公約》關於條約解釋的規則來看，公約第 31 條規定條約之解釋首先 "應依其用語按其上下文並參照條約之目的及宗旨所具有之通常意義，善意解釋之"，第 32 條規定如果前述解釋方法所獲得的解釋結果仍屬不明或顯屬荒謬，就可使用包括條約的準備工作及締約情況在內的補充資料來確定條約的含義。麥克萊爾認為當事國的主觀意圖可以從條約的條文、締結條約時的情形和條約調整對象的性質出發加以推斷。[67] 在愛琴海大陸架案中，希臘認為國際法院具有管轄權的依據之一是 1975 年 5 月 31 日希土兩國總理共同發表的《布魯塞爾聯合公報》，但土耳其對此予以否認。國際法院對《布魯塞爾聯合公報》的用語和希土兩國舉行會談及擬定公報時的情形進行了考察，發現沒有足夠的證據證明雙方有將爭端提交國際法院的主觀意圖，該公報不構成兩國立即、無條件地將爭端提交國際法院的承諾，也不能成為法院管轄權的依據。[68] 因此，為確定當事國的主觀意圖，首先應根據條約的用語，按照上下文並參照條約的目的及宗旨所具有的通常意義，善意解釋之；若

66　*Fisheries Jurisdiction (Federal Republic of Germany v. Iceland)*, Memorial on Jurisdiction Submitted by the Government of the Federal Republic of Germany, October 13 1972, p.82, para.53, available at: https://www.icj-cij.org/public/files/case-related/56/9393.pdf, 最後訪問時間：2021 年 3 月 16 日。

67　Lord McNair, *Law of Treaties*, Oxford University Press, 1986, p.511.

68　*Aegean Sea Continental Shelf (Greece v. Turkey)*, Judgment, I.C.J. Reports 1978, pp.41-44, paras.100-107.

前述方法仍不足以確定當事國主觀意圖，則可使用條約的準備工作和締約情況等補充資料來推斷。

首先來看《中英聯合聲明》的用語，這是判斷中英兩國主觀意圖的首要依據。《中英聯合聲明》正文包括八個條文，其用語別具特色，每一條都清楚界定了該條規定的主體：第一條和第三條是"中華人民共和國政府聲明：⋯⋯"；第二條是"聯合王國政府聲明：⋯⋯"；第四條、第五條和第六條是"中華人民共和國政府和聯合王國政府聲明：⋯⋯"；第七條是"中華人民共和國政府和聯合王國政府同意⋯⋯"；第八條沒有寫出主體，但從該條全文——"本聯合聲明須經批准，並自互換批准書之日起生效。批准書應於一九八五年六月三十日前在北京互換。本聯合聲明及其附件具有同等約束力"，可以判斷出該條主體是"中華人民共和國政府和聯合王國政府"。因此，單從用語來看，《中英聯合聲明》八個條文中，只有第四、五、六、七、八條等五個條文的主體是中英兩國，這五個條文無疑是中英兩國之間的共同條款；而第一、二、三條的承諾或主張主體只有一個國家，是中英兩國各自的聲明，其中第一條和第三條的主體是中國，是中國的聲明，第二條的主體是英國，是英國的聲明。概而言之，《中英聯合聲明》的第一條和第三條屬中國的單方面聲明，第二條屬英國的單方面聲明，而第四、五、六、七、八條屬中英兩國的共同條款和共同聲明。

其次再看《中英聯合聲明》的談判過程。根據前述條約解釋規則，假定從用語來確定當事國的主觀意圖仍有歧義，還可從《中英聯合聲明》的準備工作和締約情況等補充資料來推斷，這些補充資料充分體現了中英兩國在關於香港問題的談判過程中的各自意圖。

英國自中英兩國關於香港問題的談判開始，就將兩國簽署一份香港問題的條約作為目的，原因有兩方面：一是通過談判為英國爭取保留儘可能多的利益，二是通過這份條約來體面地從香港撤退。到了談判後期，中國態度很明確：反對簽署條約；中國對香港恢復行使主權之後，香港事務純屬中國內政，如何管治不需要英國或任何外國政府同意，無須用條約的形式來規定中國管治香港的具體方式。但是鑒於中英兩國的友好關係，中方願意與英方簽署一份聯合聲明。[69]

具體到中英談判的過程，1984 年 4 月 11 日至 12 日，在中英關於香港問題的第十二次會談中，英方向中方非正式提交了英方設想的解決香港問題的 "協議草案" 及部分附件，中方也向英方提交了中方草擬的《中華人民共和國政府和大不列顛及北愛爾蘭聯合王國政府關於香港問題的聯合聲明（草案）》。中方指英方草案對主權問題沒有講清楚，沒有從正面講明英國將把香港地區交還中國和中國將恢復對香港行使主權。對於英方 "協議草案" 把屬中國內政的十二條方針政策和基本法，作為須經英方同意的 "雙邊協議" 的內容，中方明確予以反對。關於協議的形式問題，中方主張用 "聯合聲明" 的形式，因為其一，中國於 "九七" 後在香港所實行的政策，性質上屬中國內政問題，應由中國宣佈，而不宜由雙方宣佈，以免造成中國內政還須別國批准的印象；其二，在主權和治權問題的表述上，鑒於中英雙方立場不完全相同，也以採取由雙方分別聲明的辦法為宜；其三，從廣義上說，聯合聲明也是國際法律的一種形式，同樣具有約束力。[70]

1984 年 4 月 15 日至 19 日，英國外交大臣傑弗里·豪來北京進行工作訪問，就上述問題，同中國領導人交換意見。關於協議的形式和內容問題，中方的立場是：一、協議必須明確解決香港回歸中國的問題；二、十二條政策是中國的內政，應由中方宣佈，不能造成須經別人批准的印象；三、協議應是原則性的，不能規定得太細。[71]

1984 年 7 月 24 日，中英兩國舉行第 19 次會談。中方向英方提交 "中英聯合聲明" 的修訂草案，其中一項修訂是將主權和治權問題的陳

69 參見周南、宗道一：《中英香港問題談判親歷記（二）》，《百年潮》2006 年第 5 期，第 27-28 頁；陳敦德：《廢約：中英香港問題談判始末》，中國青年出版社 2013 年版，第 315-316 頁。

70 參見李後：《百年屈辱史的終結——香港問題始末》，中央文獻出版社 1997 年版，第 133-134 頁。

71 參見李後：《百年屈辱史的終結——香港問題始末》，中央文獻出版社 1997 年版，第 134 頁。

述方式改為由雙方各自作出相應的聲明,這將消除英方所說的不能以一致意見接受中國恢復行使主權提法的難題。[72]

實際上,回顧整個中英談判過程,中英兩國之所以舉行了多達二十二輪的會談,兩國領導人之間也多次會談,就在於雙方對於主權和治權問題的表述方式存在重大分歧,無法達成令雙方均滿意的共同表述方式。具體而言,對於主權問題,中方不同意英方含混不清的表述,英方不同意中方"恢復行使主權"的表述;[73] 對於治權問題,英方認為應以雙方協議的方式規定香港回歸以後的治理問題,但中方認為香港回歸以後的治理問題屬中國內政,無須英國同意。既然無法達成合意,折中的解決辦法就是在主權和治權問題上採用各自聲明的方式,即後來的《中英聯合聲明》關於主權問題的的第一條和第二條、關於治權問題的第三條。在此也可以發現,聲明第一條、第二條和第三條是中英兩國各自根據本國意志、無須對方同意或准許、單獨作出的表達本國意願、意圖或意見的聲明,這完全符合前文關於"國家單方面聲明"的界定。

因此,《中英聯合聲明》部分條文採用各自聲明的方式本身就蘊含着雙方之間的分歧,該方式僅是其中一方立場的體現,反映了一方的主觀意圖。在此也可以發現與常見的雙邊條約不同,《中英聯合聲明》是一個求同存異、各自表述的雙邊條約,有其特殊性:並非所有條文都屬當事國間的共同條款和共同聲明,而是部分條文屬某個當事國的單方面聲明,部分條文屬當事國之間的共同條款和共同聲明。

應着重強調的是,對於聲明第三條及附件一,從聲明的用語和中英兩國的談判過程來看,不難發現中國自始至終的立場是:關於對香港的十二條基本方針政策,屬中國內政,應由中國單方面宣佈,而不是由中英兩國共同宣佈。概言之,從《中英聯合聲明》的用語、準備工作和締約情況等來推斷,可以確定中國的主觀意圖是:體現中國政府對香港的

---

72 參見李後:《百年屈辱史的終結——香港問題始末》,中央文獻出版社 1997 年版,第 149 頁。
73 《鄧小平文選》,第三卷,人民出版社 1993 年版,第 389-390 頁。

十二條基本方針政策的聲明第三條及附件一都屬中國的單方面聲明。

倘若再對比一下《中葡聯合聲明》的寫法，就更能證明前述結論的成立。中國與葡萄牙關於解決澳門問題的談判要順利得多，從 1986 年 6 月 30 日開始正式談判，到 1987 年 3 月 18 日─23 日舉行第四輪談判，雙方僅用了不到一年的時間，四輪談判即達成了全部協議。對於主權問題，《中葡聯合聲明》第一條的用語是 "中華人民共和國政府和葡萄牙共和國政府聲明：澳門地區是中國領土，中華人民共和國政府將於 1999 年 12 月 2 日對澳門恢復行使主權"，這顯然不同於《中英聯合聲明》所採用的 "兩個條文、各自表述" 的方式。雖然中葡兩國對極為重要的主權問題都能採用共同聲明的方式，但對於治權問題，即使在中葡兩國幾乎沒有分歧的情況下，聲明仍然採用由中國政府獨自聲明（第二條）的方式，抬頭部分的用語與《中英聯合聲明》幾乎相同。因此，從《中葡聯合聲明》也可以證明，中國政府一貫以來的主觀意圖是中國對香港、澳門的十二條基本方針政策的聲明屬中國的單方面聲明。

除《中英聯合聲明》以外，中英關於香港問題的談判結果還包括三個附件：《中華人民共和國政府對香港的基本方針政策具體說明》（附件一）、《關於中英聯合聯絡小組》（附件二）和《關於土地契約》（附件三）。附件一是對《中英聯合聲明》第三條的具體說明，其用語與附件二和附件三有明顯不同：附件一是 "中華人民共和國政府就中華人民共和國政府和大不列顛及北愛爾蘭聯合王國政府關於香港問題的聯合聲明第三款所載中華人民共和國對香港的基本方針政策，具體說明如下……"，附件二和附件三分別是 "兩國政府同意成立聯合聯絡小組"、"中華人民共和國政府和聯合王國政府同意自《聯合聲明》生效之日起，按下列規定處理關於香港土地契約和其他有關事項"。因此從用語可發現附件一是中國的單方面聲明，而附件二和附件三是中英兩國的共同聲明。關於這三個附件的談判過程亦可證明這一點。[74]

綜上所言，無論從《中英聯合聲明》的用語還是從中英兩國關於香港問題的談判過程等輔助資料來看，《中英聯合聲明》不同於一般的雙邊條約，它具有某種特殊性，是一個特殊的雙邊條約。其特殊性表現在：不是所有條文都屬當事國間的共同聲明，有部分條文僅屬某個當事國的單方面聲明，其中聲明第三條及附件一便屬中國的單方面聲明。

四、《中英聯合聲明》的權利義務關係

作為一個含有當事國單方面聲明的特殊的雙邊條約，意味着《中英聯合聲明》勢必對當事國的權利義務會產生特殊的影響。近年來，英國等國屢次干預香港事務，指責中國違反《中英聯合聲明》，自以為手中握有有某種監督權；而中國則強調英國對回歸後的香港無主權、無治權、無監督權。從國際法角度看，雙方分歧的焦點顯然在於《中英聯合聲明》第三條及附件一是否構成中國的國際義務，是否賦予英國對回歸後香港的治理享有某種監督權？茲事體大，不可不察。

（一）聲明第三條及附件一構成中國的國際義務

如果從第三條及附件一屬《中英聯合聲明》這個雙邊條約的一部分來看，第三條及附件一理應構成中國的國際義務。但如果第三條及附件一僅是中國的單方面聲明，是否就意味着中國不用承擔國際義務呢？[75]

74　有關談判過程可參見李後：《百年屈辱史的終結——香港問題始末》，中央文獻出版社 1997 年版，第 81-165 頁；陳敦德：《廢約：中英香港問題談判始末》，中國青年出版社 2013 年版，第 209-326 頁。

75　對此，中國外交部門的表述似乎並不完全一致。外交部發言人趙立堅表示，《中英聯合聲明》關於對港的基本方針政策是中方單方面政策宣示，不是中方對英方的承諾，更不是所謂國際義務，參見《2020 年 6 月 3 日外交部發言人趙立堅主持例行記者會》，外交部：https://www.fmprc.gov.cn/web/wjdt_674879/fyrbt_674889/t1785499.shtml，最後訪問時間：2021 年 2 月 3 日。但駐英國大使劉曉明表示，中國在香港實行"一國兩制"，這不僅是對英國的承諾，也是對世界的承諾，對包括香港在內的全體中國人民的承諾，參見《駐英國大使劉曉明接受 BBC〈新聞之夜〉欄目直播專訪》，外交部：https://www.fmprc.gov.cn/web/dszlsjt_673036/t1671784.shtml，訪問時間：2021 年 2 月 3 日。這裏的不同表述反映出對單方面聲明與國際義務關係的不同認識。

對於這個問題，恐怕不能作簡單、籠統地回答，仍有必要從國際法的理論與實踐來分析聲明第三條及附件一能否產生國際義務的問題。

國際法委員會在完成 1969 年《維也納條約法公約》和 1986《關於國家和國際組織間或國際組織相互間條約法的維也納公約》的編纂工作後，有感於國家單方面行為在國際實踐中的廣泛運用，在 1996 年向聯合國大會提出應將國家單方面行為列為適於編纂和逐漸發展國際法的專題。[76] 當年聯合國大會便通過第 160 號決議，將"國家單方面行為"列為國際法委員會研究專題。國際法委員會在 1997 年正式啟動研究工作，並任命維克托·羅德里格斯·塞德尼奧（Victor Rodríguez Cedeño）為這一專題的特別報告員。從 1998 年至 2006 年，塞德尼奧向國際法委員會提交了九次報告。2006 年 7 月，國際法委員會設立不限名額工作組，在特別報告員報告等的基礎上起草了委員會關於"國家單方面行為"專題的結論。2006 年 8 月，國際法委員會審議了工作組的報告，通過了包含十項原則的《適用於能夠產生法律義務的國家單方面聲明的指導原則》，並提交聯合國大會。國際法委員會的初衷是想對國家單方面行為完成一部類似條約法公約的編纂與發展工作，[77] 但由於難度超乎預料，[78] 國際法委員會在通過了前述指導原則後，便停止了對這個專題的編纂與發展工作。雖然國際法委員會未能實現其初衷，但它對"國家

76　*Yearbook of the International Law Commission 1996*, Volume II, Part Two, p.141.

77　*Yearbook of the International Law Commission 1996*, Volume II, Part Two, p.141.

78　例如，對於"單方面行為"概念的不同意見妨礙了一套適用於單方面行為的一般規則的確立。鑒於單方面行為的複雜性，國際法委員會認為單方面行為至少可分為兩類：一類是一般意義上的或者廣義的單方面行為，包括可能產生法律效果的國家的某些行為；另一類是聲明，或者稱為嚴格意義上的單方面行為（unilateral acts stricto sensu）。國際法委員會還注意到在國際層面國家可能受到它們作出的單方面意思表示的約束，而這種單方面意思表示可能表現為正式的聲明或者僅僅是非正式的行為。在國際法委員會看來，現階段對這些非正式行為進行國際法的編撰是不現實的，因此國際法委員會最終在 2006 年只通過了僅限於正式聲明的十條指導性原則——《適用於能夠產生法律義務的國家單方面聲明的指導原則》。參見 Victor Rodríguez Cedeño, María Isabel Torres Cazorla, "Unilateral Acts of States in International Law", paras13-14, in *Max Planck Encyclopedia of International Law*, Oxford University Press, 2013, available at: https://opil.ouplaw.com/view/10.1093/law:epil/9780199231690/law-9780199231690-e1496?rskey=zKjDLV&result=1&prd=OPIL，最後訪問時間：2021 年 3 月 19 日。

單方面行為"專題的研究工作依然對這個領域的國際法的編纂和發展作出了重要貢獻。[79] 換言之，儘管《適用於能夠產生法律義務的國家單方面聲明的指導原則》沒有法律約束力，但它可以被視為是關於國家單方面聲明的國際法理論與實踐的概括、總結乃至發展，[80] 對理解單方面聲明與權利義務之間的關係具有重要參考和借鑒價值。

首先，單方面聲明在具備一定條件時能夠產生法律義務。《適用於能夠產生法律義務的國家單方面聲明的指導原則》的第一項原則指出："公開作出的並顯示受約束意願的聲明可具有創立法律義務的效力。當與此相符的條件得到滿足時，這類聲明的約束性質便以善意為基礎；……"這表明，一項單方面聲明產生法律義務須具備兩個條件：一是公開作出，二是當事國具有同意受約束的主觀意圖。這項原則實際是對國際法院關於核試驗案判決的重述和編纂。在"核試驗案"中，國際法院也指出："一條公認的原則是，單方面聲明可以具有創設法律義務的效果。一個單方面聲明，如果是公開作出的，且當事國具有受約束的意圖，就具有約束力。"[81]

其次，當事國的主觀意圖對單方面聲明能否產生法律義務至關重要。國際法院在核試驗案中特別強調是當事國願意承受約束的主觀意圖賦予了單方面聲明具有產生法律義務的性質。[82] 國際法院在邊界爭端案（布基納法索 / 馬里共和國）的判決中重申了這一點，法院認為，單方

79　2006 年 12 月，第 61 屆聯合國大會通過決議稱讚國際法委員會完成這項專題的編纂工作，參見聯合國大會決議：A/RES/61/34。

80　國際法委員會在 1996 年建議聯合國大會將國家單方面行為列為適於編纂和發展國際法的專題時便指出國際法的重要學說和國際法院的若干判決已經觸及這個專題，參見 *Yearbook of the International Law Commission 1996*, Volume II, Part Two, p.141.

81　*Nuclear Test (Australia v. France)*, Judgment of 20 December 1974, I. C. J. Reports 1974, p.267, para.43; *Nuclear Tests(New Zealand v. France)*, Judgment of 20 December 1974, I. C. J. Reports 1974, p.472, para.46.

82　*Nuclear Test (Australia v. France)*, Judgment of 20 December 1974, I. C. J. Reports 1974, p.267, para.43; *Nuclear Tests(New Zealand v. France)*, Judgment of 20 December 1974, I. C. J. Reports 1974, p.472, para.46；〔英〕馬爾科姆・N. 肖：《國際法》（第六版，上），白桂梅等譯，北京大學出版社 2011 年版，第 98 頁。

面聲明能否產生法律義務，"一切都取決於有關國家的意圖。"[83] 在尼加拉瓜案中，國際法院審查了尼加拉瓜國家重建軍政府（The Nicaraguan Junta of National Reconstruction）發給美洲國家組織的一封信函（單方面聲明），但法院指出它不能從這封信函中發現任何與產生法律權利義務有關的主觀意圖的存在，因此法院認為這個文件沒有法律上的約束力。[84] 因此，不是所有的單方面聲明都會產生法律義務。[85]

《中英聯合聲明》的公開性自不待言，包括聲明第三條及附件一在內，已經具備了"公開作出"這一條件。那麼，中國是否具有受約束的主觀意圖呢？答案也是肯定的。其一，該第三條的第十二項和附件一的第一條均清楚寫明中國"承諾"將以制定基本法的方式具體落實第三條及附件一所列各項對香港的基本方針政策，且五十年不變。其二，《中英聯合聲明》第八條規定"本聯合聲明及其附件具有同等約束力"，第七條規定"上述各項聲明和本聯合聲明的附件均將付諸實施"，這顯然更清楚地體現了中國願意承受第三條及附件一的約束的主觀意圖。[86] 簡言之，作為單方面聲明的第三條及附件一具有產生法律義務的條件與效果，聯合聲明第三條及附件一構成中國的國際義務。

（二）英國對聲明第三條及附件一不具有監督權

《中英聯合聲明》第三條及附件一構成中國的國際義務，是否就意味着賦予了英國相應的權利？對於這個問題，同樣不能草率地回答，仍有必要從國際法理論並結合《中英聯合聲明》的實際情況來判斷。

首先，從《中英聯合聲明》的整體來看，其權利義務關係具有某種

83　*Frontier Dispute (Burkina Faso/Republic of Mali)*, Judgment, I.C.J. Reports 1986, p.573, para.39.

84　*Military and Paramilitary Activities in and against Nicaragua (Nicaragua v. United States of America)*, Judgment, I.C.J. Reports 1986, p.132, para.261.

85　*Nuclear Test (Australia v. France)*, Judgment of 20 December 1974, I. C. J. Reports 1974, p.267, para.44; *Nuclear Tests(New Zealand v. France)*, Judgment of 20 December 1974, I. C. J. Reports 1974, p.472, para.47.

86　Kerrin Tso, "The Legal Implications of the Sino-British Treaties Regarding Hong Kong", *Loyola of Los Angeles International and Comparative Law Journal*, vol.4, 1981, p.510.

獨特性，即當事國相互之間的權利義務並非一一對應、對等。前文已述，在《中英聯合聲明》的八個條文中，第一條和第三條的主體是中國，是中國的單方面聲明；第二條的主體是英國，是英國的單方面聲明；第四至八條的主體是中英兩國，是兩國的共同聲明。從權利義務關係的角度看，第四至八條規定了中英兩國相對應的權利與義務，但第一至三條內含的權利義務關係是否對應呢？《中英聯合聲明》第一條和第二條處理的是與香港有關的主權問題，其中第一條是闡明中國的權利──恢復行使主權，第二條是說明英國的義務──交還香港。在表面看來第一條與第二條似乎共同構成一種相對應的權利義務關係，但仔細推敲不難發現這並非一種對應關係。中國收回香港、對香港恢復行使主權包括兩層含義：一是事實狀態的領土收回，可以認為是確認中國事實狀態的權利；二是在法律上確認香港的主權一直屬中國，香港回歸不過是中國恢復行使主權，可以認為是中國法律狀態的權利。而英國交還香港僅僅是一種對事實狀態的描述，沒有在法律上將與香港有關的主權問題講清楚，[87] 僅屬闡明事實狀態的義務，只能與中國收回香港的第一層含義相對應，即與中國的事實狀態權利相對應。由於該聲明不具有對英國交還香港的法律狀態的闡述，英國的交還行為與中國的收回行為之間不構成法律意義上的對應的權利義務關係。換言之，《中英聯合聲明》第一條（中國的權利）與第二條（英國的義務）並非法律上的對應關係。這也說明《中英聯合聲明》內含的權利義務關係並非完全對應、對等的，只有部分條文規定了當事國雙方對應的權利與義務，還有部分條文則規定當事國各自非對應的權利或義務。

再來看《中英聯合聲明》第三條，該條處理的是香港回歸後的治權問題。在治權問題上，整個第三條是中國單方面承諾的的義務──按"一國兩制"方針管治香港。但《中英聯合聲明》並沒有同時包含一個

87　在中英談判過程中，英國始終迴避從正面講清楚香港的主權問題。參見李後：《百年屈辱史的終結──香港問題始末》，中央文獻出版社 1997 年版，第 132-134 頁。

賦予英國對第三條享有任何權利的條款，也就是說該聲明對於第三條的義務，並沒有規定與之相對應的權利，英國對第三條不享有任何明示的權利。那麼或許有人會問，是否可以從《中英聯合聲明》來推斷英國對第三條享有默示的權利呢？這裏又涉及條約解釋問題了，仍需援引前文提到的《維也納條約法公約》關於條約解釋的規則來確定該聲明的確切含義。《中英聯合聲明》，包括第三條的用語已經非常清楚，沒有明示或暗示賦予英國對第三條享有任何權利。而在中英談判過程中，英國曾嘗試提出對如何管治回歸後的香港享有某種權利，但因中國的堅決反對未能如願以償。因此，《中英聯合聲明》的用語、談判過程資料等充分排除了英國對第三條享有任何默示權利的可能。

其次，如果將《中英聯合聲明》第三條及附件一單列，作為一個單方面聲明是否給予了英國某種權利？對於單方面聲明能否產生權利或義務的問題，國際法缺少明確的規定，國際法院在"核試驗案"中曾指出："信賴該單方面聲明的國家有權（are entitled）要求該項義務得到尊重（be respected）。"[88] 這說明在國際法院看來單方面聲明在一定條件下能夠產生權利義務關係。而國際法委員會關於這個問題的研究工作同樣具有重要參考價值。

前述《適用於能夠產生法律義務的國家單方面聲明的指導原則》的第一項原則認為："……有關國家然後可考慮到並信賴這類聲明；這些國家有權要求這類義務得到尊重（such States are entitled to require that such obligations be respected）。"這表明在一定條件下有關國家享有某種權利，可要求一國履行能夠產生法律義務的單方面聲明，即享有一定的監督權。那麼，作為中國單方面聲明的聯合聲明第三條及附件一是否也可以做如此解讀呢？

88　*Nuclear Test (Australia v. France),* Judgment of 20 December 1974, I. C. J. Reports 1974, p.268, para.46; *Nuclear Tests(New Zealand v. France),* Judgment of 20 December 1974, I. C. J. Reports 1974, p.473, para.49.

誠如前文所述，單方面聲明能否產生法律義務取決於聲明作出國的主觀意圖；那麼類似地，單方面聲明能否使其他國家產生法律權利也取決於聲明作出國的主觀意圖。因為國際法效力的必要前提是充分尊重國家的主觀意圖，而在國家明確表達了其主觀意圖時更應如此。中英談判過程和《中英聯合聲明》的實施過程表明，中國自始至終不存在賦予英國對第三條及附件一享有某種權利的任何主觀意圖，且中國一直反對賦予英國這種權利。

實際上除第一項原則外，《適用於能夠產生法律義務的國家單方面聲明的指導原則》的第三條原則還指出："為確定這類聲明的法律效果（legal effects），有必要考慮其內容、其作出時的所有實際情況及所引起的反應。"雖然國際法委員會對該原則的評注是從推斷一項單方面聲明是否創立了法律義務的角度來進行說明，但"法律效果（legal effects）"一詞顯然不僅指義務，還可包括權利，該項原則完全可用於推斷一項單方面聲明是否創設了權利。[89] 因此，在確定一項單方面聲明是否產生權利這個問題上，也應考慮其具體內容、作出時的實際情況等。

從內容來看，上文已經論證聲明第三條及附件一沒有給予英國任何權利。從擬定第三條及附件一的實際情況來看，在中英談判過程中，英國企圖將中國對香港的十二條基本方針政策列為雙方的共同條款，但中國堅決反對，並始終堅持如何管治香港純屬中國內政，不需要英國的同意；在聯合聲明中如何表示也必須由中國單方面宣佈。[90] 因此，無論從內容還是擬定協議時的實際情況來看，作為單方面聲明的第三條及附件

89　國際法委員會指出，在《國際法院規約》第 38 條的意義範圍內，單方面聲明不是國際法的淵源，卻可能構成義務的淵源，參見 *Yearbook of the International Law Commission 2002*, Volume II, Part Two, p.86。國際法委員會並沒有進一步指出單方面聲明可構成權利的淵源，且國際法委員會在《適用於能夠產生法律義務的國家單方面聲明的指導原則》的第一項原則中——"國家有權要求這類義務得到尊重（such States are entitled to require that such obligations be respected）"中，僅使用了 be respected 這樣具有道德、道義性質的用語，而不是 be complied with 等更強調法律權利的用語，這或許表明國際法委員會對單方面聲明能否對有關國家賦予法律權利是格外小心謹慎的，也反映出國際社會在這一問題上缺少"單方面聲明可以產生法律義務"那樣的共識。

90　參見李後：《百年屈辱史的終結——香港問題始末》，中央文獻出版社 1997 年版，第 133-134 頁。

一都沒有給予英國任何權利。

　　總之，《中英聯合聲明》第三條及附件一與一般的單方面聲明不同，它是納入條約中的一種特殊形式的單方面聲明。這種特殊性體現在聲明國（中國）一慣地、連續地明確反對給予英國對第三條及附件一享有任何權利。這種反對的法律效果便是英國不能從作為中國單方面聲明的第三條及附件一中獲取到任何權利。

（三）其他國家對《中英聯合聲明》不享有任何權利

　　在《中英聯合聲明》簽署之後，美國早在 1992 年便制定了《香港政策法》，自我定位為《中英聯合聲明》的監督者。近年美國更是通過了《香港人權與民主法》《香港自治法》等國內法，指責中國違反《中英聯合聲明》，並對香港實施制裁。那麼，除英國以外的其他國家是否有權這麼做呢？

　　1969 年《維也納條約法公約》第 34 條規定："條約非經第三國同意，不為該國創設權利或義務。" 此條規定又被稱為 "條約相對效力原則"，這是一條被國際社會普遍承認和接受的習慣國際法規則。[91] 根據該原則，條約只對當事國創設權利或義務，既不對第三國創設權利，也不對第三國創設義務。而根據《維也納條約法公約》第 2 條第 8 款，"第三國" 是指並非條約當事國的國家：一個國家如果並未參加條約的談判和締結，當然是第三國；即使參加了該約的談判，但該國並未簽署該約，或者簽署而在需要作出批准、接受或核准的情況下並未作出，它仍然是第三國；即使已成為該約的當事國，如果它後來退出該約，那麼它又回復到第三國的地位。[92] 除中英兩國以外，任何其他國家均未參加《中英聯合聲明》的談判，更未簽署該聲明，這些國家均是《中英聯合聲明》的第三國。因此，根據條約相對效力原則，中英兩國以外的任何其他國

91　李浩培：《條約法概論》，法律出版社 2003 年版，第 390 頁。

92　李浩培：《條約法概論》，法律出版社 2003 年版，第 389 頁。

家對《中英聯合聲明》均不享有任何權利。

當然，從《維也納條約法公約》第 34 條也可推斷若經第三國同意，條約可以為該國創設權利或義務。該公約接下來的第 35 條和第 36 條分別就條約對第三國創設義務或權利作出了規定。其第 36 條規定："如條約當事國有意以條約之一項規定對一第三國或其所屬一組國家或所有國家給予一項權利，而該第三國對此表示同意，則該第三國即因此項規定而享有該項權利。該第三國倘無相反之表示，應推定其表示同意，但條約另有規定者不在此限。" 從該第 36 條可知，條約對第三國創設權利須符合兩個條件：其一，當事國有意；其二，第三國以明示或默示的方式表示同意。然而，中英兩國在談判過程中從未討論過對第三國創設權利的問題，且《中英聯合聲明》自身沒有任何文字可以被解讀為對第三國創設了權利。由此可見《中英聯合聲明》的當事國——中國和英國無意為任何第三國創設權利，也不會衍生第三國以明示或默示的方式表示同意的問題。因此，無論根據《維也納條約法公約》第 34 條的條約相對效力原則，還是根據該公約第 36 條關於條約對第三國創設權利的規定，其他國家均不享有對《中英聯合聲明》的任何權利。並且就聲明第三條及附件一而言，既然當事國英國也不享有任何權利，其他國家就更無任何理由享有任何權利。

綜上所言，《中英聯合聲明》的權利義務關係具有特殊性。儘管聲明第三條及附件一構成中國的國際義務，但聲明沒有賦予英國對第三條及附件一享有任何明示和默示的權利，任何其他第三國對《中英聯合聲明》也不享有任何權利。換言之，《中英聯合聲明》第三條及附件一是中國自我約束的單方面聲明，不賦予任何其他國家任何權利。因此，英國、美國等國家指責中國政府管治香港的舉措違反《中英聯合聲明》，都不能從《中英聯合聲明》中找到任何權利依據，在一般國際法上也沒有任何權利基礎。

五、《中英聯合聲明》的時效與終止問題

　　《中英聯合聲明》的有效性是否持續至今，是關於《中英聯合聲明》法律效力爭議的另一個焦點問題，涉及對條約終止[93]問題的理解。從《維也納條約法公約》的有關規定來看，條約終止的原因包括條約明文規定、條約嗣後履行不能、情勢根本變遷、當事國單方終止或退出等項。[94]不過《維也納條約法公約》並沒有窮盡條約終止的所有原因，例如在《維也納條約法公約》之外，條約履行完畢顯然也是條約終止的原因之一。[95]就《中英聯合聲明》的具體規定和生效後的實施情況而言，可能使其終止的原因包括：①聲明明文規定；②聲明履行完畢；③當事國單方面終止。本文接下來將對這三個可能的"原因"進行論述。

（一）《中英聯合聲明》是否有關於效力終止的明文規定？

　　《維也納條約法公約》所說的"條約明文規定"，是指條約明確規定了有效期，即以終止條款的形式明確規定了條約終止的具體時間[96]或者終止的具體條件[97]。當期限屆滿或者終止條件具備時，條約即告終止。那麼，聯合聲明是否具有確定效力終止的明文規定呢？遍查《中英聯合聲明》及其附件，顯然不存在一個專門規定聲明終止的時間或條件

93　條約終止是指由於法定的原因，條約所建立的法律規則終止，而這些法律規則所發生的權利義務也隨着終止的法律情況。條約終止不同於條約無效：條約無效，是指條約由於具有原始的瑕疵（即締約時存在的瑕疵）而自始就不能發生國際法所承認和保證的那些法律效果。條約終止是原來有效因而產生法律效果的條約，後來由於法定原因因而其所發生的法律效果終止。條約終止後解除各當事國繼續履行該條約的義務，但不影響當事國在條約終止前經由實施條約所產生的任何權利、義務或法律情況。參見李浩培：《條約法概論》，法律出版社 2003 年版，第 419、426 頁；《維也納條約法公約》第 69、70 條。

94　參見李浩培：《條約法概論》，法律出版社 2003 年版，第 426 頁

95　參見李浩培：《條約法概論》，法律出版社 2003 年版，第 430-431 頁；Anthony Aust, *Modern Treaty Law and Practice*, Cambridge University Press, 2007, second edition, p.306。

96　例如《中華人民共和國和巴基斯坦伊斯蘭共和國睦鄰友好合作條約》規定："本條約有效期間為二十年。如締約任何一方均未在條約期滿前一年以書面形式通知締約另一方要求終止本條約，則本條約將自動延長五年，並依此法順延之。"

97　例如 1957 年《埃及與聯合國關於聯合國緊急部隊地位協定的協定》規定，該協定應保持有效至聯合國緊急部隊從埃及撤離，該日期將由聯合國秘書長和埃及政府確定。

的整體性終止條款。但逐個分析《中英聯合聲明》的各個條文及其附件，可以發現各個條文及附件是有明確的履行期限的，只是不盡相同而已。或許基於這個原因，《中英聯合聲明》才沒有對聲明有效期作一個統一的規定。具體而言，在《中英聯合聲明》的八個條文中：

① 第一條規定中國政府於 1997 年 7 月 1 日收回香港並對香港恢復行使主權，第二條規定英國於 1997 年 7 月 1 日將香港交還給中國。因此，第一條和第二條的履行期限應為 1997 年 7 月 1 日。

② 第三條及附件一，明確規定中國承諾在香港實施"一國兩制"方針"五十年不變"，因此其履行期限應為五十年，至 2047 年 6 月 30 日止。

③ 關於過渡期的第四條，其履行期限為聲明生效之日起至 1997 年 6 月 30 日止。

④ 關於中英聯合聯絡小組的第五條，可從附件二確定其履行期限為聲明生效之日起至 2000 年 1 月 1 日止。

⑤ 關於土地契約的第六條，可從附件三確定該條部分規定（即附件三的第三、四、五、六、七、八條）的履行期限是聲明生效之日起至 1997 年 6 月 30 日止，另有部分規定（即附件三的第一、二條）的履行期限於 2047 年 6 月 30 日截止。

⑥ 聲明第七條規定"關於上述各項聲明和本聯合聲明的附件均將付諸實施"和第八條規定"本聯合聲明及其附件具有同等約束力"，均沒有單獨規定履行期限，其履行期限應與聲明其他條文結合起來推定。如果結合第三條及附件一的規定，便可認定其履行期限於 2047 年 6 月 30 日截止。

⑦ 第八條關於雙方完成批准書的交換時間，為不得晚於 1985 年 6 月 30 日。

由此可見，《中英聯合聲明》各條文對履行期限作出了分條款、有區別的複雜規定，各個條文有不完全相同的有效期。時至今日，部分條文早已屆滿履行期限，過了有效期；也有部分條文尚處於履行期限內，仍然有效。

從時間上來判斷《中英聯合聲明》的有效性，最具爭議的就是如何理解聲明第三條及附件一裏面的"五十年不變"這一承諾，能否以個別條文的五十年有效期來主張整個聲明的有效期也是五十年？通常條約終止理應以全部條文都已終止效力為條件。而目前《中英聯合聲明》的情況是，雖然大部分條文已過終止時間，但關鍵性的第三條及附件一仍處於有效期內，整個聲明的效力處於"部分終止、部分有效"的狀態。因此，如果單以部分條文已過履行期限、不再有效為由，進而否認整個《中英聯合聲明》的有效性，稱其為歷史文件，似欠缺充分的根據和論證，很難認為是一種令人信服的嚴謹結論。

（二）《中英聯合聲明》是否已經履行完畢？

《中英聯合聲明》中的權利義務可分為中國的權利義務和英國的權利義務兩部分。那麼，時至今日，中英兩國各自的權利義務的履行情況如何呢？

20 世紀 80 年代中英圍繞香港問題的談判涉及三個問題：主權、治權和過渡期問題。1982 年 9 月 24 日，鄧小平在會見英國首相撒切爾夫人時指出："我們對香港問題的基本立場是明確的，這裏主要有三個問題。一個是主權問題；再一個問題，是 1997 年後中國採取什麼方式來管理香港，繼續保持香港繁榮；第三個問題，是中國和英國兩國政府要妥善商談如何使香港從現在到 1997 年的十五年中不出現大的波動。"[98]這三大問題在《中英聯合聲明》中都有相對應的條文。在聲明的實體條款中，第一條和第二條對應主權問題，第三條對應治權問題，第四、五、六條對應過渡期問題。在聲明的附件中，附件一對應治權問題，附

---

98 《鄧小平文選》，第三卷，人民出版社 1993 年版，第 12 頁。

件二和附件三對應過渡期問題。

對於主權問題，1997 年 7 月 1 日香港回歸標誌着聲明第一條和第二條業已實施完畢。[99] 對於過渡期問題，也因香港回歸的完成證實聲明對應的第四、五、六條及附件二和附件三已經終止權能。可見，與英國有關的第二、四、五、六條及附件二和附件三都已經實施完畢，由此推斷《中英聯合聲明》與英國有關的權利義務條款已經履行完畢，應該是言出有據，並非妄語。在與中國有關的實體條款和附件中，第一、四、五、六條及附件二和附件三已經履行完畢，但第三條及附件一（對應治權問題）尚處於履行之中，即《中英聯合聲明》與中國有關的權利義務尚未全部履行完畢。綜合而言，《中英聯合聲明》及其附件中部分規定已經實施完畢，也有一部分規定還沒有履行完畢。

綜合前述兩點論證，可以發現在履行期限問題上，《中英聯合聲明》的各個條文的履行期限不盡相同，目前處於"部分屆滿履行期限、部分處於履行期"的狀態；在是否已經履行完畢這個問題上，《中英聯合聲明》各個條文目前處於"部分已經履行完畢、部分正在履行"的狀態。特別是聲明的第三條及附件一既處於履行期限內，也正處於履行過程中。那麼能否以部分條文已經屆滿履行期限和履行完畢主張整個聲明的效力已經終止？從《維也納條約法公約》的有關規定來看，通常條約終止理應以全部條文都已終止效力為條件。[100] 據此，儘管聲明的部分條文已屆履行期限和履行完畢，但不能就此主張整個聲明的效力已經終止。換言之，《中英聯合聲明》至今在整體上仍然有效。

---

99 "一項轉讓領土的條約一旦根據其規定轉讓已經發生，條約即因執行完畢終止"，參見 Anthony Aust, *Modern Treaty Law and Practice*, Cambridge University Press, 2007, second edition, p.306. 雖然香港回歸不是"領土"或"主權"的轉讓問題，但"恢復行使主權"和"交還香港"應也可作前述理解，即一旦"轉交"行為發生，相應的條文即執行完畢而終止。

100 參見下文關於條約整體性的論述。

（三）當事國可否單方面終止《中英聯合聲明》？

除終止時間外，《中英聯合聲明》沒有關於終止問題的其他專門規定。那麼，在聲明沒有對終止作出規定的情況下，聲明當事國中國或者英國能否單方面宣佈《中英聯合聲明》已經失去效力，即單方面終止《中英聯合聲明》呢？

如果一個條約對終止、廢止或退出等情況都沒有作出明確規定，當事國是否可以任意宣佈終止、廢止或退出該條約？這個問題曾在國際社會引發過較大爭議。部分國際法學者認為，為體現對國家意志和主權的真正尊重，唯一的解決辦法是，除極個別例外情形外，所有條約都不言而喻地默認了國家具有掙脫（break free）條約約束的權利。[101] 另一種截然不同的觀點是，如果條約沒有規定，當事國不得隨意解除其條約義務，除非得到其他當事國的同意。例如《哈佛條約法公約草案》第 34 條規定："只有當條約對其解除作出規定或者其他當事國同意時，一當事國才可以單方面解除條約義務。"[102]

《維也納條約法公約》第 56 條規定："一、條約如無關於其終止之規定，亦無關於廢止或退出之規定，不得廢止或退出，除非：（甲）經確定當事國原意為容許有廢止或退出之可能；或（乙）由條約之性質可認為含有廢止或退出之權利。二、當事國應將其依第一項廢止或退出條約之意思至遲於十二個月以前通知之。"根據第 56 條，就條約終止而言，如果一個條約沒有關於終止的規定，原則上就不允許當事國單方面終止，即否認了當事國在條約未明確規定終止情形下的單方面終止權利。但該條又在原則之外規定了可以終止的兩個例外：從條約各當事國的原意或者條約的性質推斷允許終止。除第 56 條外，《維也納條約法

---

101 Olivier Corten and Pierre Klein, *The Vienna Conventions on the Law of Treaties: A Commentary*, Oxford University Press, 2011, p.1258.

102 James W. Garner, "Codification of International Law: Part III—Law of Treaties," *American Journal of International Law*, Vol.29, Supplement, 1935, p.1173.

公約》第54條（乙）項規定，"無論何時經全體當事國於諮商其他各締約國後表示同意"時，當事國可以終止或者退出條約。概言之，《維也納條約法公約》第54條（乙）項和第56條規定了"一條原則、三項例外"：當條約不含終止規定時，原則上當事國不得單方面終止；但同時規定了可以單方面終止的三項例外：其他當事國同意、當事國原意容許或者條約性質准許。

具體到《中英聯合聲明》，依據《維也納條約法公約》的前述規定，在聲明沒有對終止作出規定的情況下，在原則上中國或者英國均不得單方面終止聲明。但問題的難點在於《維也納條約法公約》還規定了當事國可以單方面終止的三項例外，那麼《中英聯合聲明》是否存在這樣的例外情形，是否允許中國或者英國單方面終止聲明呢？

首先，英國至今仍不遺餘力地指責中國違反《中英聯合聲明》，表明英國不會同意中國單方面終止聲明，即《中英聯合聲明》不存在"其他當事國同意"這一例外情形。

其次，《中英聯合聲明》是否存在"當事國原意容許"的例外情形？"當事國原意"實際就是指當事國的初始主觀意圖。經確定條約當事國的主觀意圖為允許當事國單方面終止條約，當事國當然就有權單方面終止條約，這被公認是一項習慣國際法規則。[103] 但這不是問題的關鍵，關鍵在於如同前文所述，如何通過條約解釋確定當事國的主觀意圖。對《中英聯合聲明》而言，在於是否可以通過條約解釋確定中英兩國的主觀意圖是容許當事國單方面終止聲明？然而，這似乎難以得到肯定的答案。因為無論《中英聯合聲明》的用語，還是它的談判過程、締約情況等補充資料，都無法反映或證明中英兩國對於聲明的終止問題所持的意見或立場，或者兩國根本未曾討論過聲明的終止問題。因此，無法確定中英兩國在主觀意圖上容許存在當事國單方面終止聲明的可能性。另一

---

103 Olivier Corten and Pierre Klein, *The Vienna Conventions on the Law of Treaties: A Commentary*, Oxford University Press, 2011, pp.1255-1256.

方面，英國持續不斷地聲稱中國違反《中英聯合聲明》也反映出英國在主觀意圖上不容許單方面終止聲明。換言之，《中英聯合聲明》也不存在 "當事國原意容許" 的例外情形。

再次，《中英聯合聲明》的性質是否准許當事國單方面終止？將條約性質作為推斷條約是否允許單方面終止或退出的單獨條件是一個較具爭議的問題，更遑論其是否具有習慣國際法地位。[104] 然而，更為艱難的問題是《維也納條約法公約》並沒有對哪些性質的條約准許當事國單方面終止或退出予以進一步的列舉。1963 年特別報告員漢弗萊·沃爾多克（Humphrey Waldock）向國際法委員會提交的關於條約法公約草案的報告對這一問題倒是有所涉及。根據沃爾多克的報告，下列性質的條約應准許當事國單方面終止或退出：①商務或貿易條約（建立特定區域或河流或水道的國際機制的條約除外）；②軍事同盟或軍事合作的條約（根據《聯合國憲章》第 43 條締結的條約除外）；③經濟、社會、文化、科學、通訊等方面的技術合作條約；④仲裁、和解或司法解決條約；⑤建立國際組織的條約（除非明確禁止單方面終止或退出）。該報告進一步列舉了不准許單方面終止或退出的條約：①劃定邊界或者割讓領土或者給予權利等與領土有關的條約；②對特定區域、領土、河流、水道或空域建立特別國際機制的條約；③和平條約、解除武裝的條約或者維持和平的條約；④影響國際爭端終局解決的條約；⑤編纂或發展一般國際法的多邊條約。[105] 但沃爾多克報告引起了巨大爭議，國際法委員會的成員和各國對究竟哪些性質的條約准許或不准許單方面終止或退出存在嚴重分歧。[106] 也正因為此，國際法委員會在最後擬訂的條約法公約草案中

---

104 Olivier Corten and Pierre Klein, *The Vienna Conventions on the Law of Treaties: A Commentary*, Oxford University Press, 2011, p.1256.

105 *Yearbook of the International Law Commission*, Vol.II, 1963, p.64.

106 Olivier Corten and Pierre Klein, *The Vienna Conventions on the Law of Treaties: A Commentary*, Oxford University Press, 2011, p.1270; *Fisheries Jurisdiction (Federal Republic of Germany v. Iceland)*, Memorial on Jurisdiction Submitted by the Government of the Federal Republic of Germany, October 13 1972, p.86, para.64, https://www.icj-cij.org/public/files/case-related/56/9393.pdf, 最後訪問時間：2021 年 3 月 16 日。

刪去了從條約性質來判斷是否准許當事國單方面終止或退出的相關案文。儘管如此，沃爾多克報告仍可作為理解《維也納條約法公約》第56條第一款（乙）項的重要參考資料。

那麼，《中英聯合聲明》究竟是一個什麼性質的條約呢？《中英聯合聲明》的"終極目的就是要確定中華人民共和國收回香港，對香港恢復行使主權"[107]，因此它無疑是一個與領土、主權相關的條約。根據沃爾多克的條約性質分類，《中英聯合聲明》應屬不准許單方面終止或退出的條約。概而言之，在《中英聯合聲明》未對效力終止作出規定的情況下，聲明當事國中國或英國一般性地不能單方面終止聲明，同時也不存在允許單方面終止聲明的例外情形。

接下來一個問題是，既然中國或者英國不能單方面地終止《中英聯合聲明》，那麼可否鑒於聲明中與英國有關的條文的履行期限已過或者已經履行完畢，在這種法律事實存在的情況下，宣佈聲明中與英國有關的那部分條文效力終止呢？簡言之，既然《中英聯合聲明》不能在整體上被當事國單方面終止，那麼該聲明能否被當事國單方面宣佈部分終止呢？這在條約法上是一個關於條約能否可分的問題。條約是否可分，決定着條約是否可以部分無效或部分終止等問題。

國家通常不希望它們之間的條約由於某些非實質性的原因而整體歸

---

107 《國務委員兼外交部長吳學謙就提請審議中英關於香港問題協議文件向全國人大常委會的報告》，《中華人民共和國國務院公報》1984 年第 28 號，第 954 頁。

於無效或被終止或被暫停施行,《維也納條約法公約》第 44 條 [108] 對這個問題作了規定,其目的在於提供一種解決方案:一方面堅持條約的整體性原則,另一方面避免由於無關緊要的原因使整部條約歸於無效、終止或暫停施行。[109] 公約第 44 條首先肯定了條約的整體性原則(第一項、第二項、第四項之一部、第五項),然後規定了條約可分的例外情形(第三項)。換言之,就條約終止而言,當事國主張並行使終止權利在原則上必須是針對整個條約,僅在個別例外情形下才可主張條約的部分終止。

具體來看《維也納條約法公約》第 44 條第三項。在僅限於條約終止的情況下,該項規定的例外情形須同時具備以下條件,包括:①存在公約所承認的條約終止的理由;②該理由與特定條文 [110] 有關;③該特定條文在適用上可以同其他條文相分離,即該特定條文的終止不妨礙當事國對仍然有效的其餘條款的適用;④該特定條文的接受並非其他當事國同意受整個條約拘束的必要基礎,即並不重大改變各當事國據以同意締結條約的基礎;⑤條約其餘條文的繼續履行不致有失公平。

相應地,就《中英聯合聲明》而言,聲明中與英國權利義務有關的

---

108 《維也納條約法公約》第四十四條 條約之規定可否分離

　　一、除條約另有規定或當事國另有協議外,條約內所規定或因第五十六條所生之當事國廢止、退出或停止施行條約之權利僅得對整個條約行使之。

　　二、本公約所承認之條約失效、終止、退出或停止施行條約之理由僅得對整個條約援引之,但下列各項或第六十條所規定之情形不在此限。

　　三、倘理由僅與特定條文有關,得於下列情形下僅對各該條文援引之:

　　　　(甲)有關條文在適用上可與條約其餘部分分離;

　　　　(乙)由條約可見或另經確定各該條文之接受並非另一當事國或其他當事國同意承受整個條約拘束之必要根據;及

　　　　(丙)條約其餘部分之繼續實施不致有失公平。

　　四、在第四十九條及第五十條所稱情形下,有權援引詐欺或賄賂理由之國家得對整個條約或以不違反第三項為限專對特定條文援引之。

　　五、在第五十一條、第五十二條及第五十三條所稱之情形下,條約之規定一概不許分離。

109 *Yearbook of the International Law Commission*, Vol.II, 1963, p.93.

110 值得注意的是第 44 條第三項的用語是 clause 而不是 provision,clause 是一個個具體的條文,provision 是某個規定,可以是一個或若干個 clause,或者某個 clause 的一部分,參見 Olivier Corten and Pierre Klein, *The Vienna Conventions on the Law of Treaties: A Commentary*, Oxford University Press, 2011, p.1270.

條文既已過 "履行期限"，也已經 "履行完畢"；並且這些條文的終止不妨礙其他條文如第三條的有效適用；第三條的繼續履行也不會有失公平。因此，對於《中英聯合聲明》是否存在可以部分終止的例外情形，至此可以給出一個肯定的回答：該聲明已經具備《維也納條約法公約》第44條第三項所規定的五項條件中的四項，即條件①②③⑤。至於是否已經具備條件④，這是較難判斷、較易引起爭議的問題。單看這些與英國權利義務有關的條文，它們顯然不是無關緊要的條文，而是重要的實質性條文，它們是中英兩國據以同意締結聲明的基礎。如果與英國權利義務有關的這些條文仍然有效時，就主張其終止，顯然會引發中英兩國締結聲明的基礎的重大改變。但時至今日，那些與英國權利義務有關的條文既已過 "履行期限"，也已經 "履行完畢"，即那些條文在事實上已經失效、已經終止了。現在主張《中英聯合聲明》的這部分條文終止只不過描述了這一事實，客觀上不會影響或改變中英兩國締結聲明的基礎，即條件④在客觀上也是具備的。

因此，應當動態地、具體地看待《中英聯合聲明》。一方面，不能單方面簡單地主張整個聲明已經失效或終止；另一方面，在聲明中與英國權利義務有關的條文已過履行期限和履行完畢的情況下，中國有理由主張這部分條文的法律效力已經終止。

六、正確認識《中英聯合聲明》的法律效力

國家的主觀意圖在國際法效力問題上起着至為關鍵的作用，國際法充分尊重國家的自主意志。這是本文論證過程的理論基礎。國際文書的法律性質、權利義務關係、時效性等問題均取決於當事國的主觀意圖。如何確定條約當事國的主觀意圖，在形式上可以採用通過外部因素來確認的方法，在實質上主要涉及條約的解釋問題。如何解釋條約，首先應根據條約的用語、按照上下文並參照條約的目的及宗旨所具有的通常意義，善意解釋之；若前述方法不能確定當事國主觀意圖，則可使用條約

的準備工作和締約情況等補充資料來加以推斷。據此，可以得出以下結論：

1.《中英聯合聲明》在法律性質屬雙邊條約。國際文書的法律性質不取決於其名稱和用語，取決於當事國的主觀意圖。不能因《中英聯合聲明》使用了“聲明”這個名稱，就斷定其不是條約。中英兩國同意受其約束、聲明的生效程序及提交聯合國登記等外部因素，已經充分表明中英兩國都具有使聲明屬條約的主觀意圖。

2.《中英聯合聲明》是一個特殊的雙邊條約，其第三條及附件一是中國的單方面聲明。《中英聯合聲明》的用語和中英兩國關於香港問題的談判過程，可以確定當事國的主觀意圖是：《中英聯合聲明》是一個求同存異的聯合聲明，並非所有條文都屬當事國間的共同條款和共同聲明，而是部分條文屬某個當事國的單方面聲明，部分條文屬當事國之間的共同條款和共同聲明。其中，第三條及附件一在性質上便屬中國的單方面聲明。

3. 英國對回歸以後的香港不享有任何權利。《中英聯合聲明》的權利義務關係具有特殊性，不是一種完全對應、對等的關係，它在整體上沒有賦予英國對第三條及附件一任何明示和默示的權利。《中英聯合聲明》不包含一個賦予英國對第三條及附件一享有任何權利的條款，具有單方面聲明性質的《中英聯合聲明》第三條及附件一同樣具有特殊性，由於中國一慣地、連續地明確反對賦予英國管治回歸後香港的任何權利，也沒有給予英國對聲明第三條及附件一享有任何權利，這一點不因《中英聯合聲明》是否繼續有效而改變。另一方面，鑒於中國在《中英聯合聲明》以公開方式作出、且明確具有受其約束的主觀意圖，依據國際法的原則和規則，第三條及附件一作為單方面聲明構成中國的國際義務。

4. 主張整個《中英聯合聲明》已經失效或終止的說法固屬不妥，應正視其條文的時效性各有不盡不同，宜分別對待。聲明中與英國權利義務有關的條文已過終止時間且履行完畢，但與中國權利義務有關的部分條文如第三條及附件一尚未達到終止時間和履行完畢。根據條約的整體性原則，不能因為部分條文已過終止時間或履行完畢而簡單宣佈整個《中英聯合聲明》已經終止。換言之，倘若以其部分條文不再有效為由，否認整個《中英聯合聲明》的繼續有效性，籠統地稱之為歷史文件，似缺乏充分依據。但另一方面，根據《維也納條約法公約》的有關規定，在聲明中與英國權利義務有關的條文已經事實上終止的情況下，中國主張該部分條文的效力已經終止並不違反條約法公約的規定。

在國際實踐中，對《中英聯合聲明》的性質和效力問題的處置，關係到國家對國際法的態度及國際信譽，宜充分運用國際法來維護國家主權、安全和發展利益，嚴格依據國際法原則和規則辦事，做到有理有利有節，經得起法律和時間的檢驗。

第六章

繼續支持港澳特區拓展對外聯繫

"國際化"是港澳特區的特徵,也是港澳特區的生命力。港澳特區廣泛的對外聯繫,不僅有利於其保持繁榮穩定,而且對國家具有重要意義。未來應堅持全面、準確落實"一國兩制"方針,繼續支持港澳特區鞏固、拓展對外聯繫。

一、港澳特區對外交往對國家具有重要意義

首先,港澳特區廣泛的對外聯繫對實現國家發展戰略具有重要地位和作用。其一,香港是"一帶一路"建設的重要平台和節點。2015 年《推動共建絲綢之路經濟帶和 21 世紀海上絲綢之路的願景與行動》提出,要發揮香港、澳門特別行政區獨特優勢作用,積極參與和助力"一帶一路"建設。2017《國家發展和改革委員會與香港特別行政區政府關於支持香港全面參與和助力"一帶一路"建設的安排》對"充分發揮香港的國際經貿、金融和專業優勢,參與和助力'一帶一路'建設"作出了安排。2021 年商務部與香港特區政府簽署《關於推進境外經貿合作區高質量發展合作備忘錄》,支持香港以境外經貿合作區為平台,深度參與"一帶一路"建設。其二,香港廣闊的國際經貿網絡是粵港澳大灣區建設的重要支撐。《粵港澳大灣區發展規劃綱要》明確提出:要依託港澳的海外商業網絡和海外運營經驗優勢,推動大灣區企業聯手走出去;要充分發揮港澳在國家對外開放中的特殊地位與作用,支持香港、澳門依法以"中國香港"、"中國澳門"名義或者其他適當形式,對外簽署自由貿易協定和參加有關國際組織,攜手開拓國際市場;充分發揮港澳對外貿易聯繫廣泛的作用,探索粵港澳共同拓展國際發展空間新模式,等等。

其次,香港廣泛的對外聯繫是國家"外循環"的重要節點。從推動貿易往來,到引入外商投資、協助內地企業走出去,到深化金融市場雙向聯通,香港歷來是內地與全球聯繫的重要窗口和橋樑。據香港金融管理局信息,目前三分之二進出內地的直接投資取道香港,而外資的內地

股票和債券投資當中，有超過一半是通過香港進行，在香港交易所上市的公司中，超過一半為內地企業，佔香港股市總值約 80%。[1] 香港是全球第一大離岸人民幣業務中心，佔全球人民幣支付交易約 75%，[2] 助推國家人民幣國際化戰略。香港還是內地對外貿易的重要轉口港。2020 年內地約 10.1% 的出口貨物（2632 億美元）和 14.3% 的進口貨物（2952 億美元）通過香港轉口。[3]

再次，香港與國際接軌的經貿規則是國家深度參與全球治理的重要典範。中國積極參與全球治理，推動改革全球治理體系中不公正不合理的安排，主動參與國際規則制定。建立與國際高標準投資和貿易規則相適應的國內規則體系是增強中國在國際事務中的規則制定權或者話語權的基礎。香港法治健全，經貿規則接軌國際，營商環境世界一流。世界銀行《2020 年營商環境報告》顯示，香港在全球一百九十個經濟體中排第三位。因此，以推動粵港澳大灣區建設為契機，主動學習香港經貿規則，對接國際高標準投資貿易規則，既能促進內地建立開放型經濟新體制，又有利於國家參與、引領國際規則的制定。

第四，香港國際經濟地位可以助力國家反制美國的對華全面競爭戰略。特朗普時期美國將中國視為戰略競爭對手，對華實施全面脫鈎政策，拜登延續了脫鈎政策，但將全面脫鈎調整為精準脫鈎。[4] 在金融領域美國從特朗普到拜登都在推動對華資本切割。[5] 特朗普執政末期美國在 2020 年 12 月正式通過《外國公司問責法》（*Holding Foreign Companies*

1 劉應彬：《從挑戰中尋找機遇：香港金融業如何支持大灣區的發展》，香港金融管理局，https://www.hkma.gov.hk/gb_chi/news-and-media/speeches/2021/12/20211213-1/，最後訪問時間：2022 年 6 月 24 日。

2 鄂志寰：《融入雙循環 打造香港新優勢》，大公網，http://www.takungpao.com/finance/236134/2021/0824/623830.html，最後訪問時間：2022 年 6 月 24 日。陳茂波：《香港目前處理全球約 75% 離岸人民幣結算業務》，觀點網，https://www.guandian.cn/article/20211212/278376.html，最後訪問時間：2022 年 6 月 24 日。

3 香港貿易發展局：《香港進出口貿易業概況》（2021 年 08 月 23 日），https://research.hktdc.com/sc/article/MzEzODkxODY0，最後訪問時間：2022 年 6 月 24 日。

4 張薇薇：《從"全面脫鈎"到"精準脫鈎"：拜登對華競爭策略轉變》，國際網，http://comment.cfisnet.com/2021/0810/1323612.html，最後訪問時間：2022 年 6 月 30 日。

5 孫立鵬：《美國加緊對華經貿"脫鈎"》，《世界知識》2020 年第 12 期。

Accountable Act），該法實質是為中國在美上市企業量身定做的新規，欲收緊乃至切斷中國企業通過美國資本市場融資的渠道。拜登上台後於 2021 年 6 月簽署了《應對為中國特定公司提供資金的證券投資所帶來的威脅行政令》，美國證券交易委員會在 2021 年 12 月正式發佈了《外國公司問責法》實施細則，進一步落實對華資本切割。香港作為重要的國際金融中心，擁有發達的資本市場和金融基礎設施，具有 "反脫鈎" 的重要功能和作用，可以在較大程度上降低美國對華資本切割政策的負面影響。香港金融法治和規則對內地具有重要借鑒意義，可以協助內地金融領域改革開放，從而增強內地抵禦美國對華資本切割的 "內功"。

二、高度重視香港特區拓展對外聯繫面臨的挑戰

香港對外交流合作的外部環境深受中美關係影響。中美關係在特朗普時期深陷困境，拜登上台後中美關係不僅未走出困境，反而遭遇更多挑戰。美國對港政策從屬對華政策，服務和服從於美國對華整體戰略目標。中美關係的持續困境使香港對外交流合作的外部環境趨緊，香港成為美國重點制裁對象，如 2020 年美國暫停香港單獨關稅區地位、禁止向香港出口國防設備和敏感技術、對特區政府官員實施制裁、暫停或終止與香港之間的三項協議等等。拜登上台後，美國繼續沿用前述政策。除美國外，英國、加拿大、澳大利亞等國家也暫停或終止了與香港之間的有關協議。因此，在中美關係未有根本性好轉的情況下，當前和今後一段時期香港外部環境可能仍不樂觀，香港對外交流合作的外部環境仍將受國際政治因素的影響而充滿挑戰。

此外，從香港對外交往的現狀來看，香港與發展中國家的交流合作比較薄弱，而是更偏重歐美。例如，香港對外簽訂的貿易、投資等協議的對方當事國多數是歐洲國家，司法合作方面的協議則全是歐美國家。這種對外交流合作的不平衡狀態，可能令香港的對外聯繫受制於歐美，香港亟需拓展與歐美以外的其他國家或地區的交流合作。

三、繼續支持港澳特區鞏固、拓展對外聯繫

　　首先，加強國家外交權與港澳特區對外事務權的協調。港澳特區對外事務權是在外交權屬於中央的前提下，源自中央政府的授權，必須服從於國家外交權，服從於國家整體的外交政策和對外立場，必須接受國家的監督。[6] 香港回歸後，"剛果（金）"案、"菲律賓人質事件"等曾引發關於國家外交權與特區對外事務權關係的爭議與討論。對此，國家應建立關於港澳特區對外事務權的指導和監督機制；特區政府在處理具體的對外事務時，應主動徵求外交部駐港公署、駐澳公署的意見，外交部駐港公署、駐澳公署也應加強對特區政府處理對外事務的指導。

　　在港澳特區對外締結協定方面，《締結條約程序法》既沒有專門對特別行政區的締約權作出安排，[7] 也不在特別行政區實施。在港澳特區有權自行或單獨締約的領域，特區政府自行審批有關協定的締結和生效，並自行對外辦理相應程序，協定通常在簽署後即按協定規定生效，不需要特區立法機關批准。[8] 由於港澳特區採取不同於內地的締約程序，為確保港澳特區對外締結的協定與國家外交政策和對外立場不相衝突，港澳特區可制定關於對外締結協定的本地立法，對談判、簽署、審批等事宜作出規定；國家在修改《締結條約程序法》時，可增加港澳特區行使締約權的具體規定。[9]

6　參見周露露：《國家外交權與香港對外事務權關係淺析》，饒戈平主編：《燕園論道看港澳》，北京大學出版社 2014 年版，第 27 頁。饒戈平：《香港特區對外事務權的法律性質和地位》，饒戈平主編：《燕園論道看港澳》，北京大學出版社，2014 年版，第 17 頁。

7　1990 年時任外交部長的錢其琛在向第七屆全國人大常委會第十五次會議上所作的《關於〈中華人民共和國締結條約程序法（草案）〉的說明》中指出："根據中英和中葡聯合聲明，未來的香港和澳門特別行政區，經中央人民政府（即國務院）授權，可在一定領域內直接同外國締結條約性文件，這一點已在香港基本法中作出了規定，在將要制定的澳門基本法中也將作出規定。這是根據'一國兩制'情況形成的特殊例外，《締結條約程序法（草案）》未涉及。"參見《全國人大常委會公報》1990 年第 6 期。

8　馬新民：《香港特區適用、締結和履行國際條約的法律和實踐：延續、發展和創新》，饒戈平主編：《燕園論道看港澳》，北京大學出版社 2014 年版，第 87 頁。

9　參見黃德明、左文君：《國際法治視野下的締約權——兼論我國〈締結條約程序法〉的修改》，《公民與法》2011 年第 1 期。張磊：《論香港特別行政區和澳門特別行政區締結國際條約的法律權力——以修訂我國〈締結條約程序法〉為視角》，《政治與法律》2014 年第 9 期。

其次，鞏固國際社會對香港單獨關稅區地位的承認。香港的單獨關稅區地位受《香港基本法》保障，且以單獨關稅區身份加入了世界貿易組織，即香港單獨關稅區地位不取決於個別國家的承認。但在香港與其他國家或地區的經貿關係中，其他國家或地區承認香港單獨關稅區地位是該國或該地區視香港為單個經濟體並與之平等交往的重要前提。一旦該國或該地區不再承認香港的單獨關稅區地位，香港與該國或該地區的交流合作將受到嚴重負面影響，也將影響香港的國際地位。目前僅美國公開宣佈暫停承認香港的單獨關稅區地位，對香港與美國的經貿關係產生了一定負面影響。鑒於香港單獨關稅區地位對香港對外經貿關係發展和繁榮穩定具有重要作用，國家應在處理與美國關係時力促美國重新承認香港的單獨關稅區地位和取消對港制裁措施，支持香港更好地參與世界貿易組織等國際組織的活動，支持香港與更多國家或地區簽訂經貿協定，等等。

第三，支持港澳特區拓展對外交流合作關係。應堅定支持香港鞏固提升三大國際中心地位，與更多國家或地區或國際組織等在經濟、貿易、文化等方面建立聯繫或簽訂協定，支持更多香港專業人士擔任國際組織高級職位和更多香港青年到國際組織實習或工作。香港在繼續鞏固與歐美國家交流合作的同時，應加強與東盟、日本、韓國等國家的交流合作。支持香港參加《區域全面經濟夥伴關係協定》（RCEP），支持香港設立更多駐外經貿機構等。

第四，國家層面簽訂的貿易、投資類協議可以依照基本法的規定，適當擴大適用於港澳特區。目前港澳特區單獨對外簽訂的貿易、投資類協定數量仍然有限，而考慮到港澳特區的實際情況，由港澳特區較普遍地與其他國家或地區談判、簽訂協定可能也不現實。為解決這一問題，可根據《香港基本法》第 153 條、《澳門基本法》138 條的規定，對於國家簽訂的貿易、投資類協定，經徵詢港澳特區政府意見後，並與對方當事國協商，將有關協定擴大適用於港澳特區。

參考文獻

（一）著作

1. 蕭蔚雲主編：《一國兩制與香港基本法律制度》，北京大學出版社 1990 年版

2. 陳敦德：《廢約：中英香港問題談判始末》，中國青年出版社 2013 年版

3. 陳弘毅：《香港回歸以來的法治軌跡》，中國民主法制出版社 2010 年版

4. 陳志敏：《次國家政府與對外事務》，長征出版社 2001 年版

5. 鄧正來編：《王鐵崖文選》，中國政法大學出版社 1993 年版

6. 黃華：《回憶與見聞——黃華回憶錄》，世界知識出版社 2008 年版

7. 黃瑤：《論禁止使用武力原則》，北京大學出版社 2003 年版

8. 賈兵兵：《國際公法：和平時期的解釋與適用》，清華大學出版社 2015 年版

9. 李浩培：《條約法概論》，法律出版社 2003 年版

10. 李後：《百年屈辱史的終結——香港問題始末》，中央文獻出版社 1997 年版

11. 劉蜀永主編：《簡明香港史》，廣東人民出版社 2019 年版

12. 饒戈平、李贊：《國際條約在香港的適用問題研究》，中國民主法制出版社 2010 年版

13. 饒戈平：《國際條約在澳門的適用問題研究》，澳門理工學院一國兩

制研究中心 2011 年版

14. 饒戈平主編：《燕園論道看港澳》，北京大學出版社 2014 年版

15. 宋小莊：《論"一國兩制"下中央和香港特區的關係》，中國人民大學出版社 2003 年版

16. 萬鄂湘等：《國際條約法》，武漢大學出版社 1998 年版

17. 王西安：《國際條約在中國特別行政區的適用》，廣東人民出版社 2006 年版

18. 王禹：《論恢復行使主權》，人民出版社 2016 年版

19. 王振民：《中央與特別行政區關係：一種法治結構的解析》，清華大學出版社 2002 年版

20. 楊恕、李捷：《分裂與反分裂：分裂主義研究論集》，中國社會科學出版社 2014 年版

21. 宗道一等編著：《周南口述 —— 遙想當年羽扇綸巾》，齊魯書社 2007 年版

22. 〔美〕加利·克萊德·霍夫鮑爾等著：《反思經濟制裁》，杜濤譯，上海人民出版社 2019 年版

23. 〔英〕安托尼·奧斯特：《現代條約法與實踐》，江國青譯，中國人民大學出版社 2005 年版

24. 〔英〕傑夫·貝里奇、艾倫·詹姆斯：《外交辭典》，北京大學出版社 2008 年版

25. 〔英〕勞特派特修訂：《奧本海國際法》（上卷第 2 分冊），王鐵崖、陳體強譯，商務印書館 1989 年版

26. 〔英〕馬爾科姆·N. 肖：《國際法》（第六版·上），白桂梅等譯，北京大學出版社 2011 年版

27. 〔英〕安東尼·D. 史密斯：《全球化時代的民族與民族主義》，龔維斌、良警宇譯，中央編譯局出版社 2002 年版

28. Antonio Cassese, *International Law*, second edition, Oxford University

Press, 2005

29. Anthony Aust, *Modern Treaty Law and Practice*, Cambridge University Press, 2007

30. Jan Klabbers, *The Concept of Treaty in International Law,* Hague: Kluwer Law International, 1998

31. Malcolm N. Shaw, *International Law,* Cambridge University Press, 6th edn, 2008

32. Michael Akehurst, *A Modern Introduction to International Law*, Allen & Unwin, 1987

33. Norah Gallagher & Wenhua Shan, *Chinese Investment Treaties: Policies and Practice*, Oxford University Press, 2009

34. Olivier Corten and Pierre Klein(eds.), *The Vienna Conventions on the Law of Treaties: A Commentar,* Oxford University Press, 2011

（二）論文

1. 曾華群：《論香港特別行政區的雙邊經濟協定實踐》，載饒戈平主編：《燕園論道看港澳》，北京大學出版社 2014 年版

2. 陳安：《對香港居民謝業深訴秘魯政府案 ICSID 管轄權裁定的四項質疑——〈中國—秘魯 BIT〉適用於“一國兩制”下的香港特別行政區嗎》，《國際經濟法學刊》2010 年第 17 卷第 1 期

3. 陳華、朱炎生：《論國家對國際條約的繼承——兼談 1997 年後我國涉及香港的國際條約繼承問題》，《南昌大學學報（社會科學版）》1995 年第 4 期

4. 陳輝萍：《ICSID 仲裁庭擴大管轄權之實踐剖析——兼評謝業深案》，《國際經濟法學刊》2010 年第 17 卷第 3 期

5. 鄧中華：《香港特別行政區的對外締約權及有關問題》，《法學評論》1993 年第 2 期

6. 高成棟：《中外 BITs 對香港特區的適用爭議及其解決——以謝業深訴秘魯政府案為例》，《國際經濟法學刊》2010 年第 17 卷第 1 期

7. 葛勇平：《香港國際法主體地位及其締約權限的理論與實踐》，《比較法研究》2007 年第 5 期

8. 黃德明、左文君：《國際法治視野下的締約權——兼論我國〈締結條約程序法〉的修改》，《公民與法》2011 年第 1 期

9. 黃月明：《ICSID 仲裁庭擴大管轄權的途徑及其應對——從“謝業深案”切入》，《華東政法大學學報》2013 年第 5 期

10. 李鳴：《應從立法上考慮條約在我國的效力問題》，《中外法學》2006 年第 3 期

11. 李薇薇：《〈公民權利和政治權利國際公約〉適用於香港的法理依據》，《法學雜誌》2012 年第 4 期

12. 戚凱：《美國“長臂管轄”與中美經貿摩擦》，《外交評論》2020 年第 2 期

13. 漆彤、蔣志誠：《論中外 BITS 在港澳特區的適用——以澳門“世能案”和香港“謝葉深案”為視角》，《福建江夏學院學報》2016 年第 4 期

14. 史曉曦、蔣餘浩：《美國對外政策中的“保護的責任”立場》，《美國研究》2016 年第 3 期

15. 孫超：《分離衝突的起源：基於國內外聯動的視角》，《歐洲研究》2016 年第 6 期年第 4 期

16. 王晨：《香港回歸中國際法的運用》，《當代法學》2003 年第 7 期

17. 王海浪：《謝業深訴秘魯政府案管轄權決定書兼評簡評——香港居民直接援用〈中國—秘魯 BIT〉的法律依據》，《國際經濟法學刊》2010 年第 17 卷第 1 期

18. 王楠：《中外雙邊投資協定對香港的適用問題——評中外雙邊投資協定第一案管轄權意見》，《行政與法》2010 年第 6 期

19. 王慶海、周振坤、孟憲鐸：《從國際法看香港特別行政區的締約權及條約適用權》，《社會科學戰綫》1998 年第 3 期

20. 王遠美：《“一國兩制” 對我國國家結構形式的影響》，《北京教育學院學報》1997 年第 1 期

21. 吳慧：《香港的締約權以及條約在香港的法律地位》，《政治與法律》2007 年第 6 期

22. 肖鋒、王娟：《目前適用於香港的條約之繼承》，《甘肅政法學院學報》1995 年第 2 期

23. 徐宏：《國際條約適用香港和澳門特區的實踐》，《法制日報》2016 年 10 月 22 日，第 4 版

24. 徐勁飛：《次國家政府對外事務新發展──對澳門禮賓公關外事辦公室成立的解讀》，《廣西社會科學》，2013 年第 1 期

25. 楊東：《外部勢力與國家反分裂政策之間關係的模式》，《國際論壇》2018 年第 1 期

26. 姚魏：《從菲律賓人質事件看香港對外事務權》，《政治與法律》2010 年第 12 期

27. 尹文強：《論香港特別行政區的條約締結和履行》，北京大學博士學位論文，2007 年

28. 袁古潔、丘志喬：《香港、澳門回歸後的部分締約權及條約適用》，《華南師範大學學報（社會科學版）》2001 年第 2 期

29. 袁古潔：《條約在中國內地與港澳台適用之比較》，《法學評論》2002 年第 5 期

30. 張國清、王子謙：《21 世紀分離主義：原因、趨勢與教訓》，《浙江社會科學》2017 年第 2 期

31. 張磊：《論香港特別行政區和澳門特別行政區締結國際條約的法律權力──以修訂我國〈締結條約程序法〉為視角》，《政治與法律》2014 年第 9 期

32. 張莉：《香港特別行政區適用、締結國際條約的若干思考》，《福建師範大學學報（哲學社會科學版）》1996 年第 4 期

33. 張新軍：《法律適用中的時間要素——中日東海爭端關鍵日期和時際法問題考察》，《法學研究》2009 年第 4 期

34. Andreas Fischer-Lescano & GuntherTeubner, "Regime-Collisions: The Vain Search for Legal Unity in the Fragmentation of Global Law", *Michigan Journal of International Law*, vol.25, 2004

35. An Hertogen, "Letting Lotus Bloom", *European Journal of International Law*, vol. 26, 2016

36. Brian Z. Tamanaha, "Post-1997 Hong Kong: A Comparative Study of the Meaning of 'High Degree of Autonomy' with a Specific Look at the Commonwealth of the Northern Mariana Islands", *China Law Reporter*, vol.5, 1989

37. Eric Johnson, "Hong Kong after 1997: A Free City?", *German Yearbook of International Law*, vol. 40, 1997

38. Gerald Fitzmaurice, "The General Principles of International Law Considered from the Standpoint of the Rule of Law", *Collected Courses of the Hague Academy of International Law,* vol.92, 1957

39. Kerrin Tso, "The Legal Implications of the Sino-British Treaties Regarding Hong Kong", *Loyola of Los Angeles International and Comparative Law Journal*, vol.4, 1981

40. Nils Eliasson, "Investor-State Arbitration and Chinese Investors: Recent Developments in Light of the Decision on Jurisdiction in the Case Mr. Tza Yap Shum v. the Repubic of Peru", *Contemporary Asia Arbitration Journal,* vol.2, 2009

41. Roda Mushkat, "Hong Kong and Succession of Treaties", *The International and Comparative Law Quarterly,* vol.46, 1997

42. Roda Mushkat, "Hong Kong as an International Legal Person", *Emory International Law Review*, vol.6, 1992

43. Shawn B. Jensen, "International Agreements Between the United States and Hong Kong Under the United States-Hong Kong Policy Act", *Temple International and Comparative Law Journal,* vol.7, 1993

44. Stephan Wilske, "Protection of Taiwanese Investors Under Third Party Bilateral Investment Treaties?-Ways, Means and Limits of Treaty Shopping", *Contemporary Asia Arbitration Journal,* vol.4, 2011

45. Vladimir-Djuro Degan, "Unilateral Act as a Source of Particular International Law", *Finnish Yearbook of International Law*, vol.5, 1994

（三）官方出版物

1. *Yearbook of International Law Commission, 1953,* vol.II

2. *Yearbook of the International Law Commission, 1957,* vol.II

3. *Yearbook of the International Law Commission, 1963,* vol.I

4. *Yearbook of the International Law Commission, 1963,* vol.II

5. *Yearbook of the International Law Commission, 1964,* vol.II

6. *Yearbook of the International Law Commission, 1966,* vol.I

7. *Yearbook of the International Law Commission, 1966,* vol.II

8. *Yearbook of the International Law Commission, 1974,* vol.II, Part One

9. *Yearbook of the United Nations 1972*

（四）案例

1. *Sanum Investments Limited v. The Government of the Lao People's Democratic Republic*, Notice of Arbitration, 14 August 2012, PCA Case No.2013-13

2. *Sanum Investments Limited v. The Government of the Lao People's*

Democratic Republic, Award on Jurisdiction, 13 December 2013, PCA Case No.2013-13

3. *Government of the Lao People's Democratic Republic v. Sanum Investments Ltd,* Judgment, 20 January 2015, High Court of the Republic of Singapore, [2015] SGHC 15

4. *Sanum Investments Ltd v. Government of the Lao People's Democratic Republic*, Judgement, 29 September 2016, Court of Appeal, [2016] SGCA 57,

5. *Tza Yap Shum v. The Republic of Peru*, Decision on Jurisdiction and Competence, 19 June 2009, ICSID Case No. ARB/07/06

6. *Tza Yap Shum v. The Republic of Peru*, Award, 7 July 2011, ICSID Case No. ARB/07/06

7. *Lee Hsien Loong v Review Publishing Co Ltd and Another and Another Suit,* [2007] SGHC 24

8. *Review Publishing Co Ltd and Another v Lee Hsien Loong and Another Appeal*, [2009] SGCA 46

9. *Island of Palmas Case (Netherland, USA)*, 4 April 1928, Report of International Arbitral Awards, vol.2

10. *The Treatment of Polish Nationals and Other Persons of Polish Origin or Speech in the Danzig Territory,* Series A/B44, Permanent Court of International Justice, Advisory Opinion of 4 February 1932

11. *Legal Status of Eastern Greenland*, Series A/B44, Permanent Court of International Justice, Judgment of 5 April 1933

12. *Certain Questions of Mutual Assistance in Criminal Matters (Djibouti v France)*, Judgment, I.C.J. Report 2008

13. *Sovereignty over Pulau Ligitan and Pulau Sipadan (Indonesia/Malaysia)*, Judgment of 17 December 2002, I.C.J. Report 2002

14. *Territorial and Maritime Dispute between Nicaragua and Honduras in the Caribbean Sea (Nicaragua v. Honduras)*, Judgment of 8 October 2007, I.C.J. Report 2002

15. *Legality of the Threat or Use of Nuclear Weapons*, Advisory Opinion, 1.C.J. Reports 1996

16. *Accordance with International Law of the Unilateral Declaration of Independence in Respect of Kosovo*, Advisory Opinion, I.C.J. Reports 2010

17. *Fisheries Jurisdiction (Federal Republic of Germany v. Iceland)*, Memorial on Jurisdiction Submitted by the Government of the Federal Republic of Germany, October 13 1972

責任編輯	陳思思 龍 田	
書籍設計	a_kun	
排 版	楊 錄	
校 對	栗鐵英	

叢 書 名	中山大學粵港澳研究叢書
書 名	**特別行政區對外交往的國際法透視**
著 者	伍俐斌
出 版	三聯書店（香港）有限公司
	香港北角英皇道 499 號北角工業大廈 20 樓
	Joint Publishing (H.K.) Co., Ltd.
	20/F., North Point Industrial Building,
	499 King's Road, North Point, Hong Kong
香港發行	香港聯合書刊物流有限公司
	香港新界荃灣德士古道 220-248 號 16 樓
印 刷	美雅印刷製本有限公司
	香港九龍觀塘榮業街 6 號 4 樓 A 室
版 次	2023 年 10 月香港第一版第一次印刷
規 格	16 開（170 × 240mm）216 面
國際書號	ISBN 978-962-04-5369-4

© 2023 Joint Publishing (H.K.) Co., Ltd.

Published & Printed in Hong Kong, China.